明理文丛

民事执行疑难问题研究

程立 熊诗岚 著

清华大学出版社
北京

版权所有，侵权必究。举报：010-62782989，beiqinquan@tup.tsinghua.edu.cn。

图书在版编目（CIP）数据

民事执行疑难问题研究 / 程立，熊诗岚著. -- 北京：清华大学出版社，2025.6.
(明理文丛). -- ISBN 978-7-302-69540-0

Ⅰ. D925.104

中国国家版本馆CIP数据核字第20253PT941号

责任编辑：朱玉霞
封面设计：徐　超
版式设计：方加青
责任校对：宋玉莲
责任印制：杨　艳

出版发行：清华大学出版社
　　　　　网　　　址：https://www.tup.com.cn，https://www.wqxuetang.com
　　　　　地　　　址：北京清华大学学研大厦A座　　　邮　　编：100084
　　　　　社 总 机：010-83470000　　　　　　　　　邮　　购：010-62786544
　　　　　投稿与读者服务：010-62776969，c-service@tup.tsinghua.edu.cn
　　　　　质　量　反　馈：010-62772015，zhiliang@tup.tsinghua.edu.cn
印 装 者：涿州汇美亿浓印刷有限公司
经　　销：全国新华书店
开　　本：170mm×240mm　　　印　张：17　　　字　数：270千字
版　　次：2025年6月第1版　　　印　次：2025年6月第1次印刷
定　　价：109.00元

产品编号：097207-01

序

民事强制执行，可谓近年来我国民事司法领域最炙手可热的研究方向之一。受"基本解决执行难"、执行"一性两化"建设、《民事强制执行法》立法等的激励与启发，法学界、司法实务界围绕执行理论与实践问题展开了持续、深入的研究。由此在相当程度上使民事强制执行摆脱了"不过是法院负责的一种类似行政行为的实务操作罢了"的境况，扩大了研究视野，提升了理论品位，促进了实务疑难问题的解决，开启了中国式执行制度现代化的探索。研究的主力军，不仅有民事诉讼法学者、民事实体法学者，而且有既懂理论又通实践的实务专家。本书的两位作者就是实务专家中的优秀代表。

个人以为，民事强制执行法由表及里具有三层结构：首先，在表层是一种程序法，表现为法院依据执行名义，按照法定的程序、步骤、方法，不顾被执行人的意愿，强制处分其财产或限制其行为，从而实现申请执行人的债权；其次，在中层是一种实体法，在围绕财产的查封、拍卖、交付、分配等流程中，始终以作为客体之财产的权属、多方主体之间财产权益的对抗与平衡为中心；最后，在内核是一种"宪法"，运用国家公权力对财产、行为、意思等私法状况予以强制介入和变更，事关国家主权边界、国家与国民之关系。近年来民事强制执行法研究所取得的长足进展，就集中体现在从表层向中层的延伸，并在一定程度上触及内核。本书鲜明地展示了这种趋势和成效。在阅读过程中，我对本书具有的两个特点留下了深刻的印象：

第一，"很接地气"。民事强制执行法不是宣告民事主体抽象权利义务的法律（民法、商法、知识产权法等），也不是确认民事主体具体权利义务的法律（民事诉讼法、仲裁法、公证法等），而是直接与"真金白银"打交道的法律。如果不足够"接地气"，不从具体场景下的真实问题出发，所作的逻辑推演、比较考察、理论建构都不过是"空中楼阁"。本书各个章节的主题，都是两位作者在办案中遇到的疑难复杂问题。有些正是长期困扰我的难题，有些甚至超出了我的想象。围绕这些真实存在、很可能会反复发生的问题展开研究，分析过程和结论都有助于推动这些问题的有效解决，进而提升民事强制执行工作的规范性、合法性。

第二,"很有理论水平"。近年来市面上出现了不少执行实务书。读过其中的若干种之后发现,要么是执行流程的规范指引,要么是执行案例的简要评析,总体上不够令人满意。对于广大执行干警提升业务能力而言,是远远不够的。其中很重要的一个原因,是没有做到程序与实体的理论结合,没有达到前述由表层向中层乃至内核的延伸。实践虽然是具体的,但实践同样"处处皆学问"。相反,本书各个章节从实务问题切入,但充分结合民事执行法、民事诉讼法与民事实体法的法理、规则,进行了精辟且有说服力的分析论证。执行力、既判力、诉讼标的等学术概念都使用得准确且合理。这为执行干警处理类似问题提供了开阔的解决思路和适格的理论工具。可以说,本书的出版很好地填补了执行实务书在这一方面的空缺。

我与本书第一作者程立法官因理论研究的机缘相识,至今已有十余年。从一开始,就被她的勤奋、好学、敏锐所打动。我曾应程立法官之邀前往北京市大兴区人民法院为执行干警讲课,也曾有幸邀请她到清华法学院的"民事强制执行法学"课堂上分享。在此期间,见证了她从一名青年法官成长为"北京法院司法实务研究专家""北京市审判业务专家",并在全国法院系统学术论文竞赛中多次获得一等奖。而本书的第二作者法官助理熊诗岚,同样深耕执行工作领域多年,理论与实践经验都很丰富。她也多次获得全国法院系统学术讨论竞赛的一等奖,并在《法律适用》《中国审判》《人民司法》等刊物上发表多篇文章。

程立法官发来书稿,嘱我作序。虽自知学力、资历有限,不足以为两位十分优秀且有影响力的作者写序,但在通读全书后,对本书的品质和价值有了直观感受,遂决定恭敬不如从命,从读者的角度谈一谈看法。祝愿两位作者在执行实务与理论研究上取得更大进步,也祈盼我国民事强制执行事业蓬勃发展!

陈杭平
2025 年 4 月 12 日于清华园

自　　序

2010年，我结束研究生生活，进入北京市大兴区法院执行局工作。彼时，作为一项社会议题，"执行难"已被频频提及。但于我而言，民事强制执行仍然是一个十分陌生且抽象的概念。老师们在课堂上不曾系统讲授，我在求学过程中也只是匆匆一瞥。正如我国民事强制执行是在实践中"摸着石头过河"，我也如孩童学步一般，跌跌撞撞地开始了我的职业生涯。

十余年间，作为亲历者和观察者，我至少从以下三个层面感受到了我国民事强制执行的蜕变。**一是从法院自身建设而言**。一方面，执行信息化建设的不断深化，根本性地改变了法院财产查控与处置的传统路径，全国网络查控系统为查询被执行人财产线索提供了极大便利，网络司法拍卖使得财产处置的周期大大缩短，执行效率显著提升。另一方面，一场关乎我们切身利益的执行体制机制改革也如火如荼地进行，在这一过程中，审执分离原则得以深入贯彻。**二是从我们身处的社会环境而言**。一方面，与执行彼此交融的社会环境不断变化。2016年3月，时任最高人民法院院长周强在十二届全国人大四次会议上庄严承诺，"要用两到三年时间基本解决执行难问题"。当时，执行难已经成为一个突出的社会问题，社会诚信体系的缺失，导致被执行人恶意逃避执行的现象层出不穷，这严重打击了胜诉债权人权利实现的信心。所以这一行动的重点在于压缩失信被执行人的生存空间，使之一处失信，处处受限。接着，我国民事强制执行的发展脉络行进至"切实解决执行难"阶段。在社会征信体系逐步完善的背景之下，在新冠疫情和经济下行的双重影响之下，在优化营商环境的现实需求之下，善意文明执行理念被提到举足轻重的地位。另一方面，当事人、利害关系人的权利意识不断增强。从事执行工作十余年的时间里，我主要负责执行异议案件的办理。十多年间，执行异议案件收案量从我刚开始办案时的寥寥无几，到如今已经翻了好几番。我从中清晰地感受到，越来越多的当事人开始学会使用法律武器维护自身合法权益。**三是从理论研究领域而言**。十余年间，随着法院自身建设和社会环境的发展变化，执行实践活动得以极大丰富，各方诉求不断涌现、彼此角力。这使得"头痛医头，脚痛医脚"的路径依赖得以打破，近来的理论研究越来越多地体现出对科学性、体系性研究的关照。域外经验的引入，也大大开拓了学界的研究视角。可以说，民事强制执行逐渐从一门小众学科发展为民事诉讼法领域的"显学"。

在这风云激荡的十余年里，我也积累了不少思考。而促使我把这些所思所想加以出版的动因，主要有如下两方面：**一是"发出来微光吸引微光"**。我的经验是，那些我们在实践中遇到的真实困境，在经过一番求索后，如果仍然难解，那么它也极有可能是他人的困境。一定有人为此辗转反侧，希望寻求答案，或验证想法。我希望借由此书，发出微光来吸引微光。本书中收录的我们所撰写的许多论文，都不是什么热点问题，但都是我们在办理执行案件时遇到的真问题，在此之前鲜有人论及，相关文献资料更是寥寥。但从事后的反馈来看，这些问题恰恰击中许多一线工作者的困惑。希望本书的出版能激起我国广大执行干警分享自身办案经验的热情。**二是为研究引入新的视角**。我国的民事强制执行有许多独特的制度安排与司法尝试，因而，在其他国家和地区已十分成熟的民事诉讼和强制执行法理，是否能完美地应用于中国问题的解决，还有待实践的检验。本书所关注的问题，并不是那些强制执行的宏大叙事，而是我们在办案过程中遇到的具体而微的现实困境。我们希望通过结合传统的诉讼法学和强制执行法理，对这些问题加以研究，从而验证传统理论的穿透力。

民事强制执行法是一门程序与实体融贯、理论与实践交织的学科，故本书在体例编排上也遵循了上述特点。本书梳理了我们在办案过程中遇到的执行疑难问题，并按照所涉问题的性质，将全书分为四编。其中，第一编为对民事执行中程序性问题的研究，第二编为对民事执行中实体性问题的分析，第三编为对民事执行中程序与实体交错问题的思考，最后一编为对民事执行中一些其他疑难问题的探讨。同时，从写作方式上，结合探讨的主题的特点，我们或以案例方式导入，或以理论分析为主。此外，我国民事强制执行司法实践又有诸多具有中国特色的制度安排，这些制度在运行过程中产生问题时，我们时常苦于难以从我国现有规定或域外立法例中找到直接的答案。但法官不得拒绝裁判，司法实践也不容坐等，一桩桩案件亟须我们给出解决方案。本书中，我们收录了我们处理此类问题的应对策略，并对立法的完善提出了相应建议。如本书第一编中提到的执行标的多个查封下案外人提起执行异议之诉的问题，即是我国查封制度的特殊性所引起的个性问题。案外人取得对其中一个申请执行人的胜诉判决之后，是否还需一一起诉其他申请执行人以解除相应的查封？这一问题在实践中颇具争议。在撰写过程中，我们首先结合现有规定给出了这一问题的答案，以解司法实践的燃眉之急，又将该问题置于本土实践的现实语境之中，结合既判力扩张的基本法理，提出了更为理想的解决路径，希望为我国民事强制执行法的制定提供参考。

希望本书能成为我们与广大关注和支持我国民事强制执行的人们的一个交流契机，愿我们一同成长与进步！

程　立

2025 年 4 月 10 日于北京

凡　　例

一、本书中，法律、法规、规章和规范性文件名称中的"中华人民共和国"省略，例如，《中华人民共和国民事诉讼法》简称《民事诉讼法》。

二、叙述法律时，必要时在名称前标明其制定、修改年份。例如，1982年《民事诉讼法（试行）》、1991年《民事诉讼法》（2023年修正）。但如无特别说明，现行《民事诉讼法》不再注明修改年份，简称《民事诉讼法》。

三、本书中，下列司法解释使用简称：

文 件 名 称	发 文 字 号	简　　称
《最高人民法院关于适用〈中华人民共和国民事诉讼法〉的解释》	法释〔2015〕5号 法释〔2022〕11号修正	《民事诉讼法解释》
《最高人民法院关于人民法院办理执行异议和复议案件若干问题的规定》	法释〔2015〕10号 法释〔2020〕21号修正	《异议和复议规定》
《最高人民法院关于执行和解若干问题的规定》	法释〔2018〕3号 法释〔2020〕21号修正	《执行和解规定》
《最高人民法院关于执行担保若干问题的规定》	法释〔2018〕4号 法释〔2020〕21号修正	《执行担保规定》
《最高人民法院关于适用〈中华人民共和国民事诉讼法〉执行程序若干问题的解释》	法释〔2008〕13号 法释〔2020〕21号修正	《执行程序解释》
《最高人民法院关于人民法院执行工作若干问题的规定（试行）》	法释〔1998〕15号 法释〔2020〕21号修正	《执行工作规定》
《最高人民法院关于人民法院民事执行中拍卖、变卖财产的规定》	法释〔2004〕16号 法释〔2020〕21号修正	《拍卖、变卖规定》
《最高人民法院关于人民法院民事执行中查封、扣押、冻结财产的规定》	法释〔2004〕15号 法释〔2020〕21号修正	《查封、扣押、冻结规定》
《最高人民法院关于人民法院确定财产处置参考价若干问题的规定》	法释〔2018〕15号	《确定财产处置价规定》
《最高人民法院关于人民法院网络司法拍卖若干问题的规定》	法释〔2016〕18号	《网络司法拍卖规定》

续表

文件名称	发文字号	简　　称
《最高人民法院关于限制被执行人高消费及有关消费的若干规定》	法释〔2015〕17号	《限制高消费规定》
《最高人民法院关于公布失信被执行人名单信息的若干规定》	法释〔2013〕17号 法释〔2017〕7号修正	《失信被执行人规定》
《最高人民法院关于民事执行中变更、追加当事人若干问题的规定》	法释〔2016〕21号 法释〔2020〕21号修正	《变更、追加规定》
《最高人民法院关于适用〈中华人民共和国合同法〉若干问题的解释（一）》	法释〔1999〕19号	《合同法解释（一）》

四、《民法典》自2021年1月1日起施行，《婚姻法》《继承法》《民法通则》《收养法》《担保法》《合同法》《物权法》《侵权责任法》《民法总则》同时废止。

目 录

第一编 民事执行中程序性问题研究 …………………………………001

第一章 债权人代位提起案外人执行异议之诉的规则 ……………002
引言 ……………………………………………………………003
一、《民法典》视野下"物权期待权"代位行使的可能情境……003
二、"物权期待权"代位行使的可行性证成 ……………………006
三、"物权期待权"代位行使效果的程序法规则调整 …………012
结语 ……………………………………………………………017

第二章 执行标的多个查封下案外人执行异议之诉的重塑 ………019
引言 ……………………………………………………………020
一、既判力主观范围扩张与严守之价值博弈 …………………020
二、既判力扩张正当性判断标准之考察 ………………………024
三、既判力扩张之程序保障模式选择——合并审理抑或"另辟蹊径"？……027
四、以许可执行之诉作为既判力扩张之程序补强 ……………031

第三章 附备位债权调解书执行正当性的制度落实 ………………037
引言 ……………………………………………………………038
一、失衡：事前审查缺位，事后救济过载 ……………………038
二、何为理想审查模式：落实执行正当性之前提 ……………042
三、何为理想救济模式：程序保障需求与本土司法语境之兼顾 ……047
四、平衡装置：完善执行立案审查＋新增债务人异议之诉 …052

第四章 非因执行力扩张之变更、追加当事人的程序路径 ………056
引言 ……………………………………………………………057
一、执行程序与执行异议之诉程序传导阻滞 …………………057
二、对传导阻滞问题的机制兼容性检讨 ………………………060
三、以许可执行之诉破解传导阻滞问题 ………………………064

第五章 案外人主张租赁权排除执行的程序优化 …………………068
一、现状审视 ……………………………………………………069
二、租赁权的性质 ………………………………………………071

三、租赁权排除执行的正当性分析……………………………………072
　　四、租赁权排除执行的程序优化……………………………………074
　　五、引申思考：主文判项的周延和平衡……………………………077
第六章　执行异议之诉的公告送达和诉讼费用负担问题……………080
　　一、公告送达问题……………………………………………………081
　　二、诉讼费用负担问题………………………………………………082

第二编　民事执行中实体性问题分析……………………………085

第七章　账户借用人之权利能否排除执行的认定……………………086
　　一、当事人基本情况…………………………………………………087
　　二、基本案情…………………………………………………………087
　　三、裁判情况…………………………………………………………088
　　四、案例注解…………………………………………………………090

第八章　以物抵债协议能否排除执行的适用…………………………096
　　一、当事人基本情况…………………………………………………097
　　二、基本案情…………………………………………………………097
　　三、裁判情况…………………………………………………………098
　　四、案例注解…………………………………………………………099

第九章　以物抵债裁定书能否排除执行的判断………………………106
　　一、当事人基本情况…………………………………………………107
　　二、基本案情…………………………………………………………107
　　三、裁判情况…………………………………………………………110
　　四、案例注解…………………………………………………………111

第十章　第三人受让到期债权能否排除执行的认定…………………115
　　一、当事人基本情况…………………………………………………116
　　二、基本案情…………………………………………………………116
　　三、裁判情况…………………………………………………………118
　　四、案例注解…………………………………………………………119

第十一章　离婚调解书中权属约定能否排除执行的考量……………125
　　一、当事人基本情况…………………………………………………126
　　二、基本案情…………………………………………………………126

三、裁判情况··127

四、案例注解··131

第三编　民事执行中程序与实体交错问题思考··135

第十二章　第三人抵销权在债权执行中的适用与排除·······························136

引言··137

一、债权查封后是否准许第三人抵销的司法歧见·································137

二、债权查封后准许第三人抵销的正当性分析·····································140

三、债权执行中排除第三人抵销权行使的例外情形考察·······················146

四、第三人抵销权行使的程序保障···149

第十三章　执行外和解对执行程序的影响··153

一、问题的提出···154

二、执行外和解的理论透视···154

三、执行外和解对执行程序的实体影响···158

四、执行外和解未完全履行下的权利救济···162

第十四章　不动产买受人剩余价款交付执行的裁判规则···························167

一、当事人基本情况···168

二、基本案情···168

三、裁判情况···171

四、案例注解···171

第十五章　无过错买受人承受物权期待权的裁判规则·······························179

一、当事人基本情况···180

二、基本案情···180

三、裁判情况···182

四、案例注解···183

第十六章　执行和解协议迟延履行完毕后能否恢复执行···························186

一、当事人基本情况···187

二、基本案情···187

三、裁判情况···188

四、案例注解···189

第四编　民事执行中其他疑难问题探讨……193

第十七章　破产财产网络拍卖的模式考察……194
　　一、管理人地位中立性原理应用……195
　　二、破产网拍的实践及问题分析……197
　　三、完善破产网拍规则的思考……199

第十八章　执行程序转破产程序的衔接贯通……203
　　一、执行程序转破产程序的现实困境……204
　　二、执行程序与破产程序衔接的路径优化……209
　　三、小结……213

第十九章　拒不执行判决、裁定罪的实务精解……214
　　一、犯罪四要件……215
　　二、适用范围……218
　　三、定罪量刑……219
　　四、管辖法院……219
　　五、拒执行为起算点……219
　　六、公诉案件移送审查实务要点……220
　　七、自诉案件实务要点……221
　　八、比较法考察……225
　　九、立法建议……226

第二十章　网络司法拍卖异议的审查规则……228
　　一、司法拍卖的性质……229
　　二、执行行为异议……231
　　三、案外人异议……239

第二十一章　唯一住房执行异议的审查规则……245
　　一、异议审查程序……246
　　二、异议审查原则……247
　　三、金钱债权执行的异议审查规则……248
　　四、物之交付执行的异议审查规则……251

参考文献……252

后记……255

第一编

民事执行中程序性问题研究

第一章

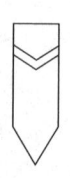

债权人代位提起案外人执行异议之诉的规则

引　言

民事执行中，法院依据权利外观查封被执行人名下财产后，案外人如对该财产，也即执行标的主张享有足以排除强制执行的民事权益，则需以申请执行人为原告、以被执行人为被告或第三人提起执行异议之诉[1]，以排除法院对该执行标的的强制执行。那么，在该案外人对他人负有债务的场合，案外人怠于提起执行异议之诉，影响其债权人到期债权的实现时，其债权人可否代位提起这一诉讼？

回答上述问题的关键，在于明晰"足以排除强制执行的民事权益"是否可成为债权人代位权的客体。

根据《民事诉讼法解释》第310条之规定，案外人如欲排除法院对执行标的的执行，则需对执行标的享有足以排除强制执行的民事权益。而"足以排除强制执行的民事权益"为集合概念，所涵盖的民事权益甚广，泛泛而谈其可否成为债权人代位权的客体，恐难以说透，故笔者拟以实践中颇受热议的一般不动产买受人的"物权期待权"为例，在《民法典》实施的背景之下探究其代位行使的可行性与法律效果，为债权人代位权在案外人执行异议之诉中的嵌入适用提供更为周延的解释方案。

一、《民法典》视野下"物权期待权"代位行使的可能情境

债权人代位权，是指债权人为保全自己的债权，以自己的名义行使属于债务人权利的权利。[2]而债权人代位权的客体，则是指可由债权人代位行使的债务人对其相对人的权利范围。

（一）债权人代位权客体扩张何以影响案外人执行异议之诉？

自1999年《合同法》设立债权人代位权以来，我国法律和司法解释有关代位权客体的规定几经变迁。关于代位权的客体，《合同法》第73条将其限定为债务人怠于行使的"到期债权"。[3]《合同法解释（一）》在此基础上进一步限缩

---

[1] 因篇幅有限，本章对作为案外人执行异议之诉前置程序的案外人执行异议搁置不议。
[2] 韩世远：《合同法总论》，4版，433页，北京，法律出版社，2018。
[3] 具体的条文表述为："因债务人怠于行使其到期债权，对债权人造成损害的，债权人可以向人民法院请求以自己的名义代位行使债务人的债权，但该债权专属于债务人自身的除外。"参见《合同法》第73条第1款。

为"具有金钱给付内容的到期债权"。[4]《民法典》则将其界定为"债权或者与该债权相关的从权利"。[5]而《民法典》对债权人代位权客体的扩张,为突破既往金钱债权之限制提供了解释空间。

这一变化究竟如何影响前述问题?《民法典》实施前,债权人代位权的客体仅限于金钱债权。而案外人执行异议之诉中,案外人足以排除强制执行的民事权益则通常为物权或特殊债权。[6]这是因为,案外人执行异议之诉的实质是判断案外人与申请执行人分别对执行标的享有的民事权益何者应予优先保护。基于债权的平等性,案外人对执行标的若仅享有普通金钱债权,则通常无法在与申请执行人的较量中胜出;且基于债的相对性,案外人与被执行人之间的债权债务关系仅能约束其二者,无法对第三人产生效力。故在此阶段,金钱债权虽可被债权人代位行使,但其无法在案外人执行异议之诉中排除强制执行;"足以排除强制执行的民事权益"则因通常为物权或特殊债权,而无法被债权人代位行使。换言之,这一时期,债权人代位提起案外人执行异议之诉的实益几乎无从谈起。而《民法典》关于债权人代位权客体的表述则可使非金钱债权亦纳入其中,案外人执行异议之诉便有了代位提起的可能。[7]

(二)不动产买受人"物权期待权"的规范内涵

需着重说明的是,不动产买受人"物权期待权"有其特定内涵。在强制执行法领域,金钱债权执行中,法院对登记在被执行人名下的不动产实施强制执行,此时若有符合特定条件的买受人请求排除强制执行,则法院应予支持。学

---

[4] 具体的表文表述为:"合同法第七十三条规定的'债务人怠于行使其到期债权,对债权人造成损害的',是指债务人不履行其对债权人的到期债务,又不以诉讼方式或仲裁方式向其债务人主张享有的具有金钱给付内容的到期债权,致使债权人的到期债权未能实现。"参见《合同法解释(一)》第13条。

[5] 具体的条文表述为:"因债务人怠于行使其债权或者与该债权有关的从权利,影响债权人的到期债权实现的,债权人可以向人民法院请求以自己的名义代位行使债务人对相对人的权利,但是该权利专属于债务人自身的除外。"参见《民法典》第535条第1款。

[6] 特殊债权可排除执行的情形包括但不限于:租赁权、优先权等具有一定程度的物权绝对性的债权,当其因强制执行而丧失或受侵害时,当允许相关权利人提起执行异议之诉;当执行法院对不动产采取处分性执行措施时,当允许已就该不动产办理预告登记的买受人提起执行异议之诉;法律予以特别保护的债权,当允许相关权利人提起执行异议之诉。参见肖建国、庄诗岳:《论案外人执行异议之诉中足以排除强制执行的民事权益——以虚假登记财产的执行为中心》,载《法律适用》,2018(15)。

[7] 参见韩世远:《债权人代位权的解释论问题》,载《法律适用》,2021(1)。

界将不动产买受人因同时满足法定条件而获得的足以排除强制执行民事权益称为"物权期待权"。相关法定条件包括：一是在法院查封之前已经签订合法有效的书面买卖合同；二是在法院查封之前已合法占有该不动产；三是已支付全部价款，或者已按照合同约定支付部分价款且将剩余价款按照人民法院的要求交付执行；四是非因其自身原因未办理过户登记。[8]

1. 权利本质：非金钱债权

一般而言，买受人对出卖人享有的是将不动产登记至自己名下的债权请求权。在特定情形下，法律对此类债权予以特别保护，使之足以对抗申请执行人的普通金钱债权。究其本质，我国强制执行法领域的"物权期待权"仍未脱离债权范畴。该项权利与德国法上的不动产期待权不可画上等号。德国法上的不动产期待权以"物权合意＋登记申请"为成立要件，且具可转让性和可扣押性；[9]一旦成立，则交易对方受此约束，无法凭一己之力任意挫败期待权人的法律地位。[10]而我国的"物权期待权"则缺少直接支配性与排他性等物权特征。[11]

2. 正当性基础：现实需求下的利益衡量

由于我国现行不动产登记制度不完善，实践中存在大量非因买受人原因未能办理过户登记的不动产，如一律予以执行，则将损害人民群众对法律公平的信心。[12]有鉴于此，《异议和复议规定》第28条赋予特定条件下的不动产买受人优先于一般申请执行人的法律地位。由于该规定采取实质审查标准，故执行异议之诉亦予以参照适用。[13]《最高人民法院关于审理执行异议之诉案件适用法律问题的解释（一）（向社会公开征求意见稿）》（以下简称《执行异议之诉司法解释一征求意见稿》）第9条更将该规定确定的四项条件作为执行异议之诉中不动产买受人可否排除强制执行的判断标准。

---

[8] 参见《异议和复议规定》第28条。
[9] ［德］鲍尔／施蒂尔纳：《德国物权法》（上册），张双根译，391～393页，北京，法律出版社，2004。
[10] 庄加园：《不动产买受人的实体法地位辨析——兼谈〈异议复议规定〉第28条》，载《法治研究》，2018（5）。
[11] 庄加园：《不动产买受人的实体法地位辨析——兼谈〈异议复议规定〉第28条》，载《法治研究》，2018（5）。
[12] 江必新、刘贵祥主编：《〈最高人民法院关于人民法院办理执行异议和复议案件若干问题的规定〉理解与适用》，421～422页，北京，人民法院出版社，2015。
[13] 最高人民法院民事审判庭第二庭编著：《〈全国法院民商事审判工作会议纪要〉理解与适用》，641页，北京，人民法院出版社，2019。

(三)"物权期待权"代位行使的情境预设

如若允许不动产买受人的债权人代位行使"物权期待权",那么债权人将在何种情境下代位行使该项权利?下面试举两个案例做一预设。

例1 甲将 A 房屋出售给乙后未能及时办理过户登记。后法院因甲被其债权人申请强制执行而查封 A 房屋,而乙符合"物权期待权"成立的全部条件。与此同时,乙对丙负有到期金钱债务且缺乏清偿能力,但乙怠于提起案外人执行异议之诉以排除法院对房屋的强制执行。那么,丙可否代位乙提起该项诉讼?

例2 甲将 A 房屋出售给乙后,乙在未办理变更登记的情况下又将 A 房屋出售给丙,在连环交易过程中,法院因甲被其债权人申请强制执行而查封 A 房屋。已知乙符合"物权期待权"成立的全部条件,但怠于提起案外人执行异议之诉以排除法院对房屋的强制执行。那么,丙可否代位乙提起该项诉讼以求最终获得 A 房屋?

二案例相似点在于,均为案外人(债务人)乙怠于提起执行异议之诉,影响其债权人丙债权的实现。两者区别在于,在例 1 中,丙通过代位行使乙的权利所欲实现的是其对乙的金钱债权;例 2 中,丙所欲实现的是其对乙的非金钱债权(即将 A 房屋登记至自己名下的债权请求权)。值得一提的是,例 2 正是实践中分歧较大的"不动产次买受人可否排除出卖人之债权人的强制执行"问题。债权人代位权的引入或可为其提供新解法。

二、"物权期待权"代位行使的可行性证成

债权人可否代位行使"物权期待权",取决于该项权利可否成为代位权的客体。《民法典》第 535 条系从积极要件与消极要件两方面对代位权客体加以规定。以下,从债权人代位权的基本法理及该项权利的特别属性两个维度着手,结合《民法典》对积极要件和消极要件的规定,就该问题进行论证。

(一)外观判断——基于债权人代位权的基本法理

1. 逻辑起点:债务人责任财产的保全

从我国《民法典》的编纂体例来看,债权人代位权的相关规定(第 535、536、537 条)处于合同编通则"合同的保全"一章之中。债权人为保障其债权

的实现，可要求债务人提供物的担保或人的担保（即债权的特别担保）；在无特别担保的情况下，债务人的一般财产，便成为全体债权人实现其债权最后的总担保。债务人的一般财产，并非分别担保各个单独之债权，乃构成全体债权人的共同担保，此即责任财产。[14] 通常情况下，债务人如何处理其财产，属于意思自治的范围，此为债的相对性原则的应有之义；但当债务人任意处置财产影响一般债权人债权实现时，法律则有必要加以规制，允许一般债权人干预债务人对其财产的处置，债权保全制度由此产生。该项制度是对债的相对性原则的突破。而债权人代位权正是一种债权保全的方法。

2. 分析工具：债权保全的必要性

如前所述，债权以相对性为原则，而代位权制度则是对这一原则的突破。代位权的行使涉及债务人之外的第三人，此为"债权的对外效力"。正因为其是对债权相对性原则的突破，故如无必要，不得行使。关于债权保全必要的判断标准，比较法上，以日本和我国台湾地区为例，两地均以"无资力说"为传统观点，后来在实践中又发展出"特定物债权说"的观点。两种观点分别服务于"责任财产保全型"和"特定债权保全型"[15] 的代位权行使情境。

（1）情境一："责任财产保全型"（对应"无资力说"）。无资力是指债务人的全部财产不足以清偿全部债务的情形[16]。传统债权人代位权制度的规范目的在于债务人责任财产的保全，故以债务人无资力作为代位权行使的必要条件。

（2）情境二："特定债权保全型"（对应"特定物债权说"）。"特定物债权说"则脱胎于以保全特定债权为目的的场合。典型情境为不动产连环交易。如甲出售房屋于乙后，乙未办理变更登记即又出售给丙。若乙怠于向甲行使登记请求权，则丙可代位乙请求甲将房屋登记至乙名下，以便自己向乙行使登记请求权。此时，乙的资力情况则无关要旨。这一情境下，债权保全必要性的判断标准为债权人可否依约实现其特定债权。需指出的是，为保全特定债权而行使代位权，并非债权保全制度设置的初衷。因为一般而言，代位权的行使是为保全债务人的一般财产，从而实现全体债权人债权，而"特定物债权说"则以实现特定债权为目的。但是，"特定债权保全型"代位权行使，无论对债务人还是

---

[14] 孙森焱：《民法债编总论》（下册），506页，北京，法律出版社，2006。

[15] 这一分类标准之称谓参考自韩世远：《债权人代位权的解释论问题》，载《法律适用》，2021（1）。

[16] 崔建远：《论中国〈民法典〉上的债权人代位权》，载《社会科学》，2020（11）。

对第三人，都是本来应有事态的重审，并未破坏交易安全，[17]且符合实现生活的立法需求，[18]因此日本及我国台湾地区等地理论与实务界均对这一类型予以认可。

（3）两种代位权行使情境与我国立法和实践的关系。立法上，《民法典》的债权人代位权系为"责任财产保全型"情境而设。正因为债权人代位权的规范目的在于保全债务人的责任财产，可成为债务人责任财产的，绝非仅仅是金钱债权，非金钱债权亦应涵盖其中。且从我国《民法典》第535条关于代位权客体的表述（"债权或者与该债权相关的从权利"）来看，亦未排除非金钱债权作为代位权客体的可能。

而"特定债权保全型"情境本不在《民法典》第535条规范目的范围内。但该条的文义本身亦兼容"特定债权保全型"情境的部分情形。依据《民法典》第535条的表述，债权人代位权的行使，服务的是债权人对债务人的到期债权的实现。换言之，该条有关代位权行使条件的安排中，将债权人对债务人所享有权利的设定为"到期债权"，故非金钱债权亦在其文义射程范围内。实践中，承认"特定债权保全型"情境，亦有利于解决我国的司法困境。在由法律行为引起的不动产物权变动中，我国现行法并未采纳物权行为理论，故对于不动产连环交易，并不承认中间省略登记；而实践中法院判决出卖人（下称甲）、在先买受人（下称乙）、次买受人（下称丙）依次办理过户登记的做法，亦面临诉讼法上的解释障碍。有学者指出，在丙为原告、乙为被告，甲为第三人的诉讼格局中，由于乙并未请求甲履行办理过户登记的义务，故法院判令甲将不动产过户至乙名下这一环节缺乏依据；而"特定债权保全型"情境的引入，则可使不动产符合物权公示制度的要求之下，顺利地完成顺次转移登记。[19]"特定债权保全型"虽然超出了债务人责任财产保全这一规范目的，但其可为第535条文义所涵盖，亦未损害交易安全，且也有助于解决司法实践中的难题，故可借鉴。

3. 对例1、例2的评述

例1中，债权人丙对债务人（案外人）乙享有金钱债权，债务人乙对其相

---

[17] 参见刘春堂：《特定物债权与撤销权》，载郑玉波主编：《民法债编论文选辑》（中），835页。
[18] 申卫星：《合同保全制度三论》，载《中国法学》，2000（2）。
[19] 戴孟勇：《不动产链条式交易中的中间省略登记——嘉德利公司诉秦龙公司、空后广州办等国有土地使用权转让合同纠纷案评述》，载《交大法学》，2018（1）。

对人（被执行人）甲则享有"物权期待权"。例2中，债权人丙对债务人（案外人）乙享有非金钱债权，债务人乙对其相对人（被执行人）甲则享有"物权期待权"。又因一般不动产买受人的物权期待权实际上是一种特殊的非金钱债权，故上述两种情形均在《民法典》第535条的文义射程范围之内。此外，例1对应上述"责任财产保全型"情境，而例2则对应"特定债权保全型"情境。

4. 小结

经初步判断，因"物权期待权"属于非金钱债权，故该权利的代位行使可嵌入债权人代位权的基本框架内。

（二）实质考察——基于"物权期待权"的特别属性

以下，将结合"物权期待权"的特殊性，区分不同行使情境，对"物权期待权"可被代位行使的充分性进行论证。

1. "责任财产保全型"情境下的充分性论证

诚如有学者所言，案外人执行异议之诉的结果系从否定的方面来界定。[20] 换言之，案外人获得胜诉仅能使执行标的免于被归入被执行人责任财产，但并不能据此直接得出执行标的归属于案外人的结论。如前所述，债权人代位权制度是一项保全债务人责任财产的制度。因此，如果"物权期待权"的代位行使无法达到保全案外人（债务人）责任财产的目的，那么该项权利作为代位权客体的法理基础将不复存在。

因此，将面临的一个论证难题便是，"物权期待权"的代位行使为何可达到保全案外人（债务人）责任财产的目的。对此，笔者论证如下：

其一，由现行司法解释的规定，在执行程序中，不动产买受人作为被执行人的，其实际占有该不动产且价款已支付完毕的情况下，买受人虽未取得不动产权登记，但法院仍可将该不动产作为其责任财产予以强制执行。[21] 这一规定中的不动产买受人，甚至尚未达到对不动产享有"物权期待权"的地步（如无

---

[20] 冉克平：《〈民法典〉视域中不动产买受人的法律地位——以"执行异议复议"的修改为中心》，载《武汉大学学报（哲学社会科学版）》，2021（5）。

[21] 参见《查封、扣押、冻结规定》第17条：被执行人购买需要办理过户登记的第三人的财产，已经支付部分或者全部价款并实际占有该财产，虽未办理产权过户登记手续，但申请执行人已向第三人支付剩余价款或者第三人同意剩余价款从该财产变价款中优先受偿的，人民法院可以查封、扣押、冻结。

需满足"非因其自身原因未办理过户登记"等条件)。举轻以明重,当不动产买受人满足"物权期待权"成立的情形时,如其恰因负债而被申请强制执行,那么该不动产当然可在执行程序中作为其责任财产予以强制执行。既然在执行程序中可对符合"物权期待权"构成要件的买受人购买的未过户不动产予以强制执行,那么便没有理由不允许债权人在进入执行程序前通过代位行使此项权利保全该不动产。毕竟责任财产的保全本就是强制执行的预备过程。[22]

其二,在认可非金钱债权可作为代位权客体这一前提之下,在未有法院强制执行介入时,若债务人债务已到期但缺乏履行能力,在债务人与相对人之间订有不动产买卖合同、已支付全部价款但怠于办理过户登记的场合,债权人即可代为请求办理过户登记。但因法院查封介入,债权人无法通过通常的代位权诉讼请求相对人将不动产变更登记至债务人名下,故而应当准许其代位提起案外人执行异议之诉,以排除法院的强制执行。

其三,允许"物权期待权"的代位行使亦是对法律解释体系观的贯彻,可防止"物权期待权"的特别规定沦为不动产买受人进行"制度套利"的工具。具体而言,此种"制度套利"表现为,当不动产买受人作为执行案件的案外人时,其可基于"物权期待权"而获得优先于一般债权人的特殊保护;而当其作为债务人时,则又以自己并未办理过户登记而对不动产仅享有债权为由,使该不动产排除在其责任财产之外。这显然有违制度设计的初衷。

2."特定债权保全型"情境下的充分性论证

不动产连环交易中的次买受人可否排除出卖人之债权人的强制执行,一直是理论界争议的热点问题。既往的讨论往往围绕合同权利继受角度进行。反对者的主要理由如下:其一,次买受人的合同权利虽继受于在先买受人,但两者对不动产享有的权利并不完全相同(例如,在先买受人受让之后转让之前不动产被设定抵押、查封的情形);其二,这种权利具有明显的身份属性,不应被次买受人通过合同权利的转让所承继,否则对出卖人的金钱债权人有失公平;其三,现行法对在未办理权属登记的情况下物权人处分不动产的效力进行了减损性的规定。[23] 上述反对观点中最有力的主张为不动产买受人的"物权期待权"具有身份属性。即便是在债权人代位权理论框架下,专属于债务人自身的权利

---

[22] 孙森焱:《民法债编总论》(下册),507页,北京,法律出版社,2006。
[23] 司伟:《房屋次买受人权益排除出卖人的债权人强制执行的审查规则》,载《人民法院报》,2021-02-04。

亦不可由债权人代位行使。

但是，笔者认为，"物权期待权"并非专属于债务人自身的权利。理由如下：

其一，如果该项权利只可由债务人行使，而不可由其债权人代位行使，那么在"责任财产保全型"情境下亦应如此。但是，前已论述，在符合"物权期待权"的构成要件的情况下，不动产已事实上成为买受人的责任财产而可在执行程序中强制执行。相反意见认为该项权利应当专属于案外人，系出于对出卖人的债权人利益之保护；但不允许代位，损害的则是买受人的债权人的利益。"物权期待权"的制度安排已经形成了新的利益格局，不应对此种情形下买受人之债权人的利益置若罔闻。

其二，在连环交易的情况下，亦可假定如下情形：如在先买受人符合"物权期待权"的全部条件，但次买受人不符合相关条件，则二人可先约定解除合同，由在先买受人提起案外人执行异议之诉排除法院对不动产的强制执行；当在先买受人完成过户登记后，其再将不动产出售于次买受人。此种情形下，次买受人仍然可获得该不动产。既然相关司法解释已经赋予了特定情形下不动产买受人排除强制执行的权利，那么对于出卖人的金钱债权人之保护，便不应当建立在买受人不提起案外人执行异议之诉来排除执行这种或然性上。

解决该权利是否为债务人专属的权利问题后，余下的问题便可迎刃而解。因笔者从权利代位行使的角度进行解释，此时次买受人所行使的是在先买受人对出卖人的权利，故不存在权利继受过程中的减损问题。至于在先买受人受让不动产后，该不动产被出卖人设定抵押的情形（即在先买受人与次买受人签订买卖合同在先，抵押设定在后），此时在先买受人本就无法排除抵押权人的强制执行。这是因为，在案外人执行异议之诉的权利保护顺位中，抵押权优先于一般不动产买受人的"物权期待权"，[24] 即便一般不动产买受人的"物权期待权"成立在先，抵押权人的抵押权设立在后，前者亦无法排除后者的强制执行。如在先买受人无法排除强制执行，则代位其行使权利的次买受人自然也无法排除

---

[24] 参见《全国法院民商事审判工作会议纪要》第126条："根据《最高人民法院关于建设工程价款优先受偿权问题的批复》第1条、第2条的规定，交付全部或者大部分款项的商品房消费者的权利优先于抵押权人的抵押权，故抵押权人申请执行登记在房地产开发企业名下但已销售给消费者的商品房，消费者提出执行异议的，人民法院依法予以支持。……买受人不是本纪要第125条规定的商品房消费者，而是一般的房屋买卖合同的买受人，不适用上述处理规则。"换言之，在案外人执行异议之诉的权利保护顺位中，抵押权优先于一般不动产买受人的"物权期待权"。

强制执行。

3. 小结

当不动产买受人成立"物权期待权"时，该不动产已事实上成为其责任财产；且该权利并非专属于该买受人自身的权利。因此，不动产买受人"物权期待权"的特殊性亦不妨碍其作为债权人代位权的客体。

三、"物权期待权"代位行使效果的程序法规则调整

债权人代位权是否成立，涉及对债权人与债务人、债务人与相对人三者之间两重权利义务关系的判断。在两重关系均为金钱债权债务关系的场合，法院若认定代位权成立，则依照《民法典》第537条[25]判决由相对人向债权人履行相应金钱债务即可。但在两重关系并非都是金钱债权债务关系的场合，上述规定则难以直接适用。债权人代位提起的案外人执行异议之诉即属于这种例外。对此，笔者认为应回溯债权人代位权的基本法理，对代位权行使效果的程序规则作相应调整，以契合该项诉讼的特殊性，下文将详述。

（一）诉讼标的之界定：一诉讼标的

在债权人代位提起的案外人执行异议之诉中，法院如认定代位权成立，即债权人对案外人（债务人）确享有到期债权，且案外人（债务人）对被执行人（相对人）名下不动产确享有"物权期待权"，则显然无法照搬上述规定判决由被执行人向债权人履行义务。而判决主文具体如何表述，实际上取决于对这一诉讼的诉讼标的如何界定。作为在判决主文中应当被作出判断之事项的最小基本单位，诉讼标的决定了是否发生请求的合并、是否存在诉的变更、是否违反"禁止二重起诉"原则以及既判力客观方面的范围大小等问题的判断。[26]

1. 债权人代位权存否仅为起诉条件，而非诉讼标的

笔者认为，债权人代位提起的案外人执行异议之诉虽涉及两重法律关系，其中，债权人对案外人（债务人）是否享有到期债权，即债权人的代位权是否

---

[25] 该条规定：人民法院认定代位权成立的，由债务人的相对人向债权人履行义务，债权人接受履行后，债权人与债务人、债务人与相对人之间相应的权利义务终止。债务人对相对人的债权或者与该债权有关的从权利被采取保全、执行措施，或者债务人破产的，依照相关法律的规定处理。

[26] [日]高桥宏志：《民事诉讼法制度与理论的深层分析》，林剑锋译，22页，北京，法制出版社，2003。

存在，仅应作为判断债权人原告主体资格是否适格的起诉条件，而非诉讼标的。即，因代位权的存在，债权人获得程序法上的诉讼实施权，从而成为适格主体，得以担当案外人（债务人）的地位而提起执行异议之诉。尽管理论界不乏将其视为独立的诉讼标的的观点[27]，但笔者认为将其作为起诉条件更具解释力。

其一，在债权人代位提起的案外人执行异议之诉中，债权人的当务之急是排除法院对执行标的的强制执行以保全案外人（债务人）的责任财产。将代位权存否作为起诉条件，意味着法院仅需查明这重关系存在即可，降低了审理的难度；且由于法院的这一判断仅存在于判决理由之中，并不产生既判力，因此也能避免当事人对此进行过于严格的争议而浪费司法成本，并促使当事人作出自认，从而推动法院快速对案外人可否排除强制执行作出裁判。[28]

其二，将代位权存否作为起诉条件，亦符合既往司法解释的精神。《合同法司法解释（一）》第15条允许债权人同时分别起诉债务人与相对人，可见其并未将代位权存否作为债权人代位权诉讼的诉讼标的，否则有违诉讼系属后禁止重复诉讼的基本诉讼法理。

其三，将代位权存否单独作为诉讼标的的观点，仅将两重关系均为金钱债权债务关系的常见情形作为考察对象；相比之下，将其作为起诉条件的观点，亦可整合代位权客体为非金钱债权或其他权利的情形。后文将详述。

因此，建议立法拟制条文如下：

债权人代位提起案外人执行异议之诉，除符合《民事诉讼法解释》第304条规定外，还应当具备下列条件：

（1）债权人对债务人的债权合法；

（2）债务人怠于行使其足以排除强制执行的民事权益，影响债权人的到期

---

[27] 认为应将代位权存否之主张作为独立的诉讼标的的观点，主要基于以下理由：1. 在债权人提起代位权诉讼时，代位权本身存在与否即成为法院裁判的一个对象，而代位权又是实体法上的权利，因而按照传统的诉讼标的理论，应当将代位权看作一个独立的诉讼标的；2. 在代位权诉讼中，将代位权本身存在与否之问题作为一个诉讼标的是客观上存在的，只有对这一诉讼标的作出判断，才有必要对另一个诉讼标的，即债务人与次债务人（即相对人）之间的民事法律关系加以判断；3. 从代位权行使效果（即"由次债务人向债权人履行清偿义务，债权人与债务人、债务人与次债务人之间相应的债权债务关系即予消灭"）来看，代位权诉讼中法院的裁判对象，不仅包括债务人与次债务人之间的法律关系，而且还包括债权人与债务人之间的法律关系；4. 如此界定便于纠纷统一解决，符合诉讼经济原则。参见赵钢、刘学在：《论代位权诉讼》，载《法学研究》，2000（6）。

[28] 关于判决理由中的判断不产生既判力的原因，参见[日]高桥宏志：《民事诉讼法制度与理论的深层分析》，林剑锋译，506页，北京，法制出版社，2003。

债权实现；

（3）债务人享有的足以排除强制执行的民事权益不是专属于债务人自身的民事权益。

2.诉讼标的应为债权人排除执行的诉讼请求

笔者认为，债权人代位提起的案外人执行异议之诉，诉讼标的为债权人要求法院停止对执行标的的强制执行的请求。如法院认定代位权成立，判决停止对该执行标的的强制执行即可。因为向债权人履行并非相对人履行义务的唯一方向。

关于代位权的行使效果，传统大陆法系国家和地区奉行"入库规则"，即代位权行使的结果是归债务人所有，为全体债权人的总担保，代位债权人无优先受偿权。[29]我国《民法典》第537条则规定，在代位权成立的情况下由债务人的相对人向债权人履行义务。但这并非在法律上赋予债权人优先受偿权，而是在两重关系均为金钱债权债务关系的情形下，借助抵销制度，使债权人代位权制度发挥简易的债权回收功能。[30]值得一提的是，正是对这一问题理解上的不同，导致了与前述持"二诉讼标的说"学者观点上的差异。持"二诉讼标的说"的学者认为，我国大陆地区的这一规定与日本、我国台湾地区等地奉行的"入库规则"存在明显差异。在这些国家和地区，其判决主文一般只对债务人与相对人之间的债权债务关系作出判断，对于债权人与债务人之间的债权债务关系，则仅在判决理由中加以说明。[31]但笔者认为，这一规定本身并未打破"入库规则"，且该规定并无法普遍适用于代位权客体为非金钱债权的情形。如探讨的债权人代位提起案外人执行异议之诉即构成这一规定的例外。该项诉讼中，诉讼标的物为不动产，法院无法也无需判决由被执行人（相对人）向债权人交付该不动产。具体而言，在"责任财产保全型"情境中，债权人提起此项诉讼是为了保全不动产的交换价值，而非使用价值；在"特定财产保全型"情境中，债权人虽欲最终获得该不动产，但前已述及，直接判令被执行人（相对人）将不动产转移登记至债权人名下不符合我国现行不动产物权变动规则。故无论是哪种情形，均无法也无需按照上述规定中指引的履行方向进行裁判。此时，因《民法典》第537条无适用余地，故需回归债权人代位权的基本法理，即"入库

---

[29] 林诚二：《民法债权总论——体系化解说》，414页，北京，中国人民大学出版社，2003。

[30] 韩世远：《合同法总论》，4版，449页，北京，法律出版社，2018。

[31] 赵钢、刘学在：《论代位权诉讼》，载《法学研究》，2000（6）。

规则"，以寻求解决路径。而法院判决停止执行该不动产便可达到保全案外人（债务人）责任财产的目的。因此，法院在认定代位权成立的情况下，在判决主文中判令停止对该执行标的的强制执行即可。如此处理并不与《民法典》第537条存在冲突。因为这一规定只是特定条件下相对人履行其义务的路线图，[32] 而非其履行义务的唯一方向。至于如何避免该财产为被执行人的其他债权人再度申请查封，则可通过诉的合并加以解决，下文将详述。

（二）诉的合并之应用：执行异议之诉+关联诉讼

债权人代位提起案外人执行异议之诉，仅是保全案外人（债务人）财产的手段，其最终目的是为实现自己的债权。为实现最终目的，债权人往往还需提起其他诉讼。出于诉讼经济的价值需求，应允许特定情形下诉的合并。

1. "责任财产保全型"情境中的诉的合并

（1）债权人同时起诉债务人（合并给付之诉）。债权人代位提起案外人执行异议之诉的同时，法院应当允许其一并起诉债务人，请求其履行到期金钱债务。如此一来，债权人可在保全案外人（债务人）财产的同时，一并取得对案外人（债务人）的执行依据，以便快速进入执行程序，尽早申请对该财产的强制执行。

（2）债权人同时提出将被执行人名下不动产变更登记至案外人名下的诉讼请求（合并给付之诉）。此种情形下，法院应予审理。一是此为"入库"的应有之义；二是如此可避免该不动产为被执行人的其他债权人再度申请查封。另外值得一提的是，在一般的案外人执行异议之诉中，目前司法实践的趋势也是准予此类诉讼与其他类型诉讼合并处理的。《民事诉讼法解释》第310条仅规定，案外人同时提出确认其权利的诉讼请求的，人民法院可以在判决中一并作出裁判。而根据《执行异议之诉司法解释一征求意见稿》第6条的规定，案外人同时提出具有债权给付内容的诉讼请求的，人民法院应予审理；并先就排除强制执行的诉讼请求先予判决。

建议立法拟制条文如下：

债权人在代位提起的案外人执行异议之诉中同时起诉债务人或单独起诉债务人的，人民法院应予审理。

---

[32] 崔建远：《论中国〈民法典〉上的债权人代位权》，载《社会科学》，2020（11）。

债权人在代位提起的案外人执行异议之诉中同时提出被执行人向债务人继续履行合同、交付标的物等具有债权给付内容的诉讼请求的，人民法院应予审理，并可以依据民事诉讼法第一百五十六条的规定，就债权人排除强制执行的诉讼请求先行判决。

2."特定债权保全型"情境中的诉的合并

如前所述，根据《执行异议之诉司法解释一征求意见稿》第6条规定，对于一般的案外人执行异议之诉，案外人同时提出具有债权给付内容的诉讼请求的，人民法院应予审理；并先就排除强制执行的诉讼请求先行判决。那么在"特定债权保全型"情境中，以连环交易为例，债权人代位提起案外人执行异议之诉的同时，一并请求将不动产转移登记至自己名下的，法院应当如何处理？如果债权人的代位权成立，那么法院能否依据"由债务人的相对人向债权人履行义务"的规则，省略中间登记环节，直接判决出卖人（被执行人/相对人）协助次买受人（债权人）办理过户登记？笔者认为不可如此，而应判决当事人依次办理转移登记。理由如下：一是《民法典》第537条之规定主要针对债权人、债务人、相对人三者之间两重法律关系均为金钱债权债务关系的情形，而不适用于这里所讨论的情形；而如前所述，向债权人履行并非相对人履行义务的唯一方向，因此，笔者主张的处理方式与《民法典》第537条并不存在冲突。二是省略中间登记环节与我国现行法关于物权变动的规则不符，应当以登记反映物权变动的真实情况，此处不再赘述。

（三）参与分配的特殊规则：代为交付执行的剩余价款之处理

1.代位债权人一般无优先受偿权

关于代位债权人是否享有优先受偿权的观点分歧，系由《民法典》第537条规定的"债务人的相对人向债权人履行义务"这一规定所引发。对此理论界和实践中存在一定争议，有学者主张债权人提起代位权诉讼的效果是，由债务人的相对人向债权人履行义务，债权人接受履行后，债权人与债务人、债务人与相对人之间相应的权利义务终止。由于我国不实行"入库原则"，代位权诉讼不能被视为债权人为债务人而提起，判决的执行力不及于债务人。[33]在《民法典》颁布以前，这一问题尚存争议空间，但《民法典》第537条第二句（即"债务

---

[33] 陈杭平：《中国民事强制执行法重点讲义》，41页，北京，法律出版社，2023。

人对相对人的债权或者与该债权有关的从权利被采取保全、执行措施，或者债务人破产的，依照相关法律的规定处理"）则表明了立法者未赋予代位债权人优先受偿权的立场。当多个债权人向相对人主张权利的情况下，依据债权的平等性原则，代位债权人亦应当按比例受偿。当然，在执行实践中，具体受偿规则因被执行人是企业法人还是公民或其他组织而有所不同，这里不再展开。

2. 债权人代不动产买受人交付执行的剩余价款可优先受偿

作为"物权期待权"的成立要件之一，一般不动产买受人在尚未支付全部价款的情况下，如欲排除强制执行，则需将剩余价款按照人民法院的要求交付执行。换言之，买受人剩余价款的支付，不再依据合同约定的期限。此时，执行权作为一种公权力，适当干预对被执行人与案外人之间的民事权利，突出了对被执行人与第三人之间的利益平衡。[34]因此，在债权人代位提起执行异议之诉的场合，债权人亦需代案外人将剩余价款交付执行，如此处理可使该案申请执行人（即被执行人的债权人）获得受偿，这是无疑问的。但在该不动产得以保全，且作为不动产买受人（案外人）责任财产经依法变价后，债权人代不动产买受人支付的该笔款项，从变价款中该如何受偿？

笔者认为，该笔款项可认定为共益费用而优先受偿。案外人将剩余价款交付执行方可排除法院强制执行，在此种情况下，该笔费用系维持案外人（债务人）责任财产所支出，最终使该债务人的全体债权人受益，故应作为共益费用优先受偿。另外，参照《中华人民共和国企业破产法》的相关规则，因管理人或债务人请求对方当事人履行双方均未履行完毕的合同所产生的债务为共益债务，[35]亦可得出该笔款项应优先受偿的结论。

结　　语

债权人代位权制度的逻辑起点在于债务人责任财产的保全，而可作为债务人责任财产的，绝非仅有金钱债权，故不应将非金钱债权排斥在代位权客体范围之外。《民法典》对代位权客体的扩张为债权人代位提起案外人执行异议之诉提供了解释空间。而《民法典》就代位权行使效果的规定，则是为债权人与债

---

[34]　江必新、刘贵祥主编：《〈最高人民法院关于人民法院办理执行异议和复议案件若干问题的规定〉理解与适用》，212页，北京，人民法院出版社，2015。

[35]　参见《企业破产法》第42条。

务人、债务人与相对人之间均系金钱债权债务关系的典型情形而设,对债权人代位提起的案外人执行异议之诉无法实现有效的裁判规则供给。但司法实务不可能坐等,故笔者结合债权人代位权的基本法理及诉讼法理论,对债权人代位提起的该项诉讼中代位权的行使效果进行了程序性规则调整,以期回应司法实务之现实需求。

　　需要强调的是,"足以排除强制执行的民事权益"为集合概念。在实践中,案外人怠于提起执行异议之诉时,其债权人究竟可否代位提起此项诉讼,仍需视该项足以排除强制执行的民事权益可否成为代位权的客体而定。笔者仅仅是以"物权期待权"为例,探讨其可否被代位行使。对于其他民事权益,仍应结合《民法典》第535条的规定从积极要件和消极要件两方面去考察。

第二章

执行标的多个查封下案外人执行异议之诉的重塑

引　言

金钱债权执行中，对于法院查封、扣押、冻结（以下简称查封）的被执行人名下财产，如有案外人主张享有足以排除强制执行的民事权益，则需以申请执行人为被告、以被执行人为共同被告或第三人提起执行异议之诉。[1] 只有当案外人胜诉时，该财产的查封才可解除。

然而，同一被执行人可能有多个申请执行人。多个申请执行人分别申请强制执行，可致被执行人名下同一财产存在多个查封。此时，案外人对其中一个申请执行人提起执行异议之诉并胜诉后，其他申请执行人所对应查封的效力如何？案外人是否仍需起诉其他申请执行人才能解除相应查封？

一、既判力主观范围扩张与严守之价值博弈

对于引言所涉问题，根据我国民事诉讼实务关于"一事不再理"的判断标准，案外人对某一申请执行人胜诉后，又起诉另一申请执行人的，因后诉与前诉的当事人并不相同，故不构成重复起诉，法院应予受理[2]；且根据现有查封规则，在先查封解除的，轮候查封将自动生效。[3] 据此，案外人仍需逐一起诉，才能彻底排除法院对执行标的的执行。

但实然样态不应拒斥应然求索。在理论界，对引言所涉问题，存在"自动解封说"与"另行起诉说"两种观点。其分别代表着效率优先与公平优先两种维度的价值取向。

---

[1] 被执行人的诉讼地位究竟是被告还是第三人，取决于该被执行人是否反对案外人的异议。参见《民事诉讼法解释》第305条之规定："案外人提起执行异议之诉的，以申请执行人为被告。被执行人反对案外人异议的，被执行人为共同被告；被执行人不反对案外人异议的，可以列被执行人为第三人。"

[2] 如有学者提出，应以诉的主体、诉讼标的、诉的原因来识别诉。参见江伟、肖建国主编：《民事诉讼法》，32～33页，北京，中国人民大学出版社，2018。另，依据《民事诉讼法解释》第247条关于民事诉讼中"一事不再理"原则及判断标准的规定，亦可得出相同结论。该条规定：当事人就已经提起诉讼的事项在诉讼过程中或者裁判生效后再次起诉，同时符合下列条件的，构成重复起诉：（一）后诉与前诉的当事人相同；（二）后诉与前诉的诉讼标的相同；（三）后诉与前诉的诉讼请求相同，或者后诉的诉讼请求实质上否定前诉裁判结果。当事人重复起诉的，裁定不予受理；已经受理的，裁定驳回起诉，但法律、司法解释另有规定的除外。

[3] 《查封、扣押、冻结规定》第26条第1款规定："对已被人民法院查封、扣押、冻结的财产，其他人民法院可以进行轮候查封、扣押、冻结。查封、扣押、冻结解除的，登记在先的轮候查封、扣押、冻结即自动生效。"

（一）效率之维：诉讼经济之现实需求

"自动解封说"认为，一旦案外人对其中一个申请执行人就特定执行标的排除执行的请求被生效判决所支持，则针对该执行标的的轮候查封自动失效。[4] 根据这一观点，案外人对其中一个申请执行人提起的执行异议之诉胜诉后，无须再起诉其他申请执行人。

实践中出现的下列问题为"自动解封说"提供了有力支撑。

1. 被执行人下落不明致审理周期漫长

执行过程中，被执行人难寻的问题普遍存在。而案外人执行异议之诉中，被执行人诉讼地位为被告或第三人。即使列被执行人为第三人，法院亦应向其送达传票。[5] 这直接导致多个诉讼文书送达环节均需以公告方式作出，故公告率居高不下。以 B 市 D 区法院为例，该院 2019 年执行异议之诉案件公告率接近六成（58%）。而如果案外人取得一个胜诉判决后，还需另行起诉，那么后诉也将因被执行人下落不明而重蹈公告之覆辙，造成审理周期漫长。

2. 审理期间不得处分执行标的致当事人均受讼累

对案外人而言，如果某一胜诉判决不能产生解除全部查封的结果，那么其仍需一一起诉其他申请执行人，由此带来的是源源不断的诉讼。

对申请执行人而言，案外人执行异议之诉审理期间，人民法院原则上不得对执行标的予以处分。[6] 这使申请执行人最终能否就该执行标的获得受偿处于一种不确定状态，而案外人针对不同申请执行人一一起诉，更将使财产"久封不决"，不利于法院财产处置工作的开展。

3. 执行实施部门内部消解缺乏制度保障

实践中，为避免上述问题，执行实施部门往往进行内部消解——通过向其他申请执行人释法的方式征求其是否同意解除查封的意见。但这一做法取决于申请执行人的意愿，如其不同意解除查封，则案外人仍需提起执行异议之诉。另外，在查封措施由不同法院采取的情况下，其中某一法院作出的停止执行判

---

[4] 范向阳：《关于〈执行异议之诉司法解释稿〉的修改与建议》，载 https://mp.weixin.qq.com/s/EiR9LWf83S5xzb49ZyZh2Q，2020 年 5 月 1 日访问。
[5] 《民事诉讼法解释》第 240 条规定："无独立请求权的第三人经人民法院传票传唤，无正当理由拒不到庭，或者未经法庭许可中途退庭的，不影响案件的审理。"
[6] 《民事诉讼法解释》第 313 条第 1 款规定："案外人执行异议之诉审理期间，人民法院不得对执行标的进行处分。申请执行人请求人民法院继续执行并提供相应担保的，人民法院可以准许。"

决，对另一法院并不产生约束力（目前尚无此类制度安排），如前所述，根据现有查封规则，在先查封解除的，轮候查封将自动生效。因此，案外人仍须向另一法院起诉。

（二）公平之维：申请执行人实体权利保障之程序需求

"另行起诉说"则认为，案外人取得对一个申请执行人的胜诉判决后，该执行标的上的其他查封不应自动失效。根据这一观点，案外人仍需对其他申请执行人提起执行异议之诉，以解除相应查封。

"另行起诉说"系从申请执行人权利保障角度着眼。案外人即便已经取得对其他申请执行人的胜诉判决，亦无法对抗某些特殊申请执行人。以下对这些情形做一类型化梳理。

1. 类型一：对执行标的享有优先权的申请执行人

例1 在普通债权人甲为申请执行人的执行案件中，法院首先查封某房屋；在抵押权人乙为申请执行人的执行案件中，法院轮候查封该房屋。现案外人A依据《异议和复议规定》第28条[7]先对甲提起执行异议之诉，则即便A胜诉，其亦无法在之后对乙提起的执行异议之诉中获得胜诉。

例1中，A对甲、乙分别提起的诉讼之所以结果不同，是因为商品房消费者之外的一般买受人所享有的民事权益，无法对抗抵押权人就执行标的享有的优先受偿权。[8]故本案中，作为一般买受人的案外人A，其享有的"物权期待权"[9]虽可对抗普通债权人甲的一般金钱债权，但仍然无法对抗抵押权人乙的担保物权。

---

[7] 该条规定："金钱债权执行中，买受人对登记在被执行人名下的不动产提出异议，符合下列情形且其权利能够排除执行的，人民法院应予支持：（一）在人民法院查封之前已签订合法有效的书面买卖合同；（二）在人民法院查封之前已合法占有该不动产；（三）已支付全部价款，或者已按照合同约定支付部分价款且将剩余价款按照人民法院的要求交付执行；（四）非因买受人自身原因未办理过户登记。"

[8] 参见《全国法院民商事审判工作会议纪要》第126条："根据《最高人民法院关于建设工程价款优先受偿问题的批复》第1条、第2条的规定，交付全部或者大部分款项的商品房消费者的权利优先于抵押权人的抵押权，故抵押权人申请执行登记在房地产开发企业名下但已销售给消费者的商品房，消费者提出执行异议的，人民法院依法予以支持。……买受人不是本纪要第125条规定的商品房消费者，而是一般的房屋买卖合同的买受人，不适用上述处理规则。"

[9] 实务界将不动产无过错买受人因满足《异议和复议规定》第28条规定的情形而获得的足以排除强制执行的民事权益称为"物权期待权"。参见江必新、刘贵祥主编：《最高人民法院执行最新司法解释统一理解与适用》，290~213页，北京，中国法制出版社，2016。

2. 类型二：因顺位在先获得相应查封利益的申请执行人

例2 在甲为申请执行人的执行案件中，法院于2019年1月1日查封被执行人名下某房屋；同年7月1日，案外人A与被执行人就该房屋签订买卖合同。在乙为申请执行人的执行案件中，法院于同年12月1日查封该房屋。若A依据《异议和复议规定》第28条先对乙提起执行异议之诉，[10] 则即便A胜诉，其亦无法在之后对甲提起的执行异议之诉中获得胜诉。

A对甲、乙分别提起的诉讼之所以结果不同，是因为《异议和复议规定》第28条第1项中所指的"查封"具有相对性，该查封是指案外人起诉某一申请执行人时，该申请执行人对应顺位的查封。故相对于乙对应的查封而言，A满足"在人民法院查封之前已签订合法有效的书面买卖合同"这一条件，尚有胜诉可能（还需满足《异议和复议规定》第28条的其他条件）；相对于甲而言，A签订买卖合同的时间则晚于其对应的查封，故无胜诉可能。此时，甲即因顺位在先而获得相应查封利益。

显然，对于上述两类特殊申请执行人，其对应查封不能因案外人取得对其他申请执行人的胜诉判决而自动解除。剥夺此类申请执行人作为诉讼当事人的程序权利，将导致其实体权利无法实现。

（三）分歧实质：既判力主观范围之界分

"自动解封说"与"另行起诉说"产生分歧的实质，在于两者对案外人执行异议之诉既判力主观范围界定上的差异。

1. 既判力主观范围的基础理论

判决的既判力是指判决确定后，法院和当事人均应受该判决内容的约束，当事人不得在后诉中提出与之相悖的主张，法院也不得在后诉中作出与之冲突的判断。这种对后诉的约束实质上是对后诉诉讼标的的约束。[11]

既判力的主观范围则是指既判力产生约束力的主体范围。既判力的主观范围以相对性为原则，即通常情况下，既判力仅约束本案当事人，对本案当事人之外的第三人不发生作用。这是因为，对本案当事人而言，民事诉讼的各项制度安排已为其提供充分的程序保障，使之可进行认真且彻底的争执，故而本案

---

[10] 案外人就轮候查封先行提起执行异议之诉在理论上并无障碍。参见韩松：《案外人针对轮候查封的执行异议法院应予受理》，载《人民法院报》，2017-01-04。
[11] 参见张卫平：《民事诉讼法》4版，421～423页，北京，法律出版社，2016。

当事人也应当对诉讼结果承担自我责任；相反地，本案当事人之外的第三人，因未能参与诉讼，而无法穷尽攻击防御方法，故通常情况下不受该判决结果的约束。但是，在某些特殊情形下，既判力亦对诉讼之外的第三人发挥作用，此即既判力主观范围的扩张。[12]

2.既判力主观范围理论与两种观点的对应关系

"自动解封说"实际上认为，案外人胜诉时，该判决既判力应向其他申请执行人发生扩张，这样将大大提高执行效率，尽早得出执行标的能否执行的确切结论，同时减少案外人与申请执行人的讼累。

而"另行起诉说"实则认为，其他申请执行人并未参加到诉讼中来，因而并未得到应有的程序保障，尤其上文所述两类特殊申请执行人，如果判决的既判力向其发生扩张，则将使其实体权利无法得到程序救济，有失公平。

二、既判力扩张正当性判断标准之考察

对引言所涉问题，若严格遵守既判力相对性原则，则将难以有效回应诉讼经济的现实需求；但既判力扩张意味着牺牲对第三人作为当事人的主体地位，故而应有足够的理论支撑，以进一步充实既判力扩张的正当性。

考察域外经验，可归纳出既判力扩张是否正当的三条判断标准：

（一）现实需求——既判力扩张正当性之动因

研究大陆法系既判力扩张的情形及根据，可见其皆是为回应形形色色的现实需求。相关因素有且不限于：

（1）被判决的权利关系的安定性。如：（1）向诉讼的承继人扩张——这是出于维持纠纷解决的实效性考虑。[13] 因为若非如此，败诉方将可以通过处分前诉的诉讼标的于第三人，再由该第三人对前诉的诉讼标的进行争执，从而使判决结果沦为一纸空文[14]。（2）在特定类型诉讼如家事（人事）法律关系、团体法律关系诉讼中，向一般第三人扩张（即"对世效"）——唯有如此，才能避

---

[12] 参见张卫平：《既判力相对性原则：根据、例外与制度化》，载《法学研究》，2015（1）。
[13] [日] 高桥宏志：《民事诉讼法制度与理论的深层分析》，林剑锋译，563、563页，北京，法制出版社，2003。
[14] [日] 新堂幸司：《新民事诉讼法》，林剑锋译，486页，北京，法制出版社，2008。

免造成事实上的混乱或不安定的状态。[15]上述情形均基于立法者的决断或政策考量。

（2）第三人程序保障的必要性。如对诉讼标的物持有人扩张。所谓标的物的持有人，是指为当事人的利益占有标的物，而自己对标的物并不具有占有利益的人，诸如受委托人、管理人、同住人以及管家等。此类第三人与前诉当事人之间没有距离，故欠缺必须赋予程序保障的实质性利益，因而既判力向其发生扩张。[16]

（3）扩张与否的具体妥当性。例如，日本法中，前述受既判力扩张的标的物持有人不包括承租人等"对占有标的物具有自己固有利益"的人。此处对既判力是否发生扩张采取"实质说"，即先对既判力扩张是否妥当作出判断，再认定其是否为标的物持有人；对承租人而言，扩张将对其产生实质性不当，故认为其并非标的物持有人。[17]

（4）一次性解决纠纷（诉讼经济）。例证为我国台湾地区的部分共有人提起的共有物返还请求权诉讼。在德国，部分共有人的败诉判决并不对其他共有人发生既判力扩张，故其他共有人仍可另行起诉；但在我国台湾地区，此类诉讼则发生既判力的扩张，这主要是出于一次性解决纠纷这一诉讼价值的考虑，亦符合诉讼经济原则。[18]

（5）避免矛盾判决。如对退出诉讼的人发生扩张的情形[19]；又如，与类似必要共同诉讼相关的既判力扩张情形，后文进一步展开。

当然，既判力扩张的情形应当落实到法律规定，法无明文规定不得扩张。

（二）程序保障——既判力扩张正当性之基础

在对第三人作为当事人争执的地位作出牺牲时，又必须对受到不利判决效力扩张的无辜第三人提供必需的救济途径，以保障其实体权利。我国台湾地区

---

[15]　[日] 畑宏树：《判决的对世效》，载 [日] 伊藤真、山本和彦编《民事诉讼法的争点》，240页，日本有斐阁，2009；转引自刘颖：《分配方案异议之诉研究》，载《当代法学》，2019（1）。
[16]　[日] 高桥宏志：《民事诉讼法制度与理论的深层分析》，林剑锋译，573页，北京，法制出版社，2003。
[17]　[日] 高桥宏志：《民事诉讼法制度与理论的深层分析》，林剑锋译，572页，北京，法制出版社，2003。
[18]　廖浩：《第三人撤销之诉实益研究——以判决效力主观范围为视角》，载《华东政法大学学报》，2017（1）。
[19]　参见张卫平：《既判力相对性原则：根据、例外与制度化》，载《法学研究》，2015（1）。

更是将程序权保障之有无,作为界定判决效力主观范围扩张是否具有正当性的基础。[20]

1. 另设救济途径。各个国家和地区的救济途径不尽相同,并不拘泥于某一特定程序。例如,在传统的大陆法系国家,这一救济途径通常表现为再审;而我国台湾地区,在"一次性解决纠纷"的理念作用之下,第三人撤销之诉也发挥着事后程序保障的价值功能。即:先使前诉"判决"之既判力扩张至第三人,再允许该第三人通过提起第三人撤销之诉寻求救济。典型应用场景为代位权诉讼中无辜主债务人的事后救济。[21]后文将详述。

2. 完善解释路径。即在既判力扩张理论的既有框架下,解决与实体法秩序相协调的问题。例如,在日本,对于诉讼承继人,在其拥有独立于前诉当事人的攻击防御方法时,有学者提出以"形式说"协调既判力扩张的结果与实体法秩序的关系。具体而言,仍遵循既判力扩张之形式,故诉讼承继人"不能就前诉当事人无法争执的事实进行争执",但既判力的扩张并不能阻碍其提出其固有的(与前诉当事人无关的)攻击防御方法。[22]故其仍能获得程序保障。值得特别说明的是,如前所述,对于既判力为何不向承租人等"对占有标的物具有自己固有利益"的人发生扩张,日本学界采取的是"实质说"而非"形式说"。这是因为,如果采取"形式说",那么承租人将无法就"前诉原、被告之间的权利义务关系是否存在"这一事实与前诉原告展开争执,而承租人通常又不具备足以对抗前诉原告的固有攻击防御方法,因而其很容易败诉,最终导致自己对标的物的固有利益无法得到保护。[23]故既判力不对承租人产生作用实际上需借助"实质说"才能得到有效解释。总而言之,无论是"形式说"还是"实质说",都是保持理论的一贯性与回应实体法秩序的现实需求之间的协调。

(三)法制语境——既判力扩张正当性之延伸

不同国家和地区的立法政策、配套制度存在差异,既判力主观范围扩张之

---

[20] 许士宦:《诉讼理论与审判实务(民事诉讼法之理论与实务第六卷)》,346页,台北,元照出版有限公司,2011。
[21] 廖浩:《第三人撤销之诉实益研究——以判决效力主观范围为视角》,载《华东政法大学学报》,2017(1)。
[22] [日]高桥宏志:《民事诉讼法制度与理论的深层分析》,林剑锋译,565页,北京,法制出版社,2003。
[23] [日]高桥宏志:《民事诉讼法制度与理论的深层分析》,林剑锋译,572页,北京,法制出版社,2003。

情形、对应的救济程序亦不尽相同，故不可抛开特定国家或地区的具体法制语境来谈该问题。

以分配方案异议之诉的效力为例，我国与日本存在本质差异。根据日本民事诉讼法通说，由某一债权人对另一债权人提起的分配方案异议之诉，应适用判决既判力相对性原则，即如果被告债权人败诉，那么其因此丧失的分配金额应当由原告债权人优先受偿；但我国有学者认为，在我国制度语境下，应承认其"对世效"，判决结果及于分配方案异议之诉当事人之外的其他债权人，即全体债权人所分得的金额都将因此将发生变化。这是因为，从立法政策来看，在日本，这一制度解决的是被执行人的特定财产不足以清偿的问题，即使债权人未在该特定财产上获得全部清偿，其仍然可能通过被执行人的其他财产受偿；而我国则需考虑被执行人不具备破产资格条件下各债权人平等受偿的问题。[24]

又如我国台湾地区允许主债务人提起第三人撤销之诉获得救济，也可作为不同国家和地区制度差异的一个例子。德国法上有共同诉讼辅助参加制度，在法定诉讼担当的情形下，如果不利判决如对法定诉讼担当的利益归属主体发生扩张，则该利益归属主体可作为共同诉讼辅助参加人自行启动再审程序。代位权诉讼属于法定诉讼担当，主债务人受到代位权诉讼不利判决效力扩张的，理应可作为共同诉讼辅助参加人自行启动再审，但我国台湾地区并无共同诉讼辅助参加制度，故该地区以第三人撤销之诉作为填补该缺陷的手段。具体而言，我国台湾地区学者认为，如果不利"判决"的效力扩张至被代位的主债务人，因其未参与诉讼，故对其保护不力；如果不向主债务人扩张，则主债务人可能再次对次债务人起诉，由此可能导致诉讼不经济及矛盾判决等问题，为平衡二者，故作出"通过第三人撤销之诉为无辜主债务人提供救济途径"的制度安排。[25]

三、既判力扩张之程序保障模式选择——合并审理抑或"另辟蹊径"？

上文已对既判力扩张正当性的三个判断标准进行概括，即：是否符合现实需求、是否具备相应程序保障，是否符合特定国家和地区的法制语境。前述已

---

[24] 参见刘颖：《分配方案异议之诉研究》，载《当代法学》，2019（1）。
[25] 廖浩：《第三人撤销之诉实益研究——以判决效力主观范围为视角》，载《华东政法大学学报》，2017（1）。

完成"符合现实要求"这一标准的论证,以下,笔者将结合本国法制语境,考察无辜第三人的程序保障情况。

关于程序保障,如果在现有制度框架下可妥善解决,则无须再另行创设救济途径。那么,接下来的问题便是,现有制度能否担此重任?

(一)合并审理对应共同诉讼类型之辨析

在现有制度框架下,针对执行标的存在多个查封的情况,很容易想到的解决方案便是案外人以全部申请执行人为被告,一并提起执行异议之诉,由法院合并审理。合并审理一般被认为是实现一次性解决纠纷的有效形式,符合诉讼经济的要求,能有效节约司法成本,且可保障各申请执行人的程序权利。

要对合并审理的实效性进行研判,首先需区分是何种共同诉讼类型下的合并审理。根据共同诉讼人对诉讼标的关系的差异,可将共同诉讼分为普通共同诉讼和必要共同诉讼,其中前者诉讼标的为同一种类,后者诉讼标的则为同一个。而必要共同诉讼又可细分为固有必要共同诉讼和类似必要共同诉讼。前者是指共同诉讼人在实体法律关系中存在共同的利害关系,必须一同起诉或应诉;未一同起诉或应诉的,人民法院应予以追加并合并审理,且需对诉讼标的进行合一确定。而类似必要共同诉讼则是指,当事人既可以选择一同起诉或应诉,也可以选择分别起诉或应诉。如果当事人选择一同起诉或应诉,则人民法院应对诉讼标的予以合一确定;如果当事人选择分别起诉或应诉,则法院作出的确定判决对其他未参与诉讼的利害关系人产生拘束力,此时发生既判力扩张,这主要是为避免矛盾判决的产生。[26]值得注意的是,我国台湾地区便是将这一情况作为类似的必要共同诉讼处理——"债权人为数人时,如第三人(即案外人)对于全体债权人均主张其对之有排除强制执行之权利时,不论各债权人之债权系个别存在之债权,或系共有一债权,第三人之异议权即诉讼标的,对于全体债权人应属必须合一确定,故应属类似必要共同诉讼。"[27]

(二)我国大陆与台湾地区的查封制度语境差异

承上,我国大陆能否借鉴我国台湾地区的经验?回答这一问题前,有必要

---

[26] 张卫平:《既判力相对性原则:根据、例外与制度化》,载《法学研究》,2015(1)。
[27] 陈计男:《强制执行法释论》,239～240页,台北,元照出版有限公司,2002;姜世明:《第三人异议之诉》,载台湾地区《月旦法学教室》,2016(166)。

对我国台湾地区和大陆查封制度的差异做一分析。

根据我国台湾地区"强制执行法"第31、32、33条之规定，对于已开始实施强制执行之债务人财产，他债权人再声请强制执行者，已实施执行行为之效力，于为声请时及于该他债权人，应合并其执行程序，并依照参与分配之有关规定办理。换言之，在我国台湾地区，已查封的被执行人财产，不得再行查封，此即"二度查封禁止"原则。对于已查封的财产，其他债权人申请强制执行的，理论上属于强制执行的参加，执行程序因发生竞合而应合并办理，并就合并执行的变价款，比照分配程序予以处理；在前的查封行为效力，应当及于后加入的债权人。[28] 因此，即便同一债务人有多个债权人，该债务人名下特定责任财产上的查封也仅有一个。

而在我国大陆，立法允许同一执行标的上存在多个查封，且对于多个申请执行人申请执行同一执行标的的情况，亦不采取合并执行的方式。《查封、扣押、冻结规定》第28条第1款明确规定，对已被某一法院查封的财产，其他法院可轮候查封。

（三）合并审理难以兼容大陆查封制度的特殊性

通说认为，案外人执行异议之诉为形成之诉。形成之诉的诉讼标的是当事人要求法院变更实体法律关系的诉讼请求。[29] 因此，案外人异议之诉的诉讼标的为案外人要求法院停止对执行标的的强制执行的诉讼请求。我国大陆和台湾地区查封制度的差异，导致各自案外人执行异议之诉[30]的诉讼标的存在差异。

在我国台湾地区，申请执行人为多个的情况下，执行标的上的查封仅有一个，故案外人一旦选择一并起诉各申请执行人，因各申请执行人之间的诉讼标的是共同的，故此类共同诉讼为类似的必要共同诉讼，对各申请执行人的诉讼标的应合一确定，否则将出现矛盾判决。

而在我国大陆，因允许同一执行标的上存在多个查封，故案外人执行异议之诉的诉讼标的为案外人要求解除某一特定查封的诉讼请求。即各申请执行人之间的诉讼标的并非同一。因此，即便案外人针对不同申请执行人提起的执行异议之诉判决结果不同，也可能并不存在矛盾，因为两份判决就是否停止执行

---

[28] 陈计男：《强制执行法释论》，313～314页，台北，元照出版有限公司，2002。
[29] 张卫平：《民事诉讼法》，4版，195页，北京，法律出版社，2016。
[30] 我国台湾地区称第三人异议之诉。

的判断，所针对的是不同申请执行人各自对应的查封。故案外人选择一并起诉各申请执行人且法院合并审理的，仅构成普通共同诉讼。厘清这一区别后，下面欲就"自动解封说"学者的说理做一回应。笔者肯定这一观点的实践意义，但其论证方式是值得商榷的。该学者提出，案外人执行异议之诉为形成之诉，而形成之诉具有对世效，故案外人针对某一特定执行标的提起的执行异议之诉获得支持后，该执行标的不得被其他债权人再次申请强制执行。[31] 但是，案外人就某一申请执行人提起的执行异议之诉中，法院审理的对象仅为案外人是否足以排除该特定申请执行人对执行标的的强制执行，其判决结果仅关乎法院是否将解除该申请执行人对应的查封。而案外人对其他申请执行人提起的执行异议之诉（后诉），与前诉并非同一诉讼标的，故前诉判决的形成力亦不对后诉发生作用。前面所举的两个案例即是例证。

在我国大陆，案外人对多个申请执行人提起执行异议之诉仅构成普通共同诉讼的背景下，采取合并审理方式无益于诉讼经济的实现。理由如下：

一者，是否能实现合并审理，取决于案外人是否同时起诉各申请执行人，但实践中案外人抱有试探心态，往往通过先对其中一个申请执行人提起诉讼，再根据判决结果决定下一步诉讼策略，此时并不具备合并审理的前提条件。

二者，因我国大陆不采取合并执行方式，故执行标的可能由不同法院查封，这将导致案外人对不同申请执行人提起的诉讼由不同法院管辖，因此无法进行合并审理。即便相关法律或司法解释创设合并审理的制度条件，实践中亦面临操作上的种种难题。

三者，合并审理过程中，执行标的上可能因新的申请执行人申请强制执行而产生新的查封，尚在进行的诉讼可能因新的共同被告不断加入而悬而不决。在法院就已被起诉的申请执行人之查封效力作出判断后，如又有新的查封，案外人还需起诉新的申请执行人，这样一来，仍然会产生多次诉讼，与合并审理一次性解决纠纷的预期相悖。即便相关法律或司法解释规定，判决作出后，其他申请执行人不得再申请执行该执行标的，这一做法也不无弊端。对判决作出后申请查封执行标的的申请执行人而言，其程序权利将无法得到有效保障，特别是本文第一部分讨论的特殊申请执行人。另外，由于各申请执行人在诉讼中进行攻击防御的能力有所差异，不同申请执行人参加诉讼也可能导致判决结果

---

[31] 范向阳：《关于〈执行异议之诉司法解释稿〉的修改与建议》，载 https://mp.weixin.qq.com/s/EiR9LWf83S5xzb49ZyZh2Q，2020 年 5 月 1 日访问。

的不同。因此，让未能参加诉讼的申请执行人承受前诉的不利后果，从程序法角度而言也是欠妥的。

（四）小结

在我国允许轮候查封的制度语境下，案外人对多个申请执行人提起执行异议之诉仅构成普通共同诉讼。因此，寄希望于以合并审理解决执行标的上多个查封的效力问题（即使纠纷一次性解决），是不切实际的。故而应另外寻求救济途径。

四、以许可执行之诉作为既判力扩张之程序补强

（一）制度描摹——许可执行之诉的提出

上文已否决通过一次诉讼解决多个查封效力问题的方案，故而，应设计出一种制度，作为案外人执行异议之诉既判力扩张的程序性补强条件，在实现查封效力迅速处理的同时，兼顾特殊申请执行人的程序保障需求。笔者称之为许可执行之诉。

建议立法拟制条文如下：

同一执行标的存在多个查封的，案外人对其中一个查封对应的申请执行人提起执行异议之诉并获得支持后，可以依据该判决向其他查封对应的执行法院申请停止执行该执行标的。

执行法院收到停止执行申请后，应当通知相应申请执行人。申请执行人认为应当继续执行的，可以自收到通知之日起十五日内，以提出申请的案外人为被告，向执行法院提起许可执行之诉；逾期未提起许可执行之诉的，执行法院停止执行该执行标的。

提起许可执行之诉的具体流程为：案外人取得对某一申请执行人的胜诉判决→案外人向其他查封法院申请解除查封→该查封法院通知相应申请执行人→若申请执行人同意解除查封，则法院停止执行该执行标的并解除查封；若申请执行人不同意解除查封，则其需在收到通知之日起十五日内提起许可执行之诉。

与现行制度（即案外人逐一起诉各申请执行人）相比，其主要特征为：

（1）以案外人取得一个胜诉判决为先决条件。

（2）起诉负担与举证责任的重新分配。通常情况下，法院依据形式化原则查封被执行人名下财产，案外人如对执行标的主张享有足以排除强制执行的民

事权益，则需提起执行异议之诉，且需举证证明其享有上述民事权益；但在本文的制度构想之下，当案外人取得一个胜诉判决后，其即可向其他查封对应的执行法院申请停止执行该执行标的，此时，提起诉讼和证明的负担则落到申请执行人身上。

（3）前置程序（十五天异议期）过滤机制的设置。其他查封对应申请执行人在收到法院通知后，需在十五日内提起许可执行之诉，否则法院将解除对应查封。该申请执行人可根据前诉判决预测诉讼结果，再辅之以诉讼费用的调节机制（制度落地部分将详述），可使一部分案件无需进入诉讼程序。

（4）针对不同类型申请执行人的裁判方式相异，后文将详述。

（二）理论支撑——既判力扩张之证成

1. 裁判结果通常情形下划一处理的必要性

根据既判力的基本法理，既判力的扩张原则上应基于同一诉讼标的。但如前所述，案外人对不同申请执行人提起的执行异议之诉之间，诉讼标的并非同一。那么，此时既判力何以扩张？笔者认为，其诉讼标的虽有不同，但绝大部分情形下应作划一性处理。论证过程如下：

第一步：前提——明确比较项。案外人执行异议之诉的争点是案外人是否享有足以排除强制执行的民事权益，其本质在于判断案外人与申请执行人就执行标的享有的民事权益何者应予优先保护，即比较两者的优先级。

第二步：定性分析——把握不同诉讼中的"常量"与"变量"。案外人对不同申请执行人提起的执行异议之诉之间，案外人所主张的民事权益是相同的（"常量"），故在不同案件中，同一案外人能否排除强制执行，事实上取决于申请执行人对执行标的享有的民事权益（"变量"）。

第三步：类型化分析——区分"常量"内部的"变"与"不变"。如前所述，同一案外人针对不同申请执行人提起的执行异议之诉，裁判结果的变量在于申请执行人对执行标的享有的民事权益。对此，又可作进一步区分。在金钱债权执行中，（1）对于本文前面提到的特殊申请执行人，裁判结果可以不同，因其享有不同于一般申请执行人的特殊权益。对于一般申请执行人，法院依据其执行申请查找到被执行人名下的某一责任财产并采取查封措施，其对该财产并无信赖利益，因此无需特别保护；但对于特殊申请执行人，因其对执行标的存在优先权或查封利益，故裁判结果可以不同于案外人对一般申请人提起的执行异议之诉的结果。(2) 对于一般申请执行人，不论其与被执行人之间的纠纷因何种自然事实（如民间借贷纠纷产生于两者间的借贷关系、交通事故责任纠纷产生于被执行人在交通事故中对申请执行人造成的损害……），其对被执行人享有的均是普通金钱债权。换言之，各一般申请执行人对执行标的享有的民事权益并无实质性差异。因此，各一般申请执行人与同一案外人民事权益进行比较的结果（即裁判结果）也应是一致的；且一般申请执行人在此类诉讼占据绝对比重，其判决结果应予划一性处理，否则构成矛盾判决。

2. 既判力对不同类型申请执行人扩张的充分性

对于两类申请执行人，在案外人执行异议之诉判决结果可以不同的前提下，既判力是否均发生扩张？尤其对特殊申请执行人，既判力向其扩张是否妥当？笔者对这两个问题均持肯定态度。

对于一般申请执行人，既判力扩张的根据为：(1) 避免矛盾判决，上文已论证，既然前诉与后诉均为普通债权人，那么判决结果也不应有所区别；(2) 第三人程序保障的非必要性：同为普通债权人，其并无区别于前诉申请执行人的实质性利益，因而无需赋予其作为当事人的主体地位；(3) 出于诉讼经济考虑，有必要对一般申请执行人的程序权利作出牺牲。

对于特殊申请执行人，笔者认为仍可在保持既判力扩张理论一贯性前提下保障其实体权利。解释路径上则可借鉴前述日本法中的"形式说"观点，即将其区别于一般申请执行人的特殊民事权益作为独有的攻击方法。换言之，对于既判力扩张的形式，仍从"该申请执行人不得就前诉案外人与申请执行人无法争执之事实进行争执"进行把握，但既判力并不能对其独立攻击方法产生遮断，其实体权益仍可通过提起笔者提出的许可执行之诉获得救济。

3. 第三人程序保障的相当性

所谓程序保障的相当性，是指相比于现行制度（也就是案外人对各申请执行人逐一提起执行异议之诉），许可执行之诉并未减损对第三人程序权的保障，至少与现行制度持平。首先，较之现行制度，许可执行之诉仍是一个民事诉讼程序，各申请执行人均可提起。其次，许可执行之诉虽将举证责任重新调整而分配给后诉申请执行人，但这一做法在现行制度下亦可获得支撑。根据《最高人民法院关于民事诉讼证据的若干规定》第10条的规定，生效裁判所确认的基本事实为免证事实，除非当事人有相反证据足以推翻。[32] 因此，现行制度下，在案外人已取得一个胜诉判决的前提下，法院据以认定"案外人对执行标的享有足以排除强制执行的民事权益"的事实为该案的基本事实。该事实已经为该判决所确认，故在对另一申请执行人提起的后诉中，案外人对此无须举证证明。据此，许可执行之诉将举证责任分配给后诉申请执行人并未加重其负担。

（三）微观实现——既判力扩张的程序性转化

1. 前置程序的过滤性

许可执行之诉的前置程序（十五天异议期）的设置，是将起诉的负担分配给其他申请执行人，如果其不提起许可执行之诉，那么法院将解除对应查封。这一做法，可过滤一部分案件，使之无须进入诉讼程序，从而实现诉讼经济。这也是对作为前诉的案外人执行异议之诉既判力扩张的制度落实。另外，相对于目前实践中法院征求其他申请执行人解封意愿的做法，该项制度更具程序保障，如申请执行人未在法定期间内提起诉讼，人民法院则有权解除对应查封。

2. 提起诉讼的平等性

申请执行人提起许可执行之诉时，法院难以有效甄别其究竟是一般还是特殊申请执行人，故应赋予全部申请执行人提起许可执行之诉的权利，留待许可执行之诉审理过程中对其是否具有特殊民事权益进行实质性判断。

3. 裁判结果的差异性

既判力作用于裁判结果上，则具体表现为：法院经审理，认为原告仅为一般申请执行人的，应当驳回其起诉；认为原告为特殊申请执行人的，则应当在对其与案外人享有的民事权益何者优先保护进行判断后再作出裁判。

建议立法拟制条文如下：

对申请执行人作为原告提起的许可执行之诉，执行法院经审理，按照下列情形分别处理：（一）原告就执行标的不享有区别于前一案外人执行异议之诉中

---

[32] 该条原文如下："下列事实，当事人无须举证证明：（一）自然规律以及定理、定律；（二）众所周知的事实；（三）根据法律规定推定的事实；（四）根据已知的事实和日常生活经验法则推定出的另一事实；（五）已为仲裁机构的生效裁决所确认的事实；（六）已为人民法院发生法律效力的裁判所确认的基本事实；（七）已为有效公证文书所证明的事实。前款第二项至第五项事实，当事人有相反证据足以反驳的除外；第六项、第七项事实，当事人有相反证据足以推翻的除外。"

申请执行人的民事权益的，裁定驳回起诉；（二）原告就执行标的享有区别于前一案外人执行异议之诉申请执行人的民事权益，且该民事权益足以对抗案外人的，判决准许执行该执行标的；（三）原告就执行标的享有区别于前一案外人执行异议之诉中申请执行人的民事权益，但该民事权益不足以对抗案外人的，判决驳回诉讼请求。

4. 前诉确有错误的处理

许可执行之诉（后诉）审理过程中，法院如认为申请执行人为一般申请执行人，但又发现前一案外人执行异议之诉（前诉）判决结果确有错误（本不应支持案外人），应如何处理？笔者认为后诉不应直接作出不同裁判，而应驳回申请执行人的起诉，并告知其对前诉判决申请再审。这是出于裁判尺度统一与各申请执行人利益平等保护的双重价值考虑。前诉法院因案外人胜诉而解除执行标的查封的情况下，如允许后诉作出不同判决，则后诉法院将得以继续执行该执行标的。但由于各执行法院信息并不对称，前诉申请执行人可能无法及时向后诉法院申请参与分配，这将导致其无法就该执行标的的变价款获得受偿。而告知后诉申请执行人对前诉申请再审，则可在判决结果对其不利的情况下，倒逼其启动前诉的再审程序，从而可保障前诉申请执行人恢复应有查封利益。

建议立法拟制条文如下：

申请执行人对驳回起诉的裁定不服，认为前一案外人执行诉判决错误的，可以对该案外人执行异议之诉判决申请再审。

执行法院在审理过程中，发现前一案外人异议之诉的判决确有错误的，按照下列情形分别处理：（一）前一案外人执行异议之诉的判决由本院作出的，依照《民事诉讼法》第 209 条处理；（二）前一案外人执行异议之诉的判决由其他人民法院作出的，裁定驳回申请执行人的起诉，并告知其对该案外人执行异议之诉判决申请再审。

（四）其他规定

为确保许可执行之诉的实效性，还应完善细节性规定。

关于管辖法院的确定，笔者认为，应当由特定查封对应的执行法院专属管辖。关于诉讼参加人的范围，则仅以该申请执行人为原告、案外人为被告即可，而无需被执行人参加诉讼，从而避免因公告导致审理周期漫长的问题。关于审理程序，可适用简易程序审理，无需像目前的案外人执行异议之诉那样一律按普通程序审理。关于诉讼费的收取，应当以执行标的财产金额或者价额作为计算基数，按照《诉讼费用交纳办法》第13条第1项规定的财产案件标准收取，从而防止滥诉的发生。

结　　语

《最高人民法院关于深化人民法院司法体制综合配套改革的意见——人民法院第五个五年改革纲要（2019—2023）》要求推进民事诉讼改革，"健全完善立体化、多元化、精细化的诉讼程序"。笔者提出的许可执行之诉，是以既判力主观范围扩张为理论工具，结合我国查封制度的特殊语境进行的一项制度构建尝试。其在回应诉讼经济的现实需求同时，兼顾了特殊申请执行人的程序保障需求。另外，作为一项执行衍生诉讼，许可执行之诉亦将助力执行实施中财产处置难题的破解。

第三章

附备位债权调解书执行正当性的制度落实

引 言

司法实践中，民事调解书多为双方当事人在法院主持之下相互让步以求纠纷化解的产物。故主文常以"主位债权＋备位债权"的形式呈现。[1]主位债权往往为债权人所作让步之表彰，如其对债务履行期限作出宽限、就债权本金或利息数额予以减免等；而备位债权往往为债务人履约诚意之体现，如承诺若违约则将承担高额违约金等。

对于此类附备位债权的民事调解书，当债务人不履行该调解书中的主给付义务时，债权人有权就备位债权申请强制执行，此为生效民事调解书执行力的应有之义。[2]但是，具体到个案中，债权人请求实现其备位债权的条件成就与否，则可能会在当事人之间产生争议。备位债权实现条件成就与否，直接影响强制执行该备位债权的正当性。

由此引发的问题是：第一，民事调解书中备位债权实现条件成就与否应如何审查，才能保障强制执行的正当性？第二，当事人对此产生争议时，应如何寻求救济？

一、失衡：事前审查缺位，事后救济过载

民事调解书中备位债权的实现条件已成就，是债权人申请强制执行的实质条件之一。然而，目前司法实务对这一申请强制执行实质条件的处理，呈现出"事前审查缺位，事后救济过载"的失衡状态。具体而言，在执行立案阶段，执行法院立案部门采取的审查标准较为宽松，因此，申请执行人启动强制执行的门槛较低；对条件成就与否的审查，则往往发生在强制执行开始之后，因被执行人提出执行异议而启动，这使得执行异议程序兼具审查与救济的双重属性，造成价值功能的拥挤。如此，则滋生以下问题：

（一）"先立案，后审查"的逻辑悖论制约执行效率提升

申请强制执行实质条件的"后置性"审查，造成了强制执行在观念与现实

---

[1] 关于附备位债权民事调解书的表述，借鉴自黄忠顺：《执行力的正当性基础及其制度展开》，载《国家检察官学报》，2016（7）。鉴于双方当事人之间债权债务关系的复杂性，黄忠顺教授将特殊类型的生效法律文书归纳为附条件的生效法律文书、附期限的生效法律文书、对待给付的生效法律文书和附备位债权的生效法律文书。

[2] 参见肖建国：《民事执行法》，114页，北京，中国人民大学出版社，2014。

之间的逻辑悖论。观念上，备位债权实现条件成就与否，即申请强制执行的实质条件具备与否，本应是法院能否就该备位债权予以强制执行的先决条件；而实现中，在这一条件满足与否尚存争议时，强制执行便已实际启动了。此种情况下执行程序的启动，令强制执行的正当性受到挑战。[3]

"先立案，后审查"的逻辑悖论作用于司法实践，客观上制约了执行效率的提升。以效率优先原则为遵循，强制执行应当及时、高效、持续进行，非因法定情形并经法定程序，不得停止。与此相关的制度安排体现为，案件进入执行程序后，被执行人如认为备位债权实现条件并未成就，则可依照《民事诉讼法》第236条之规定提出执行异议；按照执行机构内部审执分离的要求，执行异议由执行审查部门进行审查；执行异议审查期间，执行实施部门原则上不停止执行。[4] 然而，在申请强制执行的实质条件具备与否尚存争议的情况下，不停止执行无疑会加剧瑕疵执行的风险。学理上，瑕疵执行可分为违法执行和不当执行。前者是指违反程序法规定的要件、程序或方法的执行；后者是指虽未违反程序法的规定，但执行结果却有悖于实体法上权利关系的执行。[5] 两者的重要区别之一在于，当事人因前者遭受损害的，可申请国家赔偿，而后者不涉及国家赔偿。可问题在于，如果备位债权的实现条件最终被认定为未成就，那么执行实施部门已采取的执行行为，究竟属于违法执行行为还是不当执行？如果认为仅构成不当执行，那么法院确系在申请强制执行的实质条件尚不具备的情况下启动强制执行，如无法申请国家赔偿，则对由此遭受损害的被执行人有失公允；如果认为构成违法执行，那么执行实施部门确系在执行案件已受理的前提下采取执行行为，且对于债务人就条件成就与否提起的执行异议，执行实施部门自身并无审查权限。对于这种瑕疵执行性质认定上的不确定性，实践中更有可能出现的情形是，在双方当事人存在争议时，执行实施法官为避免瑕疵执行带来的执业风险及信访压力，不得已采取消极执行的做法。但这样一来，又与执行效率优先的原则背道而驰，最终制约执行效率的提升。

（二）救济路径存在"执行内部消化"与"另行提起诉讼"的实践分歧

具体到执行异议程序中，针对当事人就备位债权实现条件成就与否的争议，

---

[3] 参见刘颖：《执行文的历史源流、制度模式与中国图景》，载《中外法学》，2020（1）。
[4] 参见《执行程序解释》第9条。
[5] 参见杨与龄：《强制执行法论》（最新修正），7页，北京，中国政法大学出版社，2002。

执行法院的处理方式也并未形成统一意见。通过对司法实践的梳理，大致可归纳出以下三种处理方式（详见表1）。

表1 执行异议程序就备位债权实现条件是否成就的处理方式[6]

处理方式	典型案例	法院观点	类案
告知当事人依法申请再审	河北省唐山市中级人民法院（2016）冀02执异435号	被执行人对民事调解书有异议，对于其履行合同过程中是否违约、违约金约定比例问题，均属于实体问题，不属于执行异议审查范围，对该异议申请，应通过审判监督程序予以解决	（2019）吉0105执异16号（注：该案中执行法院认为异议人主张违约金过高一项应当通过依法申请再审加以解决）
直接予以审查认定	山东省济南市中级人民法院（2020）鲁01执复199号	调解书中约定的违约责任，属于附条件的执行依据，如果当事人未按约定履行调解书确定的义务，即应承担相应的违约责任。对于是否构成违约，即调解书中所附条件是否成就，人民法院有权在执行程序中予以审查认定	（2018）鲁0124执异65号、（2020）鄂0111执异158号、（2021）冀09执复193号
告知当事人另行提起诉讼	最高人民法院（2014）执监字第80号	本案调解书中所确定的基于双方违约责任而导致的给付义务，取决于未来发生的事实，……属于与案件审结后新发生事实相结合而形成的新的实体权利义务争议，并非简单的事实判断，在执行程序中直接予以认定，缺乏程序的正当性和必要的程序保障。……应允许当事人通过另行提起诉讼的方式予以解决	（2014）执监字第81号、（2014）执监字第82号、（2020）最高法执监310号

上述三种处理方式中，告知当事人通过审判监督程序处理恐难以解决问题。一方面，根据《民事诉讼法》第212条之规定，当事人对生效调解书申请再审的事由，仅为"调解违反自愿原则"或"调解协议的内容违反法律规定"，而不包括本文探讨的情形。另一方面，从法理上来看，搁置调解书是否具有既判力的争议[7]（笔者认为调解书不具有既判力），即使认可调解书具有既判力的消极作用，双方当事人产生的争议也发生于既判力基准时之后，并非本应由诉讼加以解决而未能解决的问题，故亦不应通过再审来解决。

---

[6] 案例来源于中国裁判文书网。

[7] 如有学者认为调解书具有既判力的消极作用，而无既判力的积极作用。张莹：《法院民事调解书效力研究》，对外经济贸易大学博士学位论文第74页。

故而，司法实务对这一问题的处理方式，实则可归结为两种：执行程序内部消化，抑或允许当事人另诉。这也是地方各级法院与最高人民法院呈现出的两种截然不同的态度。

1. 地方各级法院：执行内部消化

对民事调解书中备位债权实现条件是否成就，地方各级法院倾向于在执行异议审查中直接作出判断，即以争议本身作为审查对象，从而将这一争议消解于执行程序内部。

一方面，这或与某些案件中的争议显著不成立有关，即从结果意义而言，即便允许此类案件的当事人通过另行诉讼解决争议，结论也极可能同执行审查部门的判断无异。如（2018）鲁0124执异65号案件中，双方在调解书中约定，债务人于某一日期之前一次性支付给债权人29万元；如债务人"逾期不支付"上述款项，则承担违约金10万元。在履行过程中，债务人逾期两天支付，但在执行异议中却主张自身情形属于"逾期支付"，而非"逾期不支付"，故不应适用违约条款。执行法院经审查认为该异议不成立，并裁定驳回其异议请求。

但是，另一方面，即便最终被认定为存在实体权利义务纠纷应当另诉解决的案件，在最初的执行异议阶段，执行法院也倾向于直接作出判断。如（2020）最高法执监310号一案，最高人民法院在申诉审查程序中认为，对于该案当事人的履行情况是否构成违约、所造成损失的数额以及违约金的数额等问题，属于新发生的争议，可另行通过审判程序进行确认；但在最初的执行异议程序中，审查法院喀什中院则直接作出了债务人的履行情况不违反调解书约定的认定。

2. 最高人民法院：另行提起诉讼

与地方各级法院形成鲜明对比的是，最高人民法院则倾向于允许当事人另行提起诉讼，以解决双方的实体权利义务争议，即仅以识别争议的性质作为审查内容。当然，最高人民法院尚未就此发布指导性案例，且基于分析的样本有限，很难在现有基础上得出最高人民法院认为当事人发生争议时应当一律另诉解决的结论，但其做法至少可表述为：通过执行异议程序进行个案审查，如认为双方当事人存在实体权利义务争议，则允许其通过另行提起诉讼解决。

二、何为理想审查模式：落实执行正当性之前提

如前所述，在申请强制执行的实质条件是否具备尚存争议的情况下即启动执行程序，将令其正当性受到质疑。因此，执行立案审查模式之择取，成为执行正当性制度落实的前提。

（一）落实执行正当性之考量因素

1. 执行正当性之理论基础

一方面，民事执行以强制性为根本特征。执行程序一旦启动，执行机关即有权剥夺被执行人的财产处分权，甚至限制人身自由。[8] 故强制执行之启动应当确保其正当性。另一方面，执行依据的执行力与具体执行依据的可执行性并非同一概念。执行力虽然是执行依据的天然属性，但随着时间的消逝，执行依据所载明的请求权之状态和范围有可能发生改变。故具体的执行依据是否具有可执行性，需结合启动强制执行时的现状加以判断。[9] 综上，学理上将强制执行的正当化根据归纳为三个方面，即请求权的存在、即时请求的可能性、执行当事人适格；其中，"即时请求的可能性"要求请求权处于立即可以请求给付的状态。[10] 以上述标准观之，本文所涉民事调解书中备位债权的实现条件成就与否，主要是对是否满足"即时请求可能性"这方面的考察。

2. 制度落实之考量因素

如何实现强制执行正当化根据由理论层面向实践层面的转化，最终以制度形式加以落实，笔者认为至少需妥善处理如几方面的问题：

（1）审查方法的择取（怎么审？）

具体考量因素如下：①债权人有迅速、高效实现自身债权的需求；②债务人亦有免于错误执行的合法权源。故审查方法的择取应充分考虑上述两方面的因素，平衡两者的关系。

（2）审查要件的制定（审什么？）

具体考量因素如下：①强制执行的正当化根据的三个方面，表征为哪些具体的审查要件；②应通过何种证据方法予以证明，使之更具操作性。

---

[8] 江伟、肖建国主编：《民事诉讼法》8版，429页，北京，中国人民大学出版社，2018。
[9] 参见裁判所职员综合研究所：《执行文讲义案（改订再订版）》，113页，日本，司法协会，2015。转引刘颖：《执行文的历史源流、制度模式与中国图景》，载《中外法学》，2020（1）。
[10] 刘颖：《执行文的历史源流、制度模式与中国图景》，载《中外法学》，2020（1）。

（3）审查主体的确定（谁来审？）

具体考量因素如下：①如何处理审查主体与执行主体的关系，以贯彻执行效率优先的原则（前面已指出立案审查门槛过低制约执行效率的问题）；②审查主体获取执行依据案件材料的难易程度。

（二）执行文作为落实执行正当性之技术手段的制度启示

德国、日本等国家通过执行文这一技术手段，实现强制执行启动正当性的制度保障。其以将执行文附记于执行依据正本末尾的方式，公示执行依据的执行力之现存状态及范围，从而实现对执行依据可执行性的证成。[11]

1. 执行文制度的简介

审查主体方面，在实行执行文制度的国家，执行文授予机关独立于执行机关。对于法院作出的执行依据，审查机关为审判法院。[12]另外，对于公证债权文书，则由保存该公证书原本的公证人授予执行文。[13]而执行机关仅对附有执行文的执行依据正本予以形式审查，据此可直接启动强制执行。[14]

审查要件方面，德、日等国执行文的分为单纯执行文、补充执行文（又称条件成就执行文）、承继执行文。[15]上述三类执行文分别则围绕上述强制执行正当化根据的三方面设计。债权人证明其符合授予要件的证据方法上，补充执行文与承继执行文均限定为书证。[16]

审查方法方面，审判法院采取形式化方式对是否符合执行文授予要件进行审查，并决定是否授予执行文。在德国，授予执行文前，通常不需要对相对人进行听审，但在补充执行文和承继执行文的情况下是可以的。[17]

在救济路径方面，受制于以文书作为授予要件的局限性等因素，执行文授予机关客观上无法避免对执行力的现状及范围作出错误判断。故立法又专设救济途径。具体可分为程序性救济和实体性救济。（详见表2）在授予执行文的前

---

[11] 肖建国：《强制执行形式化原则的制度效应》，载《华东政法大学学报》，2021（2）；《德国民事诉讼法》第725条；《日本民事执行法》第26条。
[12] 《德国民事诉讼法》第724条第2款；《日本民事执行法》第26条第1款。
[13] 《日本民事执行法》第26条第1款。
[14] 肖建国：《强制执行形式化原则的制度效应》，载《华东政法大学学报》，2021（2）。
[15] 《德国民事诉讼法》第726-729条；《日本民事执行法》第26、27条。
[16] 《德国民事诉讼法》第726-729条；《日本民事执行法》第26、27条。
[17] ［德］弗里茨·鲍尔、霍尔夫·施蒂尔纳、亚历山大·布伦斯：《德国强制执行法》（上册），王洪亮、郝丽燕、李云琦译，356页，北京，法律出版社，2019。

提下，债务人无论采取以上何种救济途径，强制执行原则上均不停止。[18]

表 2　针对执行文的救济模式

	程序性救济程序	实体性救济程序	备　注
债权人	对不授予执行文的异议	执行文授予之诉	
债务人	对授予执行文的异议	授予执行文的异议之诉	均不产生停止执行的效力
备　注	异议事由仅限是否具备授予要件		

2. 执行文制度的启示意义

（1）审查方法择取的必然性

在德国、日本等国家，执行文的授予采取形式化审查的方法。笔者认为，选取形式化审查方法具有逻辑与现实的必然性。一方面，形式化审查契合程序设置的比例性。执行依据的执行力是其天然属性，而执行文仅仅是对其可执行性起到补充证明作用。[19] 对于执行依据可执行性的证成，通常以非讼程序形式化审查为已足，而无须设置争讼程序进行审查。另一方面，这也是债权人中心主义价值取向的体现。如若当事人在取得执行依据后、申请强制执行前，仍然需要经历一番烦琐、冗长的审查程序才能确认执行力的状态和范围，显然不利于债权快速而有效地实现。这一审查方法并不以审查结论百分之百地符合客观真实为目标，而是为审查结论于己不利者配置相应的救济途径，以实现执行效率和实质公正的平衡。

（2）审查标准制定的实操性

执行文制度以一套体系化且富有操作性的方案，回应了满足何种条件的情况下启动强制执行即具正当性的问题。执行文授予机关采取的审查方法为形式化审查；审查程序呈非讼性特征，通常无需进行听审；以三类执行文完成对执行正当化根据三个方面的制度转化；审查要件为相关事实的证明文书，而非该事实本身。以上制度设计保障了对实体性内容进行及时、有效审查。

（3）审查主体确定的科学性

在实行执行文制度的国家，执行文授予主体与执行机关的分离，使执行机关从对执行依据的实体问题判断上解脱出来，得以安全无虞地专注于强制执行，从而保障执行效率。

---

[18] 刘颖：《执行文的历史源流、制度模式与中国图景》，载《中外法学》，2020（1）。
[19] 肖建国：《强制执行形式化原则的制度效应》，载《华东政法大学学报》，2021（2）。

（三）参照执行文制度对我国执行立案审查现状的检视

若以执行文制度作为参照，检视我国执行立案审查现状，可知我国已具备落实强制执行正当性之制度雏形，但仍有许多不足之处有待完善。

1. 审查方法：采形式化审查，但审查力度不足

目前，我国执行立案采取书面审查，呈形式化审查的特征。需说明的是，执行文制度之下，形式化审查并不追求审查结论百分之百地符合客观真实。执行文签发后，债务人虽然可寻求程序性或实体性救济，但均不产生停止执行的效力，故此种救济在本质上仍然是一种"后置性"的救济。授予执行文的审查并非致力于根绝不当执行，故其审查程序与我国现有的立案审查制度相比，更多地体现为程度上的差异。但是，在实效性上，我国立案审查在力度上明显不足，立案门槛过低，对执行正当性缺乏足够的保障。

2. 审查要件：满足执行正当性基本要求，但操作性不强

目前，我国有关申请强制执行的实质条件之规定，见于《最高人民法院关于人民法院执行工作若干问题的规定（试行）》第16条，《最高人民法院关于适用〈中华人民共和国民事诉讼法〉的解释》第461条。作为我国各级法院办理执行案件重要指引的《人民法院执行案件办理规范》一书第34条亦对现行规定进行了整合。[20] 如以强制执行正当化根据的三方面进行评估，则不难发现，我国申请强制执行的实质条件之规定基本满足强制执行正当性的要求。（详见表3）但是，在具体操作层面，上述实体审查要件的落实则大打折扣。

表3 我国申请执行实质条件对执行正当性的落实情况评估

《最高人民法院关于人民法院执行工作若干问题的规定（试行）》第十六条第一款	《最高人民法院关于适用〈中华人民共和国民事诉讼法〉的解释》第四百六十一条	《人民法院办理执行案件规范》第三十四条第一款	与强制执行正当性根据三方面的对应关系
（一）申请或移送执行的法律文书已经生效		（一）申请执行的法律文书已经生效且该法律文书确定的履行义务所附的条件已经成就或者所附的期限已经届满	请求权的存在＋即时请求的可能性

---

[20] 最高人民法院执行局编：《人民法院办理执行案件规范》，2版，21页，北京，人民法院出版社，2022。

续表

《最高人民法院关于人民法院执行工作若干问题的规定（试行）》第十六条第一款	《最高人民法院关于适用〈中华人民共和国民事诉讼法〉的解释》第四百六十一条	《人民法院办理执行案件规范》第三十四条第一款	与强制执行正当性根据三方面的对应关系
（二）申请执行人是生效法律文书确定的权利人或其继承人、权利承受人		（二）申请执行人是生效法律文书确定的权利人或其继承人、权利承受人	执行当事人适格
（三）申请执行的法律文书有给付内容，且执行标的和被执行人明确	第一款（一）（生效法律文书）权利义务主体明确	（三）申请执行的法律文书权利义务主体明确	执行当事人适格＋请求权的存在
	第一款（二）（生效法律文书）给付内容明确	（四）申请执行的法律文书具有给付内容且给付内容具体、明确	
	第二款 法律文书确定继续履行合同的，应当明确履行的具体内容		
（四）义务人在生效法律文书确定的期限内未履行义务		（五）生效法律文书确定的义务未履行或未全部履行	请求权的存在

3. 审查主体：具备审执分离的基础，但职责分工不明

目前我国执行立案由执行法院的立案部门进行审查，故具备审执分离的制度基础。但是，根据相关规定，执行实施案件立案后，执行机构仍具有审查权，如认为不符合受理条件，则裁定驳回执行申请。[21] 这一规定似乎沿用了诉讼案件受理条件的审查模式，但并不契合审执分离的客观要求，最终制约执行效率的提升。

另外值得一提的是，作为信息化建设的成果，我国各级法院诉讼卷宗实施电子化管理，为立案部门调阅执行依据、掌握执行力现状提供了极大便利。

---

[21]《最高人民法院关于执行案件立案、结案若干问题的意见》第20条。

三、何为理想救济模式：程序保障需求与本土司法语境之兼顾

通过对执行文制度的考察可知，对申请强制执行的实质要件的审查只能是形式化的，而形式化审查决定现有审查机制无法从根本上避免不当执行的发生。故而，还需为当事人提供相应救济途径。当事人如存在实体争议的，应当如何寻求救济？关于这一问题，须置于我国本土司法语境之下加以回答。

（一）应然：以诉讼方式加以救济的必要性

如以正当程序保障的相关理论加以研究，则不难得出应以诉讼方式作为救济程序的结论。

1. 执行力根据之内在要求

有别于生效民事判决，生效调解书执行力的根据并非通常的"正当程序保障下的自我责任"。对于生效民事判决这一有既判力的执行依据，执行力根据遵循与既判力根据相同的解释路径。即"正当程序保障下的自我责任"，简而言之，民事诉讼法既已为当事人提供充分且正当的程序保障，使之可穷尽攻击防御方法，那么当事人便应对不利后果承担自我责任。[22]而上述不利后果中理应包含承受强制执行这一项。但是，这一颇具解释力的理论，在面对民事调解书时则无从适用。这是因为调解书的达成并非正当程序保障下双方充分且彻底争执的结果，因此自我责任也就无从谈起。

调解书执行力的根据应为"自我决定"。"自我决定"是指债务人以明示或默示形式表明其愿意承受强制执行。[23]调解书是其中明示决定模式的体现。但是，"自我决定"并不意味着债务人放弃正当程序保障的权利。债务人承诺自愿接受强制执行，应置于其不履行债务的情形实际发生的语境之下，而不能将承诺的内容肆意扩张至当其与债权人对债务的履行情况发生争议时也一并放弃获得正当程序保障的权利。[24]

---

[22] [日]新堂幸司：《民事诉讼法》，林剑锋译，474～475页，北京，法律出版社，2008。
[23] 黄忠顺：《执行力的正当性基础及其制度展开》，载《国家检察官学报》，2016（7）。
[24] 黄忠顺：《论执行力对诉的利益的阻却——以公证债权文书为中心的分析》，载《法学论坛》，2016（7）。黄忠顺教授这一观点针对的是公证债权文书，但笔者认为附备位债权的民事调解书与公证债权文书具有诸多相似之处（后文将论及），相关解释工具亦可互通。

2.审执分离之必然结果

接着需进一步论证的是,为何与就备位债权实现条件成就与否之争议相当的救济程序,必须是诉讼程序?

如前所述,瑕疵执行分为违法执行和不当执行。对于违法执行的救济,因一般不涉及实体法律关系的争议,易于查明和判断,通常由法院执行部门内设的审判组织进行审查并作出裁定。这可称作"内嵌型"执行救济制度,狭义上是指执行异议、复议;广义上包括执行监督、执行回转。对于不当执行的救济,因涉及执行当事人、利害关系人的实体权利义务,应赋予其更加充分的程序保障,故在审执分离的原则下,通常从执行程序中溢出,由法院审判部门按照诉讼程序进行审理并作出裁判,这可称之为"外延型"执行救济制度。[25] 从比较法来看,违法执行行为通常以执行异议进行救济,而不当执行行为则以异议之诉进行救济。[26] 针对瑕疵执行的不同情形区分不同的救济程序,是审执分离的必然结果。审判以公平为最高价值取向,而执行以效率为最高价值取向。这决定了强制执行中的实体争议应当交由审判部门遵循诉讼程序作出发生既判力的判断;而执行过程中的程序性问题则由执行审查部门遵循形式化审查原则作出形式判断。[27] 如此才可保障执行效率。据此,此处所涉问题为实体性争议,应通过诉讼程序解决。

(二)实然:本土司法语境下的制约因素

以诉讼方式作为救济途径,还须妥善处理来自司法实务界的质疑。笔者在B市D区法院开展调研,征询多位执行法官与审判法官的意见,一律另行提起诉讼的观点遭到大多数受访者的反对(占86%)。前面梳理的地方各级法院的裁判规则,也足以说明这一问题。

具体而言,基层法院的顾虑可总结为如下两方面:

1.降低执行效率之忧

对于一些通常认为通过简单的事实判断就能处理的争议,如类似前述(2018)鲁0124执异65号一案中双方在调解书中约定于确定日期前履行但债务

---

[25] 陈杭平:《论"外延型"执行救济制度体系》,载《社会科学辑刊》,2023(1)。
[26] 杨与龄:《强制执行法论》(最新修正),8~9页,北京,中国政法大学出版社,2002。我国台湾地区的声请与声明异议程序大体上相当于我国大陆地区的执行行为异议程序。
[27] 参见庄诗岳:《论被执行人实体权利救济的路径选择》,载《河北法学》,2018(10)。

人逾期未履行的情形，即便允许当事人提起诉讼，最终结果也极有可能与执行异议审查作出的判断无异。此种情形下，赋予当事人另诉这一救济途径，实际上造成了执行效率的降低，因为从结果意义而言，另行起诉非但未能阻却调解书的执行力，反而使债权人权利的实现延宕（其本可在这一诉讼尚未发生时启动强制执行程序），且还存在被反复拖入诉讼的风险。另外，一律另诉也可能成为债务人恶意拖延执行的温床。

2. 加剧司法负担之虞

民事调解书是法院运用审判权化解当事人纠纷的载体。功能性地考察纠纷解决的全局，如果对调解书中备位债权实现条件成就与否还需通过一个诉讼程序解决，那么反而使得原有纠纷的解决复杂化，并未真正意义上实现纠纷的化解。部分基层法院法官认为，此举无视法院在调解阶段所作的努力，造成了司法资源的浪费。且在"诉源治理"的现实语境之下，原有纠纷未实质性解决，又派生新的诉讼，这一做法难为法院特别是基层法院法官心理所接受。

（三）特别诉讼：对应然与实然的兼顾

在全国法院人案矛盾普遍突出的现实背景之下，现有司法资源是否足以应对一律另诉的挑战，是在救济模式选择上不可忽视的问题。

笔者认为，唯有与执行相衔接的特别诉讼，才能在本土司法语境下兼顾正当程序保障的价值需求。论证思路上，将先从消极方面论证实践中有关"繁简分流"观点的不可行。接着将通过对类似执行依据（公证债权文书）的现有执行救济模式之考察，从积极方面论证特别诉讼的可行性。

1. "繁简分流"模式的事与愿违

调研过程中，基层法院法官提出"繁简分流"模式，即：针对争议显著程度的差异设置不同救济模式：对于通过简单事实判断便知争议不成立（即争议显著不成立）的情况，不应允许当事人另行起诉，而应当通过执行异议程序直接予以认定；除此之外则可通过诉讼程序解决。"繁简分流"模式的出发点在于，在双方当事人的争议显著不成立的情况下，即便允许当事人另诉，结果也并无不同。考虑到司法资源的有限性以及执行效率的优先性，此类案件通过执行异议程序加以审查即可。

然而，"繁简分流"模式看似合理，实则存在不可克服的缺陷：

(1) 执行效率的不升反降

在"繁简分流"模式下，执行异议审查程序必然伴随着过滤与认定的双重属性。从逻辑上讲，如果要将该程序定位为显著不成立争议的认定程序，则必须先在该程序中识别何为"显著不成立之争议"，何为"可能成立之争议"。将其作为认定程序的初衷是为提高执行效率，但必然伴随的前置过滤属性则可能反而降低执行效率。对于争议可能成立的情形而言，该争议最终有所定论则可能要经历异议、复议、一审、二审四道审理（查）的常规程序，尚不论执行监督等非常规程序。前述最高人民法院（2014）执监字第80号一案，便在事实上采取将执行审查作为诉讼的前置程序的做法（该案申诉审查的最终结果仅明确应当允许当事人另诉），但即便只是得出应当另诉的结论，也经历了四级法院的四次审查，更遑论后续的诉讼程序。相比之下，将对实体争议的判断一并纳入诉讼程序中进行审理的做法，在整体上反而节约司法成本。

(2) 区分标准的模糊不清

司法实务中，争议是否显著成立的区分标准并不是泾渭分明的。以（2020）最高法执监310号一案为例，该案中，因债务人有一笔款项在法院账户，故双方在调解书中约定，债务人收到法院退款后，在10日内一次性将连同该笔款项在内的一笔款项支付给债权人，否则债务人需另行支付违约金。此类案件中债务人是否违约，是调研中基层法官普遍认为容易判断的情形。但该案的特殊之处在于，法院向债务人办理退款手续时所提供的是一张转账支票。执行过程中，债务人与债权人就收到法院退款的时间究竟应以债务人收到转账支票并出具收据之日为准，还是以银行承兑支付之日为准，产生一系列争议。该案中，执行异议审查法院直接予以审查认定，但最高人民法院则在申诉审查中认为应当另诉解决。可见，争议是否显著成立的区分标准并不明确。"繁简分流"模式的有效运作，依赖于区分标准的清晰明了且具有实操性，然而现实生活远比观念世界复杂，故"繁简分流"模式的实际运行效果不免令人心生疑虑。

2. 公证债权文书实体救济模式的"制度灵感"

以特别诉讼作为备位债权实现条件成就与否之争议的救济路径，仅为制度构想，未经实践检验，那么如何确保采取特别诉讼模式的可行性？类似执行依据——公证债权文书的实体救济模式及运行现状，为我们提供了评估前者可行性的"制度灵感"。

（1）调解书与公证债权文书制度原理的共通性

基于作出主体的同一性，民事调解书常被拿来与民事判决书进行对比。但是，无论从作出方式、既判力之有无、还是从执行力之根据等方面进行考察，民事调解书与公证债权文书均更具相似性。（详见表4）因而，对公证债权文书现有实体性救济模式运行情况的考察与评估，可为预判调解书采取相同救济模式下的运行效果提供辅助。

值得说明的是，调解书与公证债权文书作出主体虽有不同，但这并不构成前者借鉴后者实体性救济模式的障碍。因为调解书虽由法院作出，但并非正当程序保障下双方充分且彻底争执的结果，就这一层意义而言，调解书与公证债权文书也更具有相似性。

表4　民事调解书与民事判决书、公证债权文书的异同比较

	民事判决书	民事调解书	公证债权文书
作出主体	法院	法院	公证机关
作出方式	法院在查明事实基础上适用法律作出	法院基于当事人的合意作出	公证机关基于当事人的合意作出
既判力之有无	有	无	无
执行力根据	"正当程序保障下的自我责任"	"自我决定"	"自我决定"

（2）特别诉讼在公证债权文书实体性救济中的体现

对于公证债权文书的不当执行，我国现行司法解释为债务人寻求实体性救济提供了充分程序保障。根据2018年起施行的《最高人民法院关于公证债权文书执行若干问题的规定》（以下简称《公证债权文书执行若干规定》），债务人不但可因公证债权文书成立后新的实体事由提起诉讼，还可以就成立前的实体法律关系，如公证债权文书是否具有无效、可撤销等情形提起诉讼。根据该规定第22条，而债务人提起诉讼，原则上不产生停止执行的效力。

（3）公证债权文书实体性救济路径的运行情况

自《公证债权文书若干规定》实施以来，赋予债务人诉讼程序以解决实体性争议的司法尝试，并未对公证债权文书强制执行的效率形成现实冲击，实践中亦未出现债务人通过该项诉讼拖延执行的普遍现象。笔者认为，究其原因，关键在于债务人请求不予执行公证债权文书的诉讼，是一种与执行程序相衔接的特别诉讼。该项诉讼之进行，以执行程序不停止为前提，抑制了滥诉之产生，

从而避免司法资源的挤兑。

通过对公证债权文书的实体性救济途径的运行现状之考察，我们可以初步预判，以特别诉讼作为备位债权不当执行的救济途径，将不会增加司法成本。

四、平衡装置：完善执行立案审查＋新增债务人异议之诉

通过对前文的梳理可知，强制执行的正当性通过两部分得以实现，一是对申请执行实质条件的审查，二是对是否启动程序不服的救济。

笔者提出的"完善执行立案审查＋新增债务人异议之诉"这一平衡装置，系从两层含义上着眼：一者，该装置旨在使审查与救济的制度功能各归其位，纠正原有"事前审查缺位，事后救济过载"的局面，从而确保强制执行的正当性；二者，该装置亦尝试在本土司法语境下回应正当程序保障的制度需求，妥善回应当下人案矛盾突出的司法困境。

（一）完善执行立案审查

1. 功能定位

（1）启动强制执行的安全阀

如前所述，执行文制度的借鉴意义在于，其以一套体系化、实操性的方案完成对强制执行正当性的制度落实。而对现有执行立案制度的完善，旨在对标执行文授予机制，在审查方法、审查要件、审查主体等方面加以改造。经过审查准予立案后，应认为"调解书中备位债权实现条件已成就"这一事实具有高度盖然性，进而得出强制执行之启动具有正当性的结论。

须补充说明的是，执行立案不同于诉讼立案。强制执行一经启动，债务人的财产甚至人身权利即有可能受到限制。故提高执行立案门槛，是确保强制执行的正当性、防止执行权滥用的必然要求。

（2）司法成本的控制阀

完善执行立案审查，强化审查力度，亦可助力于执行效率的提升，从而节约司法资源。作为前置过滤机制而言，执行立案审查可过滤掉前述基层法官普遍认为不应通过诉讼程序解决的争议。举例说明，对于前述债务人在调解书约定的确定日期前履行主给付义务的情形，在其他执行的实质条件满足的情况下，

法院只需审查债权人提交的债务人逾期履行的证据（如转账记录等），便应予以立案。因为执行程序启动具有正当性，故在此类案件中，启动救济程序的负担将落到债务人身上；同时，债务人提起诉讼不发生停止执行的效力（后文将详述），故其恶意提起诉讼的动机将得到有效抑制，从而保障债权人权利的迅速、有效实现。

2. 实现路径

（1）落实审查主体。利用诉讼卷宗电子化的便利条件，可仍然由执行法院立案部门进行审查；考虑到执行立案的专业性，亦可由执行指挥中心进行审查。与此同时，执行实施部门专司强制执行，不再就是否符合受理条件进行审查。针对法院以外的主体作出的执行依据，考虑到制度改造的成本，笔者认为无须像执行文制度国家那样规定由作出主体进行审查，而是可借鉴我国公证债权文书执行立案审查的方法，由执行依据作出主体出具证明履行情况或效力情况的文书，债权人以之作为证据提交立案部门（或执行指挥中心）进行审查。

（2）细化审查要件。可在参考执行文制度国家单纯执行文、特别执行文、承继执行文的授予要件基础上，对我国现有申请执行的实质性条件进行完善。并将证明相关事实存在的书证作为构成要件。

（3）明确审查方法。即程序参与方式为非讼程序、审查标准为形式化审查，必要时可进行听证。在这一阶段，应以当事人中心主义为价值取向。

（二）新增债务人异议之诉

1. 功能定位

（1）债务人异议之诉不必然增加司法成本。

首先，赋予债务人提起异议之诉的资格，并不意味着该项诉讼的必然提起。在不停止执行（后文将详述）和诉讼费用调节机制的双重作用下，债务人需权衡起诉与否的利弊得失。反观现有将实体争议导入执行异议程序的做法，债务人提出执行异议甚至无需缴纳任何费用，故执行异议的启动几乎毫无成本。相比之下，现有做法反而更加浪费司法资源。

其次，允许债务人通过诉讼程序解决民事调解书履行过程中产生的争议，是必要的司法成本。从程序供给来看，以调解方式结案的诉讼案件显然不及以判决方式结案的诉讼案件。正因为缺乏正当程序保障,故对调解书履行过程中产生的实体权利义务争议,应当允许当事人通过诉讼寻求救济。

(2)与通常意义上债务人异议之诉区别的特别说明。

关于债务人异议之诉的性质,笔者持通说观点,即形成之诉说,具体而言,该项诉讼系债务人基于作为诉讼法上形成权的异议权,旨在排除执行依据执行力的诉讼。[28]

同时,有必要就债务人异议之诉做一特别说明。其与通常意义上的债务人异议之诉略有区别。在德、日等实行执行文制度的国家,债务人对赋予执行文不服的,可通过授予执行文的异议之诉进行救济。从这一层含义而言,笔者所称的债务人异议之诉,更像是为债务人基于实体事由不服执行立案所提供的救济途径。但是,在法院予以执行立案的情况下,强制执行即具有正当性,而通常意义上的债务人异议之诉则旨在剥夺执行依据的执行力。[29]据此,将其归入债务人异议之诉,亦无不可。

2. 实现路径

(1)不停止执行的配套机制。

债务人异议之诉的提起,并不产生停止执行的效力。如债务人提供担保请求停止相应处分措施,法院可以准许;此时,如债权人提供担保请求继续执行,则应当继续执行。此项配套机制将有利于为债务人异议之诉司法成本之控制。而司法成本控制功能之实现,则通过对执行效率的保障与对恶意诉讼的威慑发生作用。

(2)审理范围可包括对违约金过高进行调整。

在当事人就备位债权发生争议的相关案例中,违约金是否过高一项占据较大比例。从一次性解决纠纷的诉讼经济原则考虑,笔者认为,应当允许该项诉讼对备位债权中违约金约定过高的情况进行调整。

第一,如此处理,与债务人异议之诉为形成之诉的性质定位不相冲突。第二,类比债务人请求不予执行公证债权文书的诉讼,亦可得出类似结论。由《公证债权文书执行若干规定》第11条、第22条、第23条的规定可知,被执行人主张利率实际超过人民法院依照法律、司法解释规定应予支持的上限的,

---

[28]　参见陈计男:《民事执行法释论》,208页,台北,元照出版有限公司,2002。
[29]　金印:《论债务人异议之诉的必要性——以防御性司法保护的特别功能为中心》,载《法学》,2019(7)。

可以向执行法院提起诉讼，请求不予执行公证债权文书；法院认为经审理认为理由的，则可判决不予执行或部分不予执行。由此可知，在利率实际超过法律、司法解释规定的上限时，法院可通过判决部分不予执行的方式加以调整。这一契合实践需求的做法，亦可为笔者所讨论的债务人异议之诉所吸纳。第三，调解书无既判力，故调整违约金数额无理论上的障碍。违约金数额约定是否过高，有可能需结合原有权利义务关系进行判断。前已论证，由于既判力的根据在于"正当程序下的自我责任"，故调解书无既判力。因此，在调整违约金过程中对原有权利义务关系进行审理并不存在违反"禁止矛盾"的问题。

（三）强制执行申请驳回后债权人诉的利益之回复

由于目前执行立案的问题突出表现为审查门槛过低，其不利后果通常作用于债务人而非债权人，故笔者笔墨更多倾注于债务人的权利救济途径之上。当然，尤其是随着执行立案门槛的提高，申请执行人的实体权利救济也同样值得我们重视。

当债务人不履行调解书中的主给付义务时，债权人有权就备位债权申请强制执行。因此，通常情况下，债权人就备位债权并不具备诉的利益。但是，在立案审查阶段，如执行法院裁定驳回债权人的执行申请，则意味着债权人无法就备位债权申请强制执行。此时，债权人诉的利益回复，故其可通过另行提起诉讼获得对备位债权的执行依据。[30]

结　语

强制执行正当性之制度落实，应以立案审查为前提，以执行救济为后盾，两者不可偏废；同时，还应立足本土司法实践，回应现实问题。笔者在分别考察理想审查模式与理想救济模式的基础上，提出了"完善执行立案审查＋新增债务人异议之诉"这一平衡装置，以期为我国强制执行正当性之落实提供制度蓝本。

---

[30] 黄忠顺：《执行力的正当性基础及其制度展开》，载《国家检察官学报》，2016（7），关于诉的利益之回复的论证，亦参考自该文关于公证债权文书的论述。如前所述，笔者认为附备位债权的民事调解书与公证债权文书具有制度原理共通性，故相关解释工具亦可互通。

第四章

非因执行力扩张之变更、追加当事人的程序路径

引　言

民事执行中变更、追加当事人的法定情形，其理论依据多为执行力主观范围的扩张。执行力主观范围扩张既包括积极扩张，即变更、追加第三人为申请执行人，又包括消极扩张，即变更、追加第三人为被执行人。消极扩张又分为"承继型"与"责任型"两类。"承继型"扩张是基于被执行人主体资格消灭或受限的法律事实，被申请人不服的，通常以复议程序进行救济。"责任型"扩张基于被执行人的财产不足以清偿执行依据所确定的债务。[1]《变更、追加规定》规定了六种特殊的"责任型"扩张情形，分别为瑕疵出资有限合伙人（第14条第2款）、瑕疵出资的发起人（第17条）、抽逃出资的股东（第18条）、出让瑕疵股权的股东（第19条）、财产混同的一人公司股东（第20条）、违规注销企业的清算责任人（第21条）的变更、追加（以下简称六种特殊情形），被申请人不服的，则是通过提起执行异议之诉寻求救济。

该执行异议之诉不仅可处理能否追加、变更被申请人为被执行人的问题，还可处理被申请人的责任范围问题。[2]为行文方便，笔者把将上述两个诉讼标的（主体适格、责任范围）一并纳入执行异议之诉裁判范围的制度特征，称为"诉讼标的二元性"。

目前，六种特殊情形变更、追加执行当事人制度采取的是"先裁定变更（追加），后判决救济"的模式，故最多须历经三道审理（查）程序（执行中的审查+执行异议之诉一审+二审）。笔者称之为六种特殊情形变更、追加执行当事人制度的"三审制"。

正是"诉讼标的二元性"与"三审制"的两相结合，导致现行六种特殊情形裁定变更、追加当事人的执行程序与后续执行异议之诉程序之间存在难以克服的传导阻滞问题。

一、执行程序与执行异议之诉程序传导阻滞

（一）诉讼请求的互斥性导致救济途径受限

1. 问题扫描：救济途径的顾此失彼

六种特殊情形中，被申请人对变更、追加裁定不服提起执行异议之诉的，

---

[1] 参见陈杭平：《再论执行力主观范围的扩张》，载《现代法学》，2022（4）。
[2]《变更、追加规定》第33、34条。

因诉讼标的呈二元性，其既可以向法院请求不得变更、追加其为被执行人，也可以请求变更其责任范围。但是，在"三审制"下，当变更、追加裁定作出部门（以下简称执行部门）、被申请人、执行异议之诉审理部门（以下简称审判部门）三者的认识不一致时，被申请人诉讼请求的不当择取可能会导致其对未选择的另一诉讼请求缺乏救济途径。

为便于理解，笔者以自身审判实践中遇到的案例加以说明：

例1 生效法律文书确定被执行人向申请执行人偿还债务500万元，被执行人为有限责任公司，现被执行人财产不足以清偿全部债务，申请执行人遂申请追加该公司抽逃出资的股东A为被执行人。执行部门经审查认为其抽逃出资金额为100万元，故裁定追加A为被执行人，并在100万元范围内承担责任。被申请人A不服该裁定，在法定期间内提起执行异议之诉，请求不予追加其为被执行人。审判部门经审理认为，A请求不得追加其为被执行人的理由不成立，其的确存在抽逃出资的情形（即应当被追加为被执行人），但其抽逃出资金额实际为50万元（即执行裁定中确定的责任范围有误）。问：此时审判部门应如何处理？

根据《变更、追加规定》第33条的规定，被申请人提起的执行异议之诉，理由不成立的，人民法院应判决驳回诉讼请求。该案中，A请求不得追加其为被执行人的理由不成立，审判部门理应驳回其诉讼请求。但是，判决驳回A的诉讼请求后，执行部门作出的变更、追加裁定将继续有效，此时A将对变更（减少）其责任范围一项丧失有效救济途径。

2. 成因剖析：诉讼请求的非此即彼

被申请人为何丧失救济途径？关键在于"诉讼标的二元性"下被申请人诉讼请求之间的互斥性。

被申请人的请求事项存在于以下两者之间：一是基于认为变更、追加其为被执行人有误而请求法院不得变更、追加其为被执行人；二是在认可追加、变更其为被执行人的前提下，基于认为变更、追加裁定认定的责任范围有误而请求法院确定其在另一责任范围内（一般小于变更、追加裁定所确定的责任范围）承担责任。上述两种诉讼请求分别以被申请人否认和承认其主体适格为逻辑起点，故而是互斥的关系。

在当事人从两种项诉讼请求中择一向法院提出后，法院根据处分原则下的"不告不理"原则，对于当事人未提出的请求事项，不应作出裁判。据此，由于例1的被申请人并未请求变更其责任范围，即使审判部门认为原裁定确定的范围有误，也只能在判决理由部分加以阐释，而不能在判决主文中径行宣告。因此该案判决主文部分仅表述为"驳回被申请人的诉讼请求"。而一旦驳回其诉讼请求的判决生效，执行部门作出的变更、追加裁定将继续有效，那么执行部门将依据该裁定确定的责任范围对被申请人予以执行。此时，便会造成例1另一诉讼请求救济受阻的情形。

3. 补救尝试：常规途径的于事无补

当然，也有人主张通过被申请人另行起诉、诉的客观预备合并、法院行使释明权等常见途径，来对诉讼请求互斥性导致的救济难题进行补救，但这几种思路亦各有缺陷。

（1）关于被申请人另行起诉。对于普通诉讼来说或许不失为一种补救途径，但对执行异议之诉而言，判决驳回被申请人诉讼请求后，还面临在先的变更、追加裁定的效力约束问题。法院判决驳回被申请人的诉讼请求，即意味着执行部门可对该被申请人予以执行；涉及责任范围问题，由于驳回被申请人诉讼请求的判决在主文部分并未对其予以确定，执行部门只能依据原裁定确定的范围执行，若不如此处理，则执行部门将陷入两难的尴尬境地：一方面，已明确可对被申请人予以执行；但另一方面，却无法确定其责任范围，因为执行范围确定仍有赖于被申请人另行起诉，即主动权掌握在被申请人手中。

（2）关于诉的客观预备合并。所谓诉的预备合并，是指在同一诉讼程序中，原告提起主位之诉，同时提起或者追加提起备位之诉，原告请求若主位之诉败诉则对备位之诉作出判决，所主位之诉获得胜诉的确定判决则备位无须审判。[3] 诉讼请求的互斥性原本是诉的客观预备合并的典型特征，但是，以这一方式对上述问题进行救济仍存在问题。一者，此种诉讼请求的构造模式在司法实践中适用并不广泛，是否可达到预期效果犹未可知；二者，诉的预备合并原本是当事人基于处分原则而拥有的一项程序选择权，但在该语境下，却成了被申请人实现有效救济所不得不采取的模式，故而对被申请人的诉讼水平提出了较高要求，一旦被申请人不采取这一模式，则获得救济的机会又将落空。

（3）关于法院行使释明权。以这一方式进行补救的最大问题在于其具有的或然性：首先，关于此时可否行使释明权的问题，如果被申请人变更诉讼请求，

---

[3] 江伟、肖建国主编：《民事诉讼法》，8版，35页，北京，中国人民大学出版社，2018。

则相当于当被申请人与法院认识不一致时,被申请人以法院理解为转移,使得被申请人对其原本的诉讼请求缺乏充分辩论的机会;其次,即便此时可以行使释明权,释明权的行使亦高度依赖法官的专业素质,即法官能意识到不告知变更诉讼请求将给被申请人带来的法律后果(不同于普通诉讼,被申请人不能再另行起诉)。

(二)被申请人承担责任的执行依据尚存争议

在判决被执行人需承担责任的情况下,则还需讨论执行依据究竟是原执行依据、执行异议之诉判决还是变更、追加裁定的问题。

有学者认为,变更、追加执行当事人中的异议之诉解决的是执行依据能否向第三人扩张及扩张的范围问题,第三人在原执行依据执行力的范围内承担责任。[4]但这一观点值得商榷。事实上,六种特殊情形中,被申请人是基于另一实体法律关系而需对申请执行人承担责任,被申请人承担债务的具体金额,是无法脱离原执行依据或执行异议之诉判决(或变更、追加裁定)二者中任何一者而单独作出判断的。

例2 原执行依据确定的债务不足清偿部分为100万元,当执行异议之诉判决确定被申请人在抽逃出资金额50万元范围内承担责任时,则被申请人实际需承担债务的金额为50万元;而当执行异议之诉确定被申请人在抽逃出资金额200万元范围内承担责任时,则被申请人实际需承担债务的金额为100万元。

要言之,在原执行依据执行力主观范围扩张的理论框架下,仅以原执行依据作为被执行人债务承担的执行依据存在解释力上的不足。一味地追求执行力主观范围扩张理论的普适性而将变更、追加执行当事人的各种情形均纳入这一理论框架内处理的做法,只会稀释这一理论的解释力。[5]

二、对传导阻滞问题的机制兼容性检讨

(一)"诉讼标的二元性"与"三审制"各自的制度逻辑

六种特殊情况变更、追加执行当事人制度的"诉讼标的二元性+三审制"模式是怎么产生的?

---

[4] 参见乔宇:《论变更追加执行当事人中的异议之诉》,载《山东法官培训学院学报》,2018(1)。
[5] 参见刘学在、王炳乾:《执行当事人之变更、追加的类型化分析》,载《政法学刊》,2018(4)。

1. 为何采取"诉讼标的二元性"?

在探讨这一问题前,我们需对可以通过执行异议之诉进行救济的六种特殊情形做一类型化分析。六种特殊情形实际上均为被申请人基于另一实体法律关系而需对申请执行人承担债务的类型,这已经超出了传统执行力主观范围扩张理论的范畴。[6] 一旦将被申请人有别于执行依据的另一实体法律关系纳入变更、追加当事人的执行程序中来处理,则必须在该程序一并解决被申请人基于该实体法律关系产生的责任范围问题。因此,作为后续救济手段的执行异议之诉,便也需在一个诉讼程序中处理主体是否适格及责任范围这两个诉讼标的了。而之所以《变更、追加规定》将六种被申请人基于另一实体法律而需对申请人承担债务的特殊情形纳入,是因为这六种特殊情形在实践中十分突出,为提高执行效率,故将其纳入裁定变更、追加执行当事人程序,以期待解决一部分执行案件。

2. 为何采取"三审制"?

首先需说明的是,六种特殊情形本就可以通过提起普通诉讼解决。故将其纳入变更、追加当事人的执行程序时,要考虑救济的比例原则。因此,申请执行人或被申请人对在先的变更、追加裁定不服的,可以提起执行异议之诉的方式予以救济,因其归宿仍然是诉讼程序,故并未损害其诉权。要言之,既要提高执行效率,又要保障当事人诉权,因此采取"三审制"模式。

(二)症结所在:"诉讼标的二元性"与"三审制"的两相结合

1. "诉讼标的二元性"的特殊性:基于相似制度的纵横比较

在分析上述程序传导阻滞问题的成因时,让人不禁疑惑的是,为何在其他国家和地区的变更、追加执行当事人救济制度中,或是我国的其他执行衍生实体争议解决制度中,未发现类似程序衔接问题?

(1)横向的域外相关法律制度比较。德日等实行执行文制度的大陆法系国家,由执行文赋予机关认定执行当事人是否适格并据此赋予或拒绝赋予执行文,债务人对赋予执行文决定不服的,通过债务人异议与债务人对赋予执行文决定的异议之诉进行救济;债权人对拒绝赋予执行文决定不服的,通过债权人异议和债权人赋予执行文之诉进行救济。[7] 而我国台湾地区则是由强制执行部门对

---

[6] 刘学在、王炳乾:《执行当事人之变更、追加的类型化分析》,载《政法学刊》,2018(4)。
[7] 肖建国:《执行当事人变更与追加的救济制度研究——基于德、日、韩执行文制度的比较研究》,载《法律适用》,2013(7)。

当事人适格问题进行审查，债务人和债权人相应的救济途径分别是债务人不适格异议之诉和许可执行之诉。[8]由此不难发现，德国、日本和我国台湾地区针对变更、追加执行当事人设计的救济制度，均只解决第三人是否为适格主体的问题。之所以如此安排，这是因为上述制度是在传统执行力主观范围扩张理论基础上构建的，第三人在原执行依据范围内承担责任，而不存在另外的责任范围。相应地，也就不会出现被申请人需在寻求主体资格救济还是责任范围救济中进行取舍的问题了。另外，因为不涉及另外的责任范围，当然也就不存在究竟以何为执行依据的问题了。

（2）纵向的我国其他类型执行衍生实体争议解决程序比较，笔者主要选取案外人执行异议与案外人执行异议之诉、债务人异议展开讨论。对于案外人执行异议与案外人执行异议之诉，虽然其衔接方式类似于六种特殊情形追加、变更执行当事人制度的设置，但前者仅解决案外人能否排除对执行标的执行的问题，与原执行依据本身无关；对于债务人异议，虽然涉及原执行依据生效后债权消灭等情形（如已偿还部分债务，故债务范围相应缩小），但该程序中债务人对其主体资格并无异议，因此不存在类似于被申请人执行异议之诉中被申请人诉讼请求择取不当导致的救济无门问题。

综上所述，变更、追加执行当事人异议之诉的这种"诉讼标的二元性"为我国的变更、追加当事人救济制度所特有。因此，相关规则制定时，应对其特殊性予以足够重视，对程序衔接的各个环节进行充分论证，而不能照搬域外或我国相似制度的过往经验。

2."三审制"与"诉讼标的二元性"的不兼容性

"三审制"本身并无不可，实行执行文制度的大陆法系国家也采取类似的审理（查）机制。但是如上所述，"诉讼标的二元性"的特殊性要求有与之契合的制度设计，但"三审制"显然并不理想。

究其原因，关键在于"三审制"与诉讼程序二审制的似是而非。申言之，虽然，变更、追加当事人的执行程序与后续执行异议之诉程序一同发挥着"三审"的实际作用，且《变更、追加规定》第33、34条关于"判决变更责任范围"的表述也体现出执行异议之诉判决对追加、变更裁定的回应，但是，执行程序与执行异议程序之间却难以像民事诉讼一审与二审之间那样无缝衔接。以下结

---

[8] 乔宇：《论变更追加执行当事人中的异议之诉》，载《山东法官培训学院学报》，2018（1）。

合文章第一部分中论述的两大问题做一分析。

在第一部分的第一大问题中，对于执行部门、被申请人、审判部门三者认识都不一致的情况，如果是普通民事诉讼二审法院发现一审法院对责任范围的认定有误或相关基本事实认定不清，则可改判或发回重审；但在执行程序与执行异议之诉程序两者之间，却不存在这样的机制，而一旦依据"不告不理"的原则驳回被申请人关于确认主体不适格的诉讼请求，其后果便是裁定将继续发生效力。故裁定的常规纠错机制欠缺可能导致被申请人责任范围丧失救济途径，此时"诉讼标的二元性"缺乏制度保障。

在第一部分的第二大问题中，变更、追加裁定"无执行依据之名，而行执行依据之实"的问题，也是由于裁定与判决在性质上的割裂。"诉讼标的二元性"要求执行法院依据执行异议之诉确定的责任范围判断被申请人实际需承担的债务金额。如果是普通民事诉讼，二审法院驳回上诉人的上诉请求后，将在二审判决中载明"驳回上诉，维持原判"。因此，二审判决主文部分虽未载明执行内容，但"维持原判"一语则为执行法官提供了索引。但在被申请人执行异议之诉中，审判部门判决驳回其诉讼请求后，该判决本身并无执行内容，执行法官不得不借助变更、追加裁定主文判断被申请人的债务数额，这就使得执行异议之诉执行依据的功能实际被变更、追加裁定所取代。

（二）"诉讼标的二元性+三审制"两相结合的非必要性

前面已论述，"诉讼标的二元性"与"三审制"结合的模式面临着难以克服的制度衔接困境。那么，这一模式的实践运行情况又如何？通过实证分析可知，这一制度安排的实践效果与其立法本意背道而驰。

1. 解决一部分执行案件的作用收效甚微

实践中，大部分被申请人在被裁定变更、追加为被执行人后，都提起了执行异议之诉；而一部分申请执行人则在法院驳回其申请后，即放弃通过提起执行异议之诉继续追加、变更的尝试。因此，六种特殊情形下，期望通过执行程序解决一部分案件当事人的变更、追加的立法初衷落空。

2. 执行效率不升反降

评价"裁定变更、追加"执行程序起到实效，关键在于法院裁定变更、追加的，被申请人不提起执行异议之诉；否则将有可能触发"三审制"，较之申请执行人直接依据公司法等实体法提起普通诉讼，程序更为烦琐、效率更低。如前所述，大部分被申请人在被裁定变更、追加为被执行人后，都提起了执行异议之诉。这反而造成司法资源的浪费。

（三）小结

采取"诉讼标的二元性"或采取"三审制"本身并无不可，两者各有其内在逻辑；但两者的结合却导致了程序之间的传导阻滞问题。且两相结合的制度安排在实践中的运行效果亦不理想，因此，并没有必要采取两者相结合的模式。

三、以许可执行之诉破解传导阻滞问题

针对六种特殊情形变更、追加当事人的执行程序与执行异议之诉程序之间存在的传导阻滞问题，笔者应以申请执行人直接（相对于先请求裁定变更、追加）提起诉讼的方式取代现有的"三审制"模式。为此，笔者将这种特殊情形下申请执行人提起的旨在获得对被申请人之执行依据的诉讼称为许可执行之诉。

（一）宏观定位

1. "诉讼标的二元性"与"三审制"的取与舍

如前所述可知，"诉讼标的二元性"与"三审制"必须择一改之。相比之下，取"诉讼标的二元性"而舍"三审制"更为可采。

（1）"诉讼标的二元性"为解决六种特殊情形在民事执行中的突出问题所必需。第二部分探讨其内在逻辑时已论述，此处不再赘言。

（2）"三审制"回归二审制并未剥夺当事人权利。如前所述，"三审制"解决一部分执行案件的作用收效甚微且降低执行效率，反不及申请执行人直接提起诉讼。另外，改"三审制"为申请人提起诉讼，看似剥夺被申请人启动诉讼程序的权利，但是在针对六种特殊情形的既有普通诉讼中，本身就不存在被申请人作为原告的情形。被申请人执行异议之诉的产生，是因为在先的变更、追加裁定对被申请人不利，被申请人为寻求救济而不得不启动诉讼，这才成为原告。

（3）申请执行人直接诉讼可解决第一部分的传导阻滞问题。本书在论述"三审制"无法契合"诉讼标的二元性"问题时也谈到了普通诉讼处理程序衔接问题时的优势所在，此处亦不再展开，仅就第一部分关于被申请人执行异议之诉中诉讼请求互斥性问题的解决做一补充说明。这一问题在申请执行人直接提

起的诉讼中是不太可能发生的，因为申请执行人在确认被执申请人主体资格上和确认其责任范围上逻辑是一致的。并且，即便被申请人因不服一审判决而上诉所形成的三方格局类似于例1中的情形，如果此时二审法院发现一审判决对责任范围的认定的确有误或相关基本事实认定不清，其也完全可以通过改判或发回重审解决这一问题。

2. 许可执行之诉与普通诉讼的取与舍

上一层次已论证直诉优于"三审制"，那么究竟是直接提起普通诉讼，还是选取特定情形并以特别诉讼程序（也即本书所称的许可执行之诉）加以设计呢？本书采取了第二种思路，理由如下：

（1）《变更、追加规定》列举的六种特殊情形在我国执行实践中问题十分典型且突出，有必要设立单独程序予以规制。

（2）作为特别程序的许可执行之诉，有更多的规则制定空间，使之相对普通诉讼能更好地满足变更、追加原执行案件的当事人这一需求，如管辖权问题等。

3. 对传统许可执行之诉的借鉴与辨析

本书所称的许可执行之诉只是借用了我国台湾地区该诉关于申请执行人请求许可对第三人执行的概念框架，但两者内涵不尽相同，具体区别如下：

（1）适用情形：我国台湾地区许可执行之诉是为传统执行力主观范围所及之主体所设置的救济途径，而《变更、追加规定》针对传统执行力主观范围扩张（如债权转让）这一类型，所采取的是"裁定变更（追加）+复议救济"的模式，对此维持原状即可，其并非讨论重点，不再展开讨论；而笔者欲讨论的许可执行之诉，其适用情形只针对第三人基于另一实体法律关系而需对债权人承担责任这一类型。

（2）裁判事项：我国台湾地区许可执行之诉只处理主体是否适格问题，而笔者欲讨论的许可执行之诉则既可以处理主体是否适格问题，也可以处理责任范围问题，即呈"诉讼标的二元性"。

（二）微观设计

1. 性质定位

（1）应将许可执行之诉定位为一种执行依据取得手段，而非救济手段。故具体程序设计上，不应再以裁定变更、追加作为前置程序，而是当原执行案件的申请执行人认为第三人满足六种特殊情形时，即可提起该诉讼。

（2）应将许可执行异议之诉定位为服务于变更、追加原执行案件当事人的特别诉讼程序，故相应规则的制定亦应围绕这一定位展开。

2. 启动条件

此处涉及是否将原执行案件被执行人不足以清偿债务作为前提条件的问题。笔者应保留这一前提条件，主要从程序设置的比例原则角度考虑：许可执行之诉是在普通诉讼本就可以对六种特殊情形作出处理的情况下，为解决我国执行实践中的突出问题而专设的一种特别诉讼程序，较之普通诉讼也作出了许多有利于强制执行的规则设计，但带来的问题是，对被申请人的利益保护可能不及普通诉讼。为平衡两者，应当严格限定许可执行之诉的适用条件和适用范围，使之与其保护的利益相当。其中，被执行人不足以清偿债务这一条件长期为我国变更、追加执行当事人实践所采用，故可以沿用。

3. 管辖法院

作为一项特别诉讼程序，许可执行之诉应由原执行案件的执行法院专属管辖。且由于该程序需以原执行案件被执行人财产不足以清偿生效法律文书确定的债务作为启动条件，故由执行法院专属管辖有利于查明事实、提高效率，便于审判与执行的衔接。

4. 诉讼参加人

现行《变更、追加规定》第33、34条仅就申请人与被申请人的诉讼地位加以规定，但并未明确原执行案件被执行人的诉讼地位。在许可执行之诉中，应将原执行案件被执行人列为第三人，以便查明原执行依据履行情况等案件事实。

5. 适用情形

如上文关于启动条件部分所述，为平衡各方利益，应严格限制许可执行之诉的适用情形。六种特殊情形作为执行实践中的突出问题，应单独规制，这一思路笔者是认可的；当然，在强制执行法制定过程中，对于实践中满足"被申请人基于另一法律关系而需对申请执行人承担义务"这一类型的其他典型突出问题，亦可纳入许可执行之诉的适用情形范围。

6. 与原执行案件的衔接问题

由于申请执行人提起许可执行之诉时，原执行案件本身已满足无财产可供执行的条件，故可裁定终结本次执行程序。申请执行人通过许可执行之诉获得对第三人（被申请人）的执行依据后，可申请恢复原执行案件的执行。

7. 其他问题

（1）申请执行人同时提起许可执行之诉和普通诉讼的，可适用《民事诉讼法》第36条的规定，由最先立案的法院管辖。

（2）诉讼费应按照财产案件进行收取，以申请执行人要求被申请人承担责任范围的金额作为计算基数。

结　语

立体化、多元化、精细化的诉讼程序之构建，应以严谨、充实的理论研究为依托。现行追加、变更执行当事人的法定情形中，六种特殊情形的法理依据并非执行力之扩张，其独有的制度逻辑呼唤特别的诉讼程序。因此，对于现行《变更、追加规定》第14条第2款、第17条至第21条规定的六种特殊情形，不应再纳入裁定变更、追加当事人的执行程序中解决，而应由申请执行人直接提起许可执行之诉，以获得对被申请人的执行依据。

第五章

案外人主张租赁权排除执行的程序优化

对执行标的进行拍卖、变卖是实现债权人权益的重要途径之一，租赁权作为最常见的一种权利负担，直接影响执行标的变现效率和价格。准确识别真实租赁关系，保障租赁权人合法权益；抑或涤除虚假租赁，实现申请执行人胜诉权益的快速实现，都亟须一个程序完备、顺畅运行的审查程序。

一、现状审视

笔者从检索出近三年租赁权人提起排除执行异议的裁判文书，通过对裁判文书的数量进行分析，人民法院受理租赁权人提起执行异议的案件数量逐年增加。同时，通过对样本裁判文书本身进行统计分析，归纳出以下几个方面的问题：

（一）法律规范笼统分散

《民事诉讼法》第238条为案外人异议审查确定了基本的指导框架，《民事诉讼法解释》第463条将提起案外人异议的主体作出进一步界定，即对执行标的享有足以排除强制执行的权益的案外人。而案外人异议的审查标准则散布在《异议和复议规定》及其他执行相关司法解释中。对于足以排除执行的权利类型、判决主文的表述等并无具体规定，造成实践中法律适用不统一。

（二）异议期限存争议

《异议和复议规定》第6条规定案外人依照《民事诉讼法》第238条规定提出异议的，应当在异议指向的执行标的执行终结之前提出，该条看似明确了提起异议的期限，即在执行标的的执行终结前。但是对于执行标的的执行终结的时间界定，实践中还存在争议，主流观点分为两种，一种观点是"成交裁定书送达前"；另一种观点是"案款发还前"，因此当事人提起异议的起点和节点都很随意。针对租赁权人提起执行异议的，有的在得知法院查封之后，有的在知晓法院张贴腾退公告后，有的在进入评估程序后，有的在成交裁定书送达买受人之前，有的在法院发还案款给申请执行人之前。而案外人提起异议的期限随意性，也影响了执行标的的处置的效率。

（三）异议标的多样化

案外人作为普通民众，并非都具有法律常识，无法区分行为异议和案外人异议，更难以理解有效成立的租赁权仅能保障"带租拍卖"的权利特性。笔者对中国裁判文书网的 174 份裁判文书进行分析，其中有 23 份裁判文书中表述请求为中止执行解除查封，有 26 份裁判文书中表述请求为确认租赁合同效力，有 25 份裁判文书中表述请求为确认对涉案房屋享有优先购买权，有 13 份裁判文书中表述请求为带租拍卖，有 60 份裁判文书中同时提出多项请求，既包含以实体权利请求排除执行，又包括确认法院执行行为违法。异议请求的多样化模糊化，直接造成了异议标的识别困难。

（四）救济途径错位

《异议和复议规定》第 31 条确定了租赁权人异议审查的标准，但是对于异议被驳回后的救济途径没有明确，上述 174 份样本裁判文书的救济途径也存在不同观点，其中 43 份裁判文书载明救济途径为复议，131 份裁判文书载明救济途径为执行异议之诉。

以下将两种不同观点概括为"异议＋复议"的行为异议论和"异议＋诉讼"的案外人异议之诉论。执行行为异议是一种程序性的救济途径，目的是纠正法院不合法的执行行为，并不涉及实体权利争议。我国台湾地区称之为声请或声明异议，又叫"执行异议"或"关于执行方法之异议"。持行为异议论观点的，主要是从执行效率优先的基本原则以及执行名义迅速实现的目的出发，该观点认为，实践中虚假租赁普遍存在，如果给予诉讼的救济途径，审查周期过长，影响执行标的变现效率。且行为异议审查期间不停止执行，恶意拖延执行的目的无法实现，能够更有效地过滤虚假租赁。持案外人异议之诉论观点的认为，案外人异议最大的优势就在于能够在后续的程序中对当事人之间的权利义务关系进行实体审理，"异议＋诉讼"的程序设计显然更利于债权人和案外人合法权益的公平维护。笔者同意案外人异议之诉论观点，租赁权作为一种实体权利，案外人指向的是对租赁权的认可，并非指向的是人民法院的执行行为。

（五）裁判主文表述不统一

在 2016 年最高院公布的《民事判决书（案外人执行异议之诉用）》的诉讼文书样式中，其中确定了案外人执行异议之诉判决书主文的构成，在作出是否停止执行审理结果之外，主要依据案外人诉讼请求决定是否作出确权判决，但是对于判决主文的表述方式并未明确。174 份样本裁判文书中，有 23 份判决驳回诉讼请求，另外 151 份胜诉判决主文内容各异：有提出停止执行、解除查封的诉讼请求，法院依据租赁权的权利性质作出驳回诉讼请求的判决结果；有提出中止不负担租赁权拍卖的请求，法院判决生效后租赁权人发现没有实现诉讼目的，再次提出执行异议审查，极大地浪费司法资源，有违诉讼经济原则，也难以防止不同判决中就同一法律关系作出相互矛盾的评价；亦有仅提出确认租赁关系的请求，法院相应仅作出确权判决，这种做法属于将案外人异议之诉与普通确权诉讼混淆，完全背离了案外人异议之诉的设立目的和初衷，也给判决生效后执行部门的执行行为设置了障碍。

二、租赁权的性质

案外人异议的审查标准在于其对执行标的是否享有足以排除强制执行的民事权益。既然如此，判断该民事权益的实体法性质和效力是案外人异议审查的基础。案外人对执行标的享有的是债权，执行标的买受人享有的是更为完整的物权，租赁权缘何能够排除执行进而优先保护。这要从租赁权背后蕴含的价值判断以及立法目的进行探究和分析。

对于租赁权性质，主要有债权说、物权说、债权物权化说三种观点。

（一）债权说

债权说认为，首先，租赁权规定在《民法典》第三编合同项下，已经明确显示出《民法典》对于租赁权的性质定位。其次，租赁权是基于租赁合同产生的一种权利，其本身只针对合同相对方产生效力，承租人只能向出租人提出租赁物交付请求。最后，我国采用严格的物权法定原则，法律对物权的设立、变更、转让、消灭都有明确的规定。而租赁权设立、变动的前提是当事人双方的合意。因此，租赁权是一种典型的债权。

（二）物权说

租赁权人实现了对租赁物的支配，租赁权的本质是对租赁物的占有、使用、收益，属于物权范畴。此学说尤其在不动产租赁中较为盛行，认为不动产作为一种稀缺资源理应得到特殊保护，只有真正赋予租赁权人与所有权人同等的法律地位，才能真正贯彻"以租代售"的国家政策，更好的保障承租人的合法权益。笔者认为此说过于牵强，仅租赁权人支配权这一点就经不起推敲，租赁权人对租赁物的支配是所有权人赋予的，并未实现对租赁物独立、自由的支配。且现有租赁登记制度并不完善，租赁权不宜过度扩张。

（三）债权物权化说

债权物权化是指租赁权本质上仍为债权，不过为了租赁权人权利保护，通过制定某些特殊规则，使其具有了物权的特征。笔者认同此说。债权物权化并不是债权变成了物权，而是债权具有了物权的某些效力。从各国立法来看，均在不同程度上对租赁权赋予了超越债权的特殊保护，规定了买卖不破租赁、承租人的优先购买权、抵押不破租赁等规则。我国《民法典》在"买卖不破租赁""抵押不破租赁"原则的适用中均新增占有这一要件，《异议和复议规定》第31条同样规定租赁权人排除执行必须要在法院查封之前已经占有使用执行标的。这些特殊保护规则及占有这一物权公示方法使租赁权具有了物权的部分效力，也因此使其具备了排除执行的正当性基础。

三、租赁权排除执行的正当性分析

（一）"不得执行"的内涵延伸

根据《民事诉讼法解释》第310条的规定，对于对案外人提起的执行异议之诉，如果案外人就执行标的享有足以排除强制执行的民事权益的，判决不得执行该执行标的；如果案外人就执行标的不享有足以排除强制执行的民事权益的，判决驳回诉讼请求。即是说，判决结果根据不同情况，或者不得执行，或者驳回诉讼请求。

但是租赁权人提起异议并不要求排除执行，严格说租赁权的权利性质决定了其无法排除对整个执行标的的执行，而只能要求法院在拍卖租赁物时保障其在租赁期限内对租赁物的占有使用。据此有观点认为租赁权不属于可以排除执行的实体权利，租赁权人无权提起案外人异议之诉。笔者认为此种观点难以信服。

1. 比较法角度

《执行程序解释》第14条将案外人对执行标的主张的权利分为所有权或者有其他足以阻止执行标的转让、交付的实体权利。该处"足以阻止执行标的转让、交付的实体权利"这一表述，源于德国法第三人异议之诉中的"足以阻止转让的权利",对此德国学者的理解是应将其扩大解释为第三人因执行标的转让而受到不正当侵犯的权利,[1] 故租赁权应在其辐射范围之内。

2. 法律解释角度

(1) 字面解释。从字面看,"不得执行"有两层含义:永久不得执行和暂时性不得执行。永久不得执行意味着异议标的从被执行人责任财产范围内永久清除;而暂时性不得执行是指通过异议程序短暂叫停法院执行行为,在终止对异议人权利侵害的情况下可继续执行。租赁权人异议显然属于第二种,租赁权人认为权利受到侵害后提起异议,经过异议审查和异议之诉审理后,法院认可执行标的上租赁权这一权利负担,并且充分保障租赁期限内承租人权利后可继续执行。

(2) 扩大解释。"不得执行"的字面含义为排除法院对执行标的的执行,而租赁权人异议之诉有更深层含义,即不得对执行标的"不负担租赁权"予以执行,抑或不得"要求其向买受人交付租赁物"执行。因此对于"不得执行"不应机械化理解,而应该根据其立法精神、实践需求等作扩张解释,解释为"不得不负担租赁权执行"和"不得作出向买受人交付租赁物的执行",以将租赁权这种现实生活中普遍存在的实体权利囊括进法律框架内,充分平衡和保护租赁权人和申请执行人的各自权益。

(二) 租赁权排除执行的正当性分析

1. 租赁权和金钱债权的优先性比较

有学者提出,租赁权包含两项权能:请求出租人交付租赁物—纯粹债权的权能;在租赁期内按照租赁合同约定占有使用租赁物—支配权的权能。[2] 支配权能下的租赁权通过占有这一公示方法,产生了物权化的对世及排他效力,所以租赁权不仅可以对抗特定债的关系的相对人,还可对抗债的关系之外的不特定第三人,面对申请执行人的普通金钱债权,有优先保护的法理基础。

2. 租赁权和所有权的优先性比较

对于"买卖不破租赁"这一表述形式,往往将重点集中在"买卖"上,进而认为只有地位平等的买卖双方签订的买卖合同才受该原则的约束,其实不然。

---

[1] 百晓锋:《论案外人异议之诉的程序构造》,载《清华法学》,2010(3)。
[2] 李延荣:《土地租赁法律制度研究》,北京,中国人民大学出版社,2004。

不动产所有权变动的方式并不只有买卖，还有赠与、继承、强制执行等，承租人对租赁物享有的租赁权之所以能够对抗买受人享有的所有权，本质是买卖不破租赁原则在执行程序中的体现。从另一角度讲，买受人受让的所有权的权能是不完整的，是负担了承租人租赁权的，相比完整的所有权，其缺少了占有、使用的权能，所以租赁权人能够对抗买受人所有权，排除向买受人交付租赁物。

四、租赁权排除执行的程序优化

《民事诉讼法》勾勒了案外人异议之诉的基本轮廓，但缺乏相应的配套程序设计，尤其在租赁权人异议救济程序具体运行方面，制度供给严重不足。比如，异议的提起期限、诉讼请求的塑造、异议之诉的审理内容、裁判主文的表述等，都存在不统一不规范等问题。对此，应当优化租赁权排除执行异议救济的程序。

（一）明确异议提起期限

目前法律和司法解释只笼统规定案外人应当在异议指向的执行标的执行终结之前提出异议。

1. 明确提起异议的起点

实践中，有案外人为防止租赁物有被拍卖的风险，在执行程序刚刚启动，租赁物还未被查封就向法院提起异议，这显然是不可以的，此时租赁权人提起异议并非真正意义上的案外人异议，实质上更类似于确权。对此，有的地方法院出台规范性文件，明确提起异议的起点，例如上海高院规定在法院张贴腾退公告之后才能提起案外人异议。[3]"要求停止对某执行标的的强制执行措施"的案外人异议之诉，只有在影响案外人实体权利的执行措施开始之后才能被提起，因为在此时才能确认法院是对"第三人对其主张'足以阻止转让、交付的权利'的标的"进行了强制执行。[4]查封并没有侵害到租赁权人的实体权利，只有腾退才真正妨碍租赁权人对租赁物的占有使用。如果法院承认租赁权的成立，并且决定负担租赁权进行拍卖，那么案外人只能针对腾退行为提起执行行为异议。

---

[3] 参见《上海市高级人民法院关于在执行程序中审查和处理房屋租赁权有关问题的解答（试行）》。

[4] [德]汉斯—约阿希姆·穆泽拉克：《德国民事诉讼法基础教程》，周翠译，415页，北京，中国政法大学出版社，2005。

2. 明确提起异议的截止点

我国台湾地区"强制执行法"规定,提起第三人异议之诉[5]的时间应当在强制执行程序终结之前。在拍卖程序中,如果拍卖已经结束,但是拍卖款尚未发还债权人,那么该执行程序尚未终结,案外人仍然可以提起第三人异议之诉。笔者认为,在执行标的由债权人或者债务人竞得的情况下,台湾地区"强制执行法"的规定是可行的。但是如果执行标的由当事人以外的第三人竞得,则应将该时间点提前到成交裁定送达时。成交裁定送达意味着执行标的所有权已经发生转移,此时为了维护司法拍卖公信力,保护买受人的信赖利益,不应再允许案外人提起异议。[6]

(二)审查要件分析

参考 2019 年 11 月最高人民法院发布的《最高人民法院关于审理执行异议之诉案件适用法律问题的解释(一)(征求意见稿)》(以下简称征求意见稿)关于租赁权排除执行的审查规则,以及各地法院发布的规范性文件,总结出案外人基于租赁权提起执行异议之诉,应重点审查以下要件:

1. 基于租赁目的

在人民法院查封前,案外人已基于租赁之目的与被执行人签订合法有效的书面租赁合同,是此类案件审理的首要要件。

对于实践中较为常见的以租抵债,是否可以认定为基于租赁目的,案外人能否依据以租抵债协议主张排除执行。以租抵债的债权人并不是基于租赁目的,故以租抵债中的租赁权并不适用"买卖不破租赁"原则,无法排除执行。从立法本意来看,给付租赁权人特殊保护的立法本意在于贯彻"买卖不破租赁"原则,维护租赁权人合法权益。"买卖不破租赁"含有保障租赁权人生存权的目的,其前提是租赁权人处于弱势地位,租赁物对其而言有安身立命、生存保障的意义。而以租抵债关系中的租赁权人意在"抵债",而非生存居住,显然不符合这一前提。

从协议目的来看,以租抵债表面看是双方签订协议,债务人将租赁物交付债权人使用,来抵销原债权债务,该租赁关系是原债权债务关系(如民间借贷

---

[5] 我国台湾地区称"执行异议之诉"为"第三人异议之诉"。
[6] 江必新、刘贵祥主编:《最高人民法院关于人民法院办理执行异议和复议案件若干问题的规定理解与适用》,88 页,北京,人民法院出版社,2015。

法律关系）的延续，"租赁"只是用于抵偿原债权债务关系的一种新方式，并非《民法典》第 703 条规定的租赁法律关系。

从债权性质来看，债权具有平等性。如果案外人对债务人享有的是普通债权，以租抵债实际上侵害了其他债权人的权利，破坏了债的平等性。

从司法实践看，最高人民法院对以租抵债持否定意见，例如（2020）最高法民申 3044 号民事裁定认为，债务人以其公司房产、土地使用权抵偿欠款的合同之债，不同于出租人与承租人之间签订的租赁合同，故不适用合同法规定的"买卖不破租赁"原则。

2. 占有公示

根据物权公示公信原则，物权的设立、变动必须公示，租赁权作为债权化的物权自不例外。目前，我国租赁登记制度没有普遍推行，占有作为法定公示方法的一种，普通民众根据日常生活经验即能作出权利正确性推定，已经成为租赁权权利表征形式的不二选择。首先，占有是信赖利益产生的前提。占有使得承租人对租赁物产生了信赖利益，有了特殊保护的必要性。其次，占有公示了对抗效力的起点。通过占有使得不为外人知的租赁关系显现出来，使不特定第三人有知晓的可能，从而产生了可以对抗租赁关系外不特定第三人的物权效力。

《民法典》确立了以占有作为租赁权产生对抗效力的起点：相较于废止的《合同法》，《民法典》对"买卖不破租赁"原则的适用新增了占有的规定，强调只有在承租人按照租赁合同占有期间内租赁物发生所有权变动的才可以适用。由此可见，《民法典》对于"买卖不破租赁"的实现路径已经做出了选择，即占有对抗模式。在审理租赁权人异议之诉时，经常出现租赁权和抵押权冲突问题，相较于废止的《物权法》，在抵押权与租赁权产生冲突的处理上，《民法典》也新增占有的条件，要想对抗抵押权，除了在抵押权设立之前签订租赁合同，还必须满足已经转移占有。不动产抵押采登记生效主义，租赁权作为债权，要想对抗作为物权的抵押权，也必须通过公示来表征权利外观。在当前租赁合同备案率较低且不为社会公众所广泛认同的情况下，难以将租赁合同备案登记作为唯一的公示方法，否则可能将真实的承租人拒之门外。《民法典》也新增规定强调租赁合同未登记备案的，合同效力不受影响。

此外，此处的占有必须严格解释为承租人的"现实占有"[7]。比如承租人已

---

[7] 史尚宽：《债法各论》，223～224 页，北京，中国政法大学出版社，2000。

在租赁物实际生活、开展经营活动等。在执行实践中债务人和案外人串通，通过伪造租赁合同恶意拖延执行的情况大量存在，因此法院在审理过程中，是否实际占有使用租赁物以及占有使用的时间必须从严审理和认定。

（三）规范诉讼请求

《民事诉讼法》第 122 条规定了一审普通程序的启动要有具体的诉讼请求和事由。《民事诉讼法解释》第 303 条进一步规定，提起案外人异议之诉必须有明确的排除对执行标的执行的诉讼请求，且诉讼请求与原判决、裁定无关。传统大陆法理论中，案外人异议之诉一般只对能否排除执行作出审理，权属判断只作为判决理由进行阐述。通过《民事诉讼法解释》第 310 条第 2 款可以看出，我国将排除执行和确权都作为案外人异议之诉的审理内容。租赁权人异议之诉中，租赁关系是否存在本就是排除执行的基础，因此出于节约司法资源、避免当事人诉累和同案不同判的考虑，租赁权人异议之诉的诉讼请求宜统一表述为：对执行标的负担租赁权执行，确认租赁期限自×××至×××。

五、引申思考：主文判项的周延和平衡

判决主文是诉讼结果的载体，案外人异议之诉也不例外。但由于内在法律关系的复杂性、外部法律规范的不确定性导致案外人异议之诉判决主文构成的模糊性，对于"如何判""判什么"，亟待统一规范。

（一）诉讼类型的特殊性

案外人异议之诉作为执行中的救济，争议标的权属判断是手段，最终目的是为排除公权力对争议标的的强制执行，兼具形成之诉与确认之诉的特征，不同于一般民事诉讼。[8] 由此，其审理结果也具双重性：程序上的异议审查和实体上的权利确认，案外人异议之诉的终极目标是解决程序上"异议标的能否执行"的问题。而租赁权人异议之诉根本上是为了解决"是否负担租赁物进行拍卖"的问题。因此最后的判决中必须对"是否负担租赁权拍卖"作出裁判；同时，因租赁权人对执行标的享有实体权利是负担租赁权拍卖的前提，因此，案外人异议之诉中应该对租赁权是否存在进行审理并作出裁判。究其内在逻辑关

---

[8] 刘贵祥：《案外人异议之诉的功能定位与裁判范围》，载《人民法院报》，2014-06-04。

系：实体权利确认是手段，程序上是否负担租赁权拍卖是目的，两者是相互依存缺一不可的。

（二）判决主文构成——双重判项

司法实践中应有严谨统一的判决主文表述方式，如此方可实现案外人异议之诉执行救济的设立初衷，提高执行效率，彰显司法权威。结合上文分析，租赁权人异议胜诉判决主文应为双重判项，即同时对程序审查结果和实体权利归属作出判断。

1. 符合民事判决既判力理论

有学者主张以"既判力客观范围扩张""争点效"等理论为支撑，围绕案外人诉讼请求，只在判决主文中作出与诉讼请求相一致的表述，而对于其他内容在事实认定中作出判断。笔者认为此种观点实为不妥。我国的既判力理论相对薄弱，但是传统既判力理论认为既判力客观范围限于判决主文部分，最高院也以判例形式对此予以确认[9]，法院生效裁判的判项部分才有确定力、既判力和执行力。因此必须在判决主文中同时对程序审查结果和实体权利归属作出认定。

2. 契合"穿透式审判思维"

近年来，"穿透式审判"屡被提及，尤其适用于案外人异议之诉这种存在多重法律关系的情形。九民会议纪要中明确提出这一概念，其在引言部分有如下表述："注意处理好民商事审判与行政监管的关系，通过穿透式审判思维，查明当事人的真实意思，探求真实法律关系"。[10] 在案外人异议之诉中，需要"穿透"的内容之一就是诉讼请求。租赁权人异议之诉的本质就是确认租赁权存在，从而对租赁物负担租赁权予以执行。面对并不具备专业法律知识的租赁权人，法官更应运用穿透式思维从五花八门的诉讼请求中厘清这一本质，从而作出充分的释明，引导其提出上文塑造的正确诉求。即使案外人拒绝更改诉讼请求，法官仍然要作出异议审查加实体权利确认的周延判决，看似超出诉讼请求，实则仍然在诉讼请求的涵盖范围内，此即"诉讼请求的涵盖性"。

3. 实现审判执行程序有效衔接

租赁权人异议提起的前提是法院不认可租赁关系的存在，从而作出"不负

---

[9] 参见最高人民法院（2019）最高法民再384号民事判决。
[10] 参见《全国法院民商事审判工作会议纪要》。

担租赁权拍卖"的执行行为。租赁权人异议之诉的判决书相对于前诉判决而言，属于针对租赁物取得的新执行依据，目前执行实践中的操作也是租赁权人依据异议之诉胜诉判决向原执行机构提起执行请求，相当于直接给执行机构设定某种义务，要求其作出新的执行行为。因此，要想实现异议之诉和后续执行程序的有效衔接，判决主文务必明确周延。

综上所述，在租赁权人异议之诉中，租赁权人的诉讼请求应为"请求确认租赁关系存在，请求在×号执行案件中对×执行标的负担租赁权予以执行"。与其相对应，判决主文应当表述为：确认案外人对×执行标的享有租赁权，租赁期限为×至×，在租赁期限内对×执行标的负担租赁权予以执行。

正如王泽鉴先生所说，"居住为人生基本需要，屋价高昂，购买不易，承租人多属于经济上弱者，实有特殊保护之必要"。[11] 笔者期望立足实践需求，通过对租赁权性质进行分析，对"不得执行"进行合理解释，使其契合案外人执行异议现行法律框架，并对其救济程序进行优化升级，真正实现案外人、申请执行人、债务人各方利益的平衡。

---

[11] 王泽鉴：《用益物权·占有》，177页，北京，中国政法大学出版社，2010。

第六章

执行异议之诉的公告送达和诉讼费用负担问题

在审理执行异议之诉案件的实务中，笔者调研发现此类案件公告送达率偏高，且诉讼费用负担规则存在适用难点。故本编的最后一章，将就上述两方面的问题做一专门阐述。

一、公告送达问题

与其他民事案件相比，执行异议之诉案件的公告率显著偏高。

（一）成因分析

笔者认为公告率过高存在以下几方面原因：

1. 被执行人作为诉讼主体的特殊性

被执行人作为执行异议之诉案件的被告或第三人，其为逃避债务履行往往下落不明，公告送达成为此类案件的必经程序。根据《民事诉讼法解释》第305条、第306条之规定，无论执行案外人或申请执行人提起执行异议之诉，原则上均应列被执行人为被告；即使被执行人不反对案外人或申请执行人的主张，亦应列被执行人为第三人。根据《民事诉讼法》第59条之规定，人民法院未判决承担民事责任的无独立请求权第三人，不具有当事人的诉讼权利义务。由执行异议之诉的性质（兼具形成之诉与确认之诉的特点）所决定，被执行人在执行异议之诉中被列为第三人时，不存在被判决承担民事责任的可能，因此被执行人列为第三人时，其诉讼地位是不具有当事人诉讼权利义务的无独立请求权第三人。故列被执行人为第三人时的送达程序较之列其为被告时的送达程序相对要简化。但即便如此，根据《民事诉讼法解释》第240条的规定可推知，对于无独立请求权的第三人，法院亦应向其送达传票。而执行程序中，被执行人难寻的问题普遍存在，许多被执行人在执行阶段既已下落不明，这直接导致执行异议之诉程序中，多个诉讼文书送达环节最终均需以公告方式作出。被执行人一旦下落不明，列被执行人为被告时，从起诉状副本的送达到裁判文书的送达，均需启动公告程序；即便将被执行人列为第三人，亦至少应向其送达传票，此时仍需进行公告。这样一来，便导致执行异议之诉案件中的公告率居高不下。

2. 实践适用存在分歧

现有法律和司法解释规定模糊不清，其适用在实践中存在较大分歧和争议，为追求程序正义法院在公告与否之间往往选择公告。如前所述，根据现有规定，被执行人均需参加到诉讼中来，而被执行人难寻又导致公告程序的启动难以避免。为防止因程序问题出现发回重审情形，一审法院往往采取较为稳妥保守的做法，对执行异议之诉案件中的被执行人下落不明时不加区分地适用公告程序。

（二）对策建议

笔者通过对审结的执行异议之诉案件进行调研，认为并非所有此类案件均需被执行人参加到诉讼中来。针对以上两方面问题，笔者提出两点建议：

其一，对于案外人未对执行标的一并提出确权的诉讼请求的，被执行人无需参与到诉讼中来。案外人未提出确权的情况下，执行异议之诉只解决案外人的实体权益与申请执行人的债权何者予以优先保护的问题，判决结果只关乎执行标的的执行与否，如果判决驳回案外人的诉讼请求，则执行标的继续执行，回到案外人介入执行程序前的状态；如果判决支持案外人的诉讼请求，则不得执行该执行标的，此时因不涉及确权，人民法院在判决书的事实认定和说理部分对执行标的权属做的论述并不具有既判力，被执行人仍可以就该执行标的权属纠纷另行起诉。因此，在这种情况下被执行人无需参加到诉讼中来。

其二，被执行人与执行标的权属不存在直接利害关系的，无需参与到诉讼中来。笔者在审理执行异议之诉案件中的常见情形为，当执行案件中存在多个被执行人时，法院对其中某一被执行人个人名下财产（执行标的）采取控制措施，此时案外人对此提出执行异议，后进入执行异议之诉程序。笔者认为，其余的被执行人无需参加到诉讼中来。执行异议之诉处理的是执行标的的执行与否的问题，与执行标的不存在直接利害关系的被执行人参加到诉讼中来只会增加送达的难度，使程序更复杂，反而不便于案件审理。

综上所述，执行异议之诉中公告率过高，既有被执行人难寻的现实原因，亦有现有规定不尽合理的制度原因。对于前者，有待于切实解决执行难工作的整体推进；对于后者，建议在相关司法解释中予以确认。

二、诉讼费用负担问题

执行异议之诉中当事人诉讼地位的特殊性，使得此类案件与普通民事案件在诉讼费用负担规则上存在不同之处，不能完全适用《诉讼费用交纳办法》关于败诉方负担诉讼费用的规定，否则会对作为被告的申请执行人显失公平。不合理之处主要体现在以下两方面：

1. 申请执行人需负担诉讼费用

在案外人执行异议之诉中，申请执行人为被告。被执行人反对案外人异议的，为共同被告；被执行人不反对案外人异议的，可以列为第三人。在列被执行人为第三人且案外人胜诉时，申请执行人系该案外人执行异议之诉中唯一的被告。按"谁败诉，谁负担"的一般规则，法院应判决申请执行人负担诉讼费用。诉讼费用负担的一般规则所体现的是败诉的不利后果承担问题。但笔者认为，由申请执行人承担该不利后果的做法有待商榷。一方面，对于执行标的的执行，申请执行人不存在过错。法院对某一执行标的采取控制措施，往往是因为被执行人在权利外观上对其享有民事权益。即便法院最终认定案外人享有足以排除强制执行的民事权益从而判决停止执行该执行标的，也并不能就此说明法院在先的控制措施有误，申请执行人对此亦不存在过错。另一方面，从案外人执行异议到案外人执行异议之诉，申请执行人均系被动参加到程序中来。不同于普通诉讼案件中被告的被动应诉，申请执行人的被告地位更多的是基于法律的构造，作此安排是为防止案外人与被执行人恶意串通，规避执行。案外人胜诉的情况下，"谁败诉，谁负担"的诉讼费用负担规则导致的结果是，对该执行标的的执行不存在任何过错的申请执行人，非但不能基于执行该执行标的的受偿其债权（此时已判决停止执行该执行标的），反而徒增一笔诉讼费用，这对申请执行人显失公平。

2. 被执行人无需负担诉讼费用

在案外人执行异议之诉中，若被执行人为共同被告，尚可通过《诉讼费用交纳办法》第29条第3款关于共同诉讼当事人诉讼费用负担规则将诉讼费用负担施与被执行人的方式来解决上文所述由申请执行人负担诉讼费用的欠妥之处。但在列被执行人为第三人时，上述条款亦无适用的余地。尤其是在案外人同时提出确认其权利的诉讼请求时，这种不合理便体现得更为明显。若案外人另外单独提起确权诉讼，则其以被执行人为被告，案外人胜诉时，诉讼费用当然地由被执行人负担；但是，一旦案外人在执行异议之诉中同时提出确权，则被执行人反而可能因其被列为第三人而免于诉讼费用的负担。此时，同一规则在两种不同诉讼中的适用结果相互矛盾。不仅如此，诉讼费用"谁败诉，谁负担"的规则也为案外人执行异议之诉中被执行人逃避诉讼费用的负担提供了便利，即被执行人只需同意案外人的异议请求，即可因列为第三人而无需负担诉讼费用，从而将这笔费用转嫁给申请执行人。

针对上述两方面的问题，笔者建议，应针对其在当事人诉讼地位上的特殊性，制定相应的诉讼费用负担特殊规则，并根据两种情形进行区分：案外人败诉的，诉讼费用由案外人负担；案外人胜诉的，诉讼费用均由被执行人负担，而不论被执行人在该案中所处的诉讼地位是被告还是第三人。

第二编

民事执行中实体性问题分析

第七章

账户借用人之权利能否排除执行的认定

【裁判主旨】

人民法院对被执行人账户中的资金实施强制执行，案外人以其系账户的借用人和账户中资金的实际权利人为由，提起执行异议之诉，请求排除对该账户资金执行的，除法律、行政法规另有规定外，人民法院不予支持。

【案例索引】

（2018）苏 03 民终 1765 号民事判决书

一、当事人基本情况

上诉人（原审原告，执行案外人）：张某宝。

被上诉人（原审被告，申请执行人）：魏某。

原审第三人（被执行人）：福鑫公司。

二、基本案情

经审理查明，在魏某诉福鑫公司恢复原状纠纷一案审理过程中，魏某于 2017 年 6 月 26 日向江苏省新沂市人民法院（以下简称原审法院）申请财产保全，请求冻结福鑫公司在金融机构的存款 200 万元或查封同等价值的财产并为此提供担保。原审法院于 2017 年 6 月 26 日作出（2016）苏 0381 民初 2093 号民事裁定，并根据该裁定于 2017 年 7 月 6 日冻结了福鑫公司在江苏新沂农村商业银行马陵山支行开设的账号为 32XXX23 的账户（以下简称涉案账户），冻结时该账户内余额为 863.95 元。

另查明，2017 年 3 月 14 日，淮河公司新沂项目部与福鑫公司签订合同编号为 XYCL2017-03-01 的《沭河右堤 31+460-31+770 段抛石护岸专项维修养护材料采购合同》（以下简称 XYCL2017-03-01 合同），该合同约定由福鑫公司向淮河公司新沂项目部提供块石材料，供货日期为 2017 年 3 月 15 日至 2017 年 5 月 25 日。同日，双方签订合同编号为 XYCL2017-02-01 的《沭河左堤 34+100-38+900 段堤顶泥结碎石路面专项维修养护材料采购合同》（以下简称 XYCL2017-02-01 合同）。2017 年 3 月 20 日，双方签订合同编号为 XYCL2017-01-06 的《新沂局 2017 年度工程日常维修养护材料采购合同》。

2017 年 5 月 2 日，淮河公司新沂项目部与张某宝签订《供货协议》，约定因福鑫公司不能继续提供块石材料，由张某宝向淮河公司新沂项目部供应块石材料并先行垫资，待工程竣工后，经双方结算材料款签字确认后，由淮河公司新沂项目部将材料款转入福鑫公司的对公账户，然后再支付给张某宝，发票由淮河公司新沂项目部负责协调福鑫公司提供。

2017年4月6日福鑫公司与淮河公司宿迁分公司签订《新沂局2017年度工程日常维修养护价款结算表》，载明2017年3月25日至2017年3月31日石子款合计（取整）4.59万元。2017年6月15日，福鑫公司与淮河公司宿迁分公司签订《XYCL2017-03-01合同价款结算表》，载明：结算期自2017年3月21日-2017年5月22日，块石价款为78万元。福鑫公司在结算表上乙方处签名并加盖印章，张某宝也在结算表乙方处签名。同日，淮河公司新沂项目部与张某宝签订《XYCL2017-03-01合同确认单》，内容为："经淮河公司新沂项目部与张某宝共同确认，自2017年5月2日至2017年5月31日，张某宝提供的块石材料共计人民币大写：伍拾壹万贰仟贰佰元整。"2017年6月15日，福鑫公司与淮河公司宿迁分公司签订《XYCL2017-02-01合同价款结算表》，载明2017年4月15日至2017年5月22日石子款合计（取整）33.63万元。

2017年7月10日，淮河公司宿迁分公司通过南京银行向福鑫公司名下的涉案账户汇入51.22万元。结算业务回单上载明用途为"材料款"。此外，2017年3月20日、2017年4月1日、2017年4月14日，淮河工程集团有限公司宿迁分公司通过南京银行向涉案账户汇入三笔货款，分别为15万元、30万元、20万元。

三、裁判情况

原审法院认为，货币为种类物，以占有为判断所有权的要件。而银行账户是货币占有的一种表现形式，一般应按照账户记载的存款人认定账户内资金的所有权归属，银行与存款人仅需按照银行账户记载的内容行使权利、履行义务，其账户记载内容不需要考虑货币的来源。诉争银行账户是福鑫公司作为开户单位申请设立，对于该账户内的货币由福鑫公司享有所有权，在未转移占有之前不转移所有权。同时，借用账户的行为，为金融管理法规所禁止。《人民币银行结算账户管理办法》明确要求企业或者个人必须以自己的名义开立账户，账户开立后亦必须由自己使用，并明确借用账户行为系违规行为必须予以处罚。本案中福鑫公司将涉案账户借与张某宝使用的行为违反了中国人民银行上述规定，属于违规行为。而且张某宝对涉案账户不具有使用权，故，张某宝对诉争款项不具有排除执行的合法权利。对银行存款的权利归属遵循权利外观主义判断标准，有利于实现个人存款账户实名制的立法目的，有利于指引交易主体规范交易行为、提升风险防范意识，也有利于提升人民法院的执行效率、避免规避执行的乱象产生。综上所述，张某宝对诉争款项不享有排除执行的合法权利，其诉讼请求不能成立。据此，原审法院作出（2017）苏0381民初7027号民事判决：驳回张某宝的诉讼请求。

张某宝不服该判决，上诉至江苏省徐州市中级人民法院（以下简称徐州中院）。徐州中院认为，第一，从法律规定来看。依照《中华人民共和国物权法》第二十三条的规定，动产物权的设立和转让，自交付时发生效力，但法律另有规定的除外。货币作为一种动产，银行账户是货币占有的一种表现形式，涉案账户登记在被执行人福鑫公司名下，是其行使货币占有的一种方式，只要货币合法转入即属于法律规定的合法交付行为，资金所有权自交付时发生转移而成为被执行人的责任财产，其所有权为被执行人所有。因此，涉案51.22万元在转入涉案账户后，即为被执行人福鑫公司所有。张某宝主张涉案款项之所以转入涉案账户，系因其不符合淮河公司新沂项目部的打款条件，而与福鑫公司、淮河公司新沂项目部达成协议，将涉案款项转入涉案账户。张某宝人的此种行为实为借用账户行为，借用人与被借用人内部有关资金的约定不能阻却被执行人的债权人对该资金账户的执行。第二，从上诉人张某宝所主张的实体法律关系及其提交的证据来看。首先，上诉人主张其向淮河公司新沂项目部供应石材系因福鑫公司的采矿许可证到期，无法再供应石材，故由其向淮河公司新沂项目部供应石材。但是，采矿许可到期，丧失的仅是继续采矿的权利，而并不必然影响其出售石材。且上诉人也未提交证据证实其具有采矿资格以佐证其主张。其次，上诉人提交的价款结算表显示货款总额为116.22万元。对于该笔货款，淮河公司宿迁分公司于2017年3月20日和4月1日向福鑫公司支付45万元货款，此后又于2017年4月14日向福鑫公司付款20万元，共计向福鑫公司支付货款65万元。而此时，双方仅于2017年4月6日进行了一笔4.59万元的结算。即在双方于2017年6月15日进行最后结算之前，淮河公司宿迁分公司已向福鑫公司支付货款65万元，除去上诉人所主张的51.22万元，淮河公司宿迁分公司在进行结算之前已经向福鑫公司支付了全部款项，该付款方式与双方在采购合同中的约定不符，亦不符合通常的交易习惯。最后，上诉人在一审中提交其与淮河公司新沂项目部项目经理秦某签字确认的《XYCL2017-03-01 合同确认单》，该确认单记载上诉人提供的块石材料共计 51.22 万元，上诉人主张该 51.22 万元包含在《XYCL2017-03-01 合同结算表》的 78 万元之内，但该结算表所确认的结算期间为 2017 年 3 月 21 日至 2017 年 5 月 22 日，而《XYCL2017-03-01 合同确认单》载明的供货期间则为 2017 年 5 月 2 日至 2017 年 5 月 31 日，与结算表确认的供货期间不一致，该院对此不予采纳。综上，张某宝的上诉主张无事实和法律依据，该院不予支持。据此，徐州中院作出（2018）苏 03 民终 1765 号民事判决：驳回上诉，维持原判。

四、案例注解

因账户借用引发的案外人执行异议之诉，通常表现为如下情形：一方为掩盖自己的身份，与另一方约定，以后者名义开设账户或利用其已有账户进行生产经营；由于出借人对他人负有债务，导致账户被法院采取强制执行措施，借用人向执行法院提起执行异议之诉，以账户内的资金归自己所有为由，请求排除强制执行。

（一）执行异议与执行异议之诉审查标准的差异

根据《异议和复议规定》第 24 条之规定：对案外人提出的排除执行异议，人民法院应当审查案外人是否系权利人，该权利是否真实、合法及该权利能否排除执行。而该规定第 25 条之规定：对案外人就银行存款提出的排除执行异议，人民法院应当以金融机构登记的账户名称判断其是否系权利人。依据这一标准，因存款账户系以被执行人名义开设，故被执行人为银行存款的权利人，账户借用人则并非权利人，因此其异议请求无法获得支持。《异议和复议规定》在银行存款权利人的判断标准上，采取的是形式审查原则。这是因为强制执行以效率为最高追求，其目的在于迅速实现申请执行人的权利，执行异议属于执行程序的组成部分，亦应遵循效率优先的价值理念；而依据法定的权利公示方法所呈现的权利状态与真正的权利状态具有高度的吻合性，[1] 故采取形式审查标准，可在确保执行效率的同时，得出大致合乎客观真实的结论。在执行异议程序中，因账户借用人并非权利人，故对其提出的异议的审查即止步于此，而无需进一

---

[1] 肖建国：《执行标的实体权属的判断标准——以案外人异议的审查为中心的研究》，载《政法论坛》，2010（3）。

步判断其权利能否排除执行。

而案外人执行异议之诉为审判程序，遵循的是公平优先的价值理念。审查标准、审查程序、适用法律及审查结论均可不同于执行异议。因此，理解本条需注意的问题是，在案外人执行异议之诉中，账户借用人的诉讼请求无法获得支持，并非因其对账户内资金不享有权利，而是该项权利不足以排除执行。即这一结论的得出是通过与申请执行人的民事权益进行较量后的结果。

（二）账户借用人所享有之权利的实体法性质

银行账户系货币占有的一种表现形式，故就账户借用人对银行存款享有何种权利的探讨，首先应着眼于货币本身的属性。

1. 货币作为动产的特殊性

货币的本质是固定充当一般等价物的特殊商品，流通性系其生命。货币作为动产，遵循动产物权变动的一般规则，即以交付作为所有权转移的要件，但其又具有不同于一般动产的特殊之处，这主要体现在货币"占有即所有"原则上。所谓"占有即所有"，是指货币的占有权与所有权合二为一，货币的占有人即是为货币的所有人；故无行为能力人交付的货币亦发生所有权转移；不同于一般的动产，货币不能发生返还请求权与占有回复之诉，仅能基于合同关系、不当得利或侵权行为提出相应的请求。[2] 这是因为货币作为种类物，具有无法辨别的困难，如需第三人对货币的实际权利人进行逐一核实，则将无法保障交易安全，亦无法发挥货币作为流通手段的职能。因此，通常情形下，货币占有转移即告所有权转移。

2. 账户借用人的实体权利分析

银行账户系货币行使其作为流通手段之职能的方法之一。故对于银行存款，亦应当适用"占有即所有"的原则。《最高人民法院关于银行、信用社扣划预付货款收贷应否退还问题的批复》（法复〔1994〕1号）即较为清晰地体现出银行存款"占有转移，所有权即转移"的原则。因此，在一方为掩盖自己的身份，而与另一方约定以后者名义开设账户的情形中，本应由借用账户人占有的资金，存入出借人账户名下，转而由出借人占有。此时，出借人取得对银行存款的所有权，而借用人仅能依据合同关系提出相应请求，即借用人对出借人所享有的

---

[2] 乔宇：《执行异议中银行账户资金的权属》，载《人民司法·案例》，2017（5）。

仅为债权请求权。基于债权的平等性，借用人并不享有优先于出借人其他债权人的法律地位。存入出借人账户内的款项，亦将作为出借人的责任财产用于清偿对其债权人的债务；当出借人财产不足以清偿全部债务时，借用人仅能按比例受偿。

（三）账户借用人之权利能否排除执行的考量

如前所述，借用账户法律关系中，借用人对出借人所享有的仅为债权请求权。但在案外人执行异议之诉中，债权并非一律不得排除执行。例如，在满足特定情形下，无过错不动产买受人的债权、房屋消费者的债权即可排除强制执行。而账户借用人所享有的权利之所以无法排除强制执行，系基于以下考量因素：

1. 商事外观主义

所谓商事外观主义原则，是指商事交易行为人的行为意思应以其行为外观为准并适用法律推定规则，商事交易行为完成后，适用"禁止反悔"规则，行为人公示事项与事实不符时，交易相对人可依据外观公示主张权利。[3] 这一原则的出发点在于维护交易安全。如前所述，货币作为价值符号，流通性系其生命，如若要求交易相对人对实际权利人进行核实，将有损于交易的顺利进行；基于此，应当对相对人就银行账户登记的情况产生的信赖利益予以保护。

实践中，就商事外观主义是否适用于账户借用人提起的案外人执行异议之诉，主要的分歧点在于申请执行人是否属于善意第三人。第一种观点认为善意第三人的范围应当着眼于就执行标的存在交易关系的第三人。依据这一观点，申请执行人对作为执行标的的存款账户并无信赖利益，其申请强制执行后，法院查找到被执行人名下的银行账户而予以冻结，作为执行标的的银行账户本身与生效法律文书确定的债权债务之间并无直接关联。第二种观点则认为这是对外观主义的狭隘解读。"商事外观主义其实更是站在宏观层面，着眼于整个商事交易的安全、效率的大环境而言的，而非仅仅并且过于强调必须拘泥于某一个具体交易之中。"[4] 此外，申请执行人亦对执行标的的产生程序法上的信赖利益，

---

[3] 最高人民法院民一庭：《借用账户与账户内资金归属的认定》，载《民事审判指导与参考》（第51辑），168～170页，北京，人民法院出版社，2012。

[4] 司伟：《有限责任公司实际出资人执行异议之诉的裁判理念》，载《人民法院报》，2018-8-22。

其基于权利外观而信赖执行标的为被执行人所有，且为启动执行程序付出了一定的时间、金钱等成本，故其信赖利益亦应得到保护。[5] 结合货币作为流通手段的职能以及其难以识别的特性，第二种观点显然更有利于保障交易安全、降低交易成本。

2. 区分内外关系

区分内外关系，是司法实践中处理虚假登记财产问题时常用的方法。具体到借用账户法律问题中，涉及外部关系，即账户借用人、出借人及其债权人三者关系时，应当从保护善意第三人角度出发，尊重金融机构记载情况的公信力，以外观主义确认银行存款的归属，此时形式要件得以凌驾于实质要件之上；涉及账户借用人与出借人内部关系，此时因无第三人介入的问题，不存在外观主义的适用问题，故应坚持实质要件优于形式要件的原则，法院在查明事实后作出合乎实质正义的裁判结果。而账户借用人提起案外人执行异议之诉的场合，必然涉及第三人利益，此时应当采取涉及外部关系的处理方式，即以外观公示情况推定银行存款的权利人。账户借用人不使用自己的名义开设账户，而通过借用他人账户从事经营活动，对由此产生法律风险应系明知，其通过借用账户获取利益，作为对价，也应当承担由此产生的不利后果。

3. 金融管理秩序之维护

《人民币银行结算账户管理办法》（中国人民银行令［2003］第 5 号）第 65 条第 1 款规定，存款人使用银行结算账户，不得出租、出借银行结算账户。可见，我国有关金融管理规定对借用他人账户的行为亦予否定评价。在账户借用人以其系账户中资金的实际权利人为由提起的案外人执行异议之诉中，如果法院支持案外人的主张，实际上相当于认可了账户借用行为，考虑到法院司法裁判对人们社会生活的指导作用，这样的裁判结果可能诱发人们在民商事交易中广泛采取此种方式逃避债务的履行，从而增加不特定第三人对实际权利人进行识别的难度，最终受损的将是社会交易安全。因此，从维护金融秩序的角度着眼，对于账户借用人提起的执行异议之诉，亦不应予以支持。

（四）例外情形

账户借用人并非一律不得排除强制执行，其有除外情形。账户内资金以

---

[5] 肖建国、庄诗岳：《论案外人执行异议之诉中足以排除强制执行的民事权益——以虚假登记财产的执行为中心》，载《法律适用》，2018（15）。

"占有即所有"为原则，但不可一概而论，还应当着眼于资金的性质及用途。具体而言，相关例外情形是指以下几方面：

一是洗钱、非法集资等违法犯罪使用的借名工具账户，追赃问题不属于民法调整。

二是为解决历史遗留问题，政府拨付到相关改制企业账户的资金，用于改制重组后不能解除劳动合同的职工和退休职工工资、留守处管理人员薪酬等，因上述资金涉及改制企业职工生存权利，故构成本条的例外情形。在既有的司法实践中，亦不乏此类做法。例如，在丹东同合实业有限公司（申请执行人，以下简称丹东同合公司）与吉林铁合金股份有限公司（被执行人，以下简称铁合金股份公司）、中国中钢集团公司（执行案外人，以下简称中钢集团公司）执行异议之诉一案[6]中，吉林省吉林市中级人民法院认为，"丹东同合公司依据生效判决申请对铁合金股份公司所有的642账户执行，账户名称为中钢集团铁合金股份公司留守处，案外人中钢集团公司提出执行异议，认为案涉的642账户虽系铁合金股份公司所有，但该账户系中钢集团公司借用，账户内资金是中钢集团公司根据审定并经国务院国资委批复后拨付给铁合金股份公司留守处的资金，由留守处用于原中钢铁合金股份公司改制重组后不能解除劳动合同的职工和退休职工工资及中钢集团铁合金股份公司改革重组的历史遗留问题，以及留守处管理人员的薪酬等。故该账户内资金不是铁合金股份公司的资金，具有专项资金的性质，中钢集团公司系案涉6442账户的实际权利人，对6442账户享有足以排除强制执行的民事权益"。

三是根据相关环境公益诉讼司法解释，以相关基金会、政府监管账户名义开立的生态损害修复赔偿金账户，借用该账户存入的资金具有公益性质，必须专款专用，不属于开户人所有。财政部等部门联合印发的《生态环境损害赔偿资金管理办法（试行）》（财资环〔2020〕6号）第4条规定，按照国务院授权，省级人民政府、市地级人民政府为本行政区域内生态环境损害赔偿权利人；第6条规定，赔偿权利人指定的相关部门、机构负责执收生态环境损害赔偿协议确定的生态环境损害赔偿资金。因此，省级人民政府、地市级人民政府指定的相关部门、机构负责执收的生态环境损害资金，不应作为该部门、机构的责任财产而用于清偿其自身债务。

---

[6] 吉林省吉林市中级人民法院（2018）吉02民终790号民事判决书。

【相关法条】

《民事诉讼法》第二百三十八条　执行过程中，案外人对执行标的提出书面异议的，人民法院应当自收到书面异议之日起十五日内审查，理由成立的，裁定中止对该标的的执行；理由不成立的，裁定驳回。案外人、当事人对裁定不服，认为原判决、裁定错误的，依照审判监督程序办理；与原判决、裁定无关的，可以自裁定送达之日起十五日内向人民法院提起诉讼。

《民事诉讼法解释》第三百一十条　对案外人提起的执行异议之诉，人民法院经审理，按照下列情形分别处理：

（一）案外人就执行标的享有足以排除强制执行的民事权益的，判决不得执行该执行标的；

（二）案外人就执行标的不享有足以排除强制执行的民事权益的，判决驳回诉讼请求。

案外人同时提出确认其权利的诉讼请求的，人民法院可以在判决中一并作出裁判。

《异议和复议规定》第二十五条　对案外人的异议，人民法院应当按照下列标准判断其是否系权利人：

（一）已登记的不动产，按照不动产登记簿判断；未登记的建筑物、构筑物及其附属设施，按照土地使用权登记簿、建设工程规划许可、施工许可等相关证据判断；

（二）已登记的机动车、船舶、航空器等特定动产，按照相关管理部门的登记判断；未登记的特定动产和其他动产，按照实际占有情况判断；

（三）银行存款和存管在金融机构的有价证券，按照金融机构和登记结算机构登记的账户名称判断；有价证券由具备合法经营资质的托管机构名义持有的，按照该机构登记的实际出资人账户名称判断；

（四）股权按照工商行政管理机关的登记和企业信用信息公示系统公示的信息判断；

（五）其他财产和权利，有登记的，按照登记机构的登记判断；无登记的，按照合同等证明财产权属或者权利人的证据判断。

案外人依据另案生效法律文书提出排除执行异议，该法律文书认定的执行标的权利人与依照前款规定得出的判断不一致的，依照本规定第二十六条规定处理。

第八章

以物抵债协议能否排除执行的适用

【裁判要旨】

案外人基于以物抵债协议受让不动产，在完成不动产法定登记前，案外人不享有不动产的物权期待权，该以物抵债协议并不足以形成优先于一般债权的利益，故不能排除法院的强制执行。

【案例索引】

（2018）京0115民初1804号民事判决书

一、当事人基本情况

原告（执行案外人）：徐某。

被告（申请执行人）：李某。

被告（被执行人）：北京某房地产开发有限公司。

被告（被执行人）：北京某房地产开发有限公司沧州分公司。

被告（被执行人）：张某洪。

二、基本案情

原告徐某向法院提出诉讼请求：1.判令不得执行河北省沧州市永济东路以北、交通大街以东的"新华三里家园"房地产项目×房产（以下简称涉案房屋）；2.确认涉案房屋归徐某所有；3.判令本案诉讼费由被告负担。

事实与理由：李某与北京某房地产开发有限公司（以下简称某房产公司）、北京某房地产开发有限公司沧州分公司（以下简称某房产沧州公司）、张某洪因民间借贷纠纷执行一案，法院查封了涉案房屋。后徐某提出案外人异议，法院驳回异议请求。2014年7月21日，在涉案房屋查封之前徐某就与某房产沧州公司签订了涉案房屋的买卖合同，并于2014年7月23日付清全款，而且涉案房屋由徐某居住使用。徐某名下无其他用于居住的房屋，符合相关法律规定。另，涉案房屋未登记并非徐某的过错。

被告李某辩称，不同意徐某的诉讼请求，李某也有涉案房屋的《意向客户确认单》，涉案房屋是以物抵债的，且存在多个人的抵债。

被告某房产公司、某房产沧州公司、张某洪均未作答辩。

法院查明：李某与某房产公司、某房产沧州公司、张某洪民间借贷纠纷一案，法院于2015年9月16日作出（2015）大民（商）初字第11055号民事调解书，某房产公司、某房产沧州公司、张某洪连带偿还李某本金 7 905 000 元、利息及诉讼费 67 135 元。后李某向法院申请强制执行。法院于 2015 年 11 月 2 日对涉案房屋予以查封。徐某作为案外人向法院提出执行异议，法院于 2017 年 12 月 5 日作出（2017）京 0115 执异 80 号执行裁定书，裁定驳回案外人徐某的异议请求。徐某不服该裁定，向法院提起执行异议之诉，即本案。

2014 年 7 月 23 日，徐某等五人与第三人徐某祥签订《协议书》，载明："因债务人沧州市镇业投资有限公司徐某祥 2013 年 10 月 15 日向债权人陈某峰、陈某、杨某安、韩某顺、徐某借款伍佰肆拾壹万元整，期限三个月，月利率 1%。借款到期后债务人徐某祥无力偿还，经双方协定，债务人徐某祥将其名下的沧州市三里家园房产九套，抵顶债务伍佰肆拾壹万元整……"。上述九套房产中包括涉案房屋。根据徐某提交的某房产公司与徐某祥的《借款往来明细》，某房产公司与徐某祥存在借贷关系，于 2014 年 10 月 10 日将涉案房屋通过以物抵债的方式对债权债务进行核销，后徐某祥将涉案房屋再次通过以物抵债的方式转让给徐某等五人。

2014 年 7 月 21 日，徐某签订《意向客户确认单》，载明：客户意向房源信息为涉案房屋，总价为 700 380 元，客户为徐某，并在客户须知中约定"意向客户填写此单后等待本项目正式开盘的通知，接到通知后 7 日内办理购房签约相关手续并补交购房尾款或办理银行按揭贷款……"。2014 年 7 月 23 日，某房产沧州公司为徐某出具收款收据一份，载明：收到徐某涉案房屋房款 658 357.2 元。

三、裁判情况

法院认为：本案争议的焦点为徐某是否对涉案房屋享有物权期待权并足以排除强制执行。首先，依据徐某与徐某祥签订的《协议书》、某房产公司与徐某祥的《借款往来明细》，及徐某签订《意向客户确认单》的内容可确认，涉案房屋为某房产公司抵顶其对徐某的债务，而非徐某买卖之标的物。虽然徐某签订的《意向客户确认单》载明了意向房源信息、客户信息、房屋总价款等具体情况，应认定名为房屋买卖合同实为以物抵债协议。以物抵债协议首先以消灭金钱债务为目的，而物的交付仅为以物抵债的实际履行方式，此与《最高人民法院关于人民法院办理执行异议和复议案件若干问题的规定》第二十九条所规定的基于买卖而产生的物权期待权具有基础性的区别。因而，基于以物抵债而拟受让不动产的买受人，在完成不动产法定登记之前，该以物抵债协议并不足以形成优先于一般债权的利益，不能据此产生针对交易不动产的物权期待权。故徐某依据签订的《协议书》《意向客户确认单》而产生的权利仍未超过债权之维度，并无任何物权化的属性。其次，徐某仅提交了收款收据，并未提交其他证据佐证徐某与徐某祥、某房产公司与徐某祥借贷关系的客观存在，法院亦无法核实各方借款事实的真实性。

综上所述，徐某对涉案房屋不享有足以排除强制执行的民事权益。对于徐某的诉讼请求，法院予以驳回。据此，判决驳回徐某的诉讼请求。

四、案例注解

本案的核心问题是，该案是否属于案外人享有不动产物权期待权而排除执行的情形。

本案中，涉案房屋为某房产公司抵顶其对徐某的债务，某房产公司与徐某之间实际上构成了以物抵债的法律关系。在判断本案原告，即执行案外人徐某是否享有不动产物权期待权之前，需要厘清以物抵债协议的性质问题。

（一）理论基础

债务履行期限届满后的以物抵债协议，是指债务履行期限届满后，债权人与债务人约定以交付动产、不动产，转让财产性权利或提供劳务等新给付替代原定给付的协议。[1] 我国《民法典》合同编并未明确规定以物抵债协议，故其属于无名合同。实践中，我国法官在处理此类案件时不乏援引传统民法理论作为审理依据的做法。其中，又以代物清偿、债的更改和新债清偿理论为最盛。

1. 代物清偿与新债清偿理论概述

（1）代物清偿

所谓代物清偿，是指以其他给付替代原给付，从而使债权消灭的债权人与给付人之间的契约。代物清偿的效力在于，在新债务未履行前，旧债务不消灭；当新债务履行后，旧债务同时消灭。[2] 代物清偿的成立，必须具备以下要件：

---

[1] 施建辉：《以物抵债契约研究》，载《南京大学学报（哲学·人文科学·社会科学）》，2014（6）。
[2] 最高人民法院（2011）民提字第210号民事判决书。

须有债权之存在、须有债务人以他种给付代替原定给付、须有当事人之合意、债权人须已受领该他种给付。[3] 由代物清偿的成立要件可知，代物清偿以债权人实际受领他种给付作为成立要件，属于实践合同。

最高人民法院（2011）民提字第210号民事判决书即在说理部分使用了代物清偿理论："成都港招公司与招商局公司双方协议以土地作价清偿的约定构成了代物清偿法律关系。依据民法基本原理，代物清偿作为清偿债务的方法之一，是以他种给付代替原定给付的清偿，以债权人等有受领权的人现实地受领给付为生效要件，……本案中，成都港招公司与招商局公司虽然签订了《债权债务清算协议书》并约定'以物抵债'的代物清偿方式了结双方债务，但由于该代物清偿协议并未实际履行，因此双方原来的3481.55万元的金钱债务并未消灭，招商局公司仍对成都港招公司负有3481.55万元的金钱债务。"

（2）新债清偿

这种做法是将以物抵债协议类型化为债的更改和新债清偿。债的更改是成立新债务，同时消灭旧债务；新债清偿则是新债旧债并存。两者的区别在于：如果当事人并未明确约定消灭旧债，则为新债清偿；反之则为债的更改。[4] 由于本案的以物抵债协议中并无明确的消灭旧债的合意，故本案仅讨论新债清偿的情形。

新债清偿的效力为，在新债务未履行前，旧债务不消灭；当新债务履行后，旧债务同时消灭。[5] 以新债清偿理论来解释以物抵债协议时，以物抵债协议的性质为诺成合同，即债权人与债务人就以他种给付代替原给付达成合意时即告成立，而无须债权人现实受领该他种给付。新债清偿理论下，还涉及新旧债务履行先后顺序的问题，该理论认为，债权人只能先行使新债务的请求权；若新债务届期不履行或以物抵债协议目的不能实现时，债权人有权请求履行旧债。[6] 援引新债清偿理论的典型案例则有最高人民法院（2016）最高法民终484号民事判决。

2. 以物抵债协议的性质

如果分别以上述两种理论来解读本案的以物抵债协议，则本案将得到不同

---

[3] 黄立：《民法债编总论》，670页，北京，中国政法大学出版社，2002。
[4] 司伟：《债务清偿期届满后以物抵债协议的性质与履行》，载《人民司法》，2018（2）。
[5] 司伟：《债务清偿期届满后以物抵债协议的性质与履行》，载《人民司法》，2018（2）。
[6] 司伟：《债务清偿期届满后以物抵债协议的性质与履行》，载《人民司法》，2018（2）。

的处理结果。

根据代物清偿理论，债权人受领他种给付，以物抵债协议才成立。如若将本案的以物抵债协议解释为代物清偿，则由于涉案房屋并未转移登记至案外人名下，案外人尚未取得房屋的所有权，故以物抵债协议并未成立，因此，也就没有必要继续讨论案外人可否依据该以物抵债协议请求排除执行了。

根据新债清偿理论，本案中的以物抵债协议为诺成合同，此时已成立。根据该理论关于新旧债务先后顺序的安排，债权人应先行使新债请求权。而本案中作为债权人的案外人向法院提出排除执行异议之诉，正是其优先行使新债请求权的一种体现。

比较而言，笔者赞成以新债清偿来解释以物抵债协议。主要基于以下两方面考虑：一是近代民法遵照合同自由原则，合同以诺成为原则，以实践为例外，实践性合同需有法律的明文规定。故将以物抵债协议解释为诺成合同符合合同法发展的整体趋势。[7] 二是从现实出发，在我国，双方达成以物抵债合意而未实际交付才是纠纷产生的普遍、常见情形。[8] 因此，笔者认为，将以物抵债协议解读为新债清偿，更具有法律和现实意义。

（二）法律适用

在以物抵债协议成立的前提下，本案需判断案外人享有的是何种权利，该项权利能否排除法院的强制执行。以下笔者主要探讨用以替代原定给付的他种给付为房产时，即具体到以房抵债协议时，案外人是否存在成立物权期待权的可能。

1. 现有裁判思路梳理

在司法实践中，针对案外人依据以房抵债协议请求排除执行的情形，已形成以下两种裁判思路：

一种思路是案外人依据以房抵债协议，且满足特定情形时，可成立不动产物权期待权，从而排除法院强制执行。这一裁判思路通常类推适用《最高人民法院关于人民法院办理执行异议和复议若干问题的规定》（以下简称《异议和复议规定》）第28条或29条关于不动产物权期待权的规定。即：（1）他种给付为

---

[7] 司伟：《债务清偿期届满后以物抵债协议的性质与履行》，载《人民司法》，2018（2）。
[8] 施建辉：《以物抵债契约研究》，载《南京大学学报（哲学·人文科学·社会科学）》，2014（6）。

二手房的，受让人在法院查封前已签订合法有效的以物抵债协议，在法院查封前已合法占有该不动产，已支付全部价款或已按照合同约定支付部分价款且将剩余价款按照人民法院的要求交付执行，且非因受让人自身原因未办理过户登记的，应认定受让人就该不动产享有物权期待权。相关的案例有最高人民法院（2016）最高法民申79号民事裁定书。（2）他种给付为房地产开发企业名下的商品房的，则参照适用该规定第29之规定，不再详述。

另一种思路是案外人依据以房抵债协议不得排除执行。此种观点认为以物抵债协议之订立仅仅是通过交付房屋以消灭金钱债务，双方并非单纯买卖房屋，该协议本身不必然地引起房屋权属的变动。在完成房屋变更登记之前，以房抵债协议并不形成优于其他债权的利益。[9] 相关案例有最高人民法院（2017）最高法民终356号民事判决书。

2. 本案的裁判思路

笔者持上述第二种观点。主要基于以下两方面考虑：

（1）物权期待权的立法意旨

买受人物权期待权是指，对于签订买卖合同的买受人，在已履行合同部分义务的情况下，虽尚未取得合同标的物所有权，但赋予其类似所有权人的地位，其物权的期待权具有排除执行等物权效力。[10] 根据我国《民法典》物权编的规定，不动产物权变动以登记为生效。涉案房屋转移登记至案外人以前，案外人尚未取得房屋的所有权，案外人只享有要求被执行人交付房屋的请求权，该请求权仅为债权，无法对抗被执行人的其他债权人提出的受偿要求。但是，考虑到我国现行房地产开发和登记制度不完善等现实情况，及不动产作为人民群众基本生活资料的重要地位等方面的因素，司法解释引入买受人物权期待权理论，对不动产买受人作出了予以优先保护的安排。[11]

由此可见，《异议和复议规定》实际上是从利益平衡角度出发，对这一不动产变动登记生效原则进行了一定的突破。正因为其是对既定原则的突破，因此物权期待权的适用条件应当被严格限定，而不能随意类推适用，从而防止其动

---

[9] 最高人民法院（2017）最高法民终356号民事判决书。
[10] 江必新、刘贵祥主编：《最高人民法院关于人民法院办理执行异议和复议案件若干问题规定理解与适用》，422页，北京，人民法院出版社，2015。
[11] 江必新、刘贵祥主编：《最高人民法院关于人民法院办理执行异议和复议案件若干问题规定理解与适用》，411～422页，北京，人民法院出版社，2015。

摇物权变动登记生效原则的根基。

（2）以物抵债法律关系与物权期待权法律关系的区别

从主观上看，以物抵债的双方当事人，在达成以物抵债协议时，并非想要单纯地买卖房屋，而是以一种变通的方式来消灭原有的金钱债务。这与受物权期待权保护的买受人的主观意图是不一样的。房屋买受人与被执行人签订买卖合同时，双方均具有买卖房屋的真实意思表示。具体到本案，如果适用《异议和复议规定》关于物权期待权的有关规定，会出现怎样的现实问题呢？

《异议和复议规定》第28条的规定以案外人在法院查封前已合法占有不动产为必要条件，但本案的案外人并未提交任何证据证明其已占有涉案房屋，故本案无法适用该条的规定。本案中，涉案房屋是由房地产经营者所开发的商品房，且案外人名下其他用于居住的房屋，故存在适用该规定第29条关于消费者物权期待权的保护条款存在适用之可能。因此我们对第29条进行进一步分析。

《异议和复议规定》第29条的规定体现的是生存权至上的基本理念。正是基于对房屋消费者弱势地位的保护，《异议和复议规定》在设置第29条时，既不需消费者主观上无过错，亦不需其合法占有房屋，还不需其支付全部价款或将剩余价款交付执行，相比于第28条，该条所设定的条件要宽松得多。由于房屋消费者成立物权期待权的条件相对宽松，故对房屋消费者身份的认定，就更应从严把握。从这一角度出发，房屋消费者身份的取得不应是一种具有或然性的情形，试想，如果本案中以物抵债协议的相对方为一般民事主体而非房地产经营者，则根本不存在第29条适用的余地。因此，不能仅仅因以物抵债协议对方当事人商品房经营者的特殊身份，而使案外人相应地获得商品房消费者的地位。换言之，如果可以类推适用物权期待权保护条款，那么同样是以消灭旧债务为目的的以物抵债，债权人则可能因债务人身份之不同，从而获得适用第28条或第29条两种不同程度的保护。这种或然性的不合理之处也是笔者认为应考察房屋受让人订立合同时的主观意思的重要原因。

本案中，涉案房屋为被执行人某房产公司抵顶其对案外人徐某的债务，而非案外人徐某买卖之标的物。案外人徐某签订《意向客户确认单》的目的在于消灭案外人对某房产公司的债权而非单纯的房屋买卖，不能体现双方具有买卖房屋的真实意思。且讼争房屋并未完成权属登记的变更手续，债权人只有债权请求权，而非物权，故并不形成优于其他债权的利益；否则将损害其他与某房产公司之间存有债权债务关系的当事人的合法权利救济途径。

综上所述，笔者认为，基于以物抵债而拟受让不动产的买受人，在完成不动产法定登记之前，该以物抵债协议并不足以形成优先于一般债权的利益，不能据此产生针对交易不动产的物权期待权，不得对抗法院的强制执行。

（三）立法建议

笔者认为，受让人在签订合同时，必须主观上具有购买不动产的目的，才能适用物权期待权的有关规定。但《异议和复议规定》第 28 条及 29 条存在解释空间，使得司法实践中对于案外人能否基于以物抵债协议获得物权期待权而产生认识上的分歧，造成同类型案件司法裁判规则的不统一。对此，笔者提出建议如下：在后续出台执行异议之诉相关司法解释时，在一般买受人物权期待权保护条款及消费者物权期待权保护条款中加上主观限制条件，即将现有第一款改为"在人民法院查封之前，案外人已基于购买不动产（或商品房）的目的，与被执行人签订合法有效的书面合同"，从而排除以物抵债协议对这两个条款的适用。

【相关法条】

《民事诉讼法》第二百三十八条 执行过程中，案外人对执行标的提出书面异议的，人民法院应当自收到书面异议之日起十五日内审查，理由成立的，裁定中止对该标的的执行；理由不成立的，裁定驳回。案外人、当事人对裁定不服，认为原判决、裁定错误的，依照审判监督程序办理；与原判决、裁定无关的，可以自裁定送达之日起十五日内向人民法院提起诉讼。

《民事诉讼法解释》第三百一十条 对案外人提起的执行异议之诉，人民法院经审理，按照下列情形分别处理：

（一）案外人就执行标的享有足以排除强制执行的民事权益的，判决不得执行该执行标的；

（二）案外人就执行标的不享有足以排除强制执行的民事权益的，判决驳回诉讼请求。

案外人同时提出确认其权利的诉讼请求的，人民法院可以在判决中一并作出裁判。

《最高人民法院关于人民法院办理执行异议和复议案件若干问题的规定》第二十八条 金钱债权执行中，买受人对登记在被执行人名下的不动产提出异议，符合下列情形且其权利能够排除执行的，人民法院应予支持：

（一）在人民法院查封之前已签订合法有效的书面买卖合同；

（二）在人民法院查封之前已合法占有该不动产；

（三）已支付全部价款，或者已按照合同约定支付部分价款且将剩余价款按照人民法院的要求交付执行；

（四）非因买受人自身原因未办理过户登记。

第二十九条　金钱债权执行中，买受人对登记在被执行的房地产开发企业名下的商品房提出异议，符合下列情形且其权利能够排除执行的，人民法院应予支持：

（一）在人民法院查封之前已签订合法有效的书面买卖合同；

（二）所购商品房系用于居住且买受人名下无其他用于居住的房屋；

（三）已支付的价款超过合同约定总价款的百分之五十。

第九章

以物抵债裁定书能否排除执行的判断

【裁判要旨】

执行法院作出的以物抵债裁定书是否损害其他债权人合法权益和社会公共利益，由作出以物抵债裁定的执行法院在其已知的债权债务层面进行审查。一旦裁定生效，执行异议之诉的审理法院不应对其效力予以否认。以物抵债裁定确有错误的，应当由执行法院通过执行监督程序予以纠正。在该裁定撤销前，案外人依此提出排除执行异议且其权利能够排除执行的，人民法院应予支持。

【案例索引】

（2018）京 0115 民初 14044 号民事判决书

一、当事人基本情况

原告（执行案外人）：杨某。

被告（申请执行人）：北京东方宏业家具有限公司。

第三人（被执行人）：鄂尔多斯市凯旋门饭店有限责任公司。

二、基本案情

原告杨某向法院提出诉讼请求：撤销（2015）大执字第 02715-1 号执行裁定书中对鄂尔多斯市凯旋门饭店有限责任公司在准格尔煤田农村信用合作联社所持 220 万元股权中 200 万元股权的冻结，停止对上述 200 万元股权（以下简称涉案股权）的执行。

事实和理由：杨某对王某享有 480 万元债权，鄂尔多斯市凯旋门饭店有限责任公司（以下简称凯旋门公司）对上述债权承担担保责任。2015 年 5 月 10 日，经杨某申请，内蒙古鄂托克旗人民法院（以下简称鄂托克旗法院）作出（2015）鄂托立保字第 43 号民事裁定书，将凯旋门公司在准格尔煤田农村信用合作联社（以下简称准格尔信用社）的股本金 200 万元予以冻结，并向准格尔信用社和准格尔旗工商局送达协助执行通知书和协助公示通知书。准格尔信用社于 2015 年 5 月 25 日向鄂托克旗法院提出股权保全复议申请书，其认为在鄂托克旗法院对上述股权采取冻结前，凯旋门公司已经将该股权以 200 万元的价格转让给准格尔信用社，鄂托克旗法院审查后，作出（2015）鄂法执异字第 34 号民事裁定书，裁定驳回了准格尔信用社的异议，准格尔信用社在法定期间内没有提起诉讼。2015 年 6 月 26 日，杨某与王某、凯旋门公司在鄂托克旗法院主持下达成（2015）鄂托民初字第1638号民事调解书，约定王某应于2015年7月16日前一次性向杨某偿还借款480万元，凯旋门公司对上述债务承担连带清偿责任。因王某到期未履行还款义务，杨某向鄂托克旗法院申请强制执行。在执行期间，三方于2015年10月19日达成执行和解协议，主要内容为：凯旋门公司将其在准格尔信用社的股份中的200万元等额代王某偿还上述480万元债务中的200万元。鄂托克旗法院根据上述执行和解协议作出（2015）鄂托执字第1609号执行裁定书，并于2015年10月20日向双方送达。此后，杨某持上述裁定书到准格尔信用社要求协助其办理涉案股权的变更登记，但准格尔信用社不予配合。鄂托克旗法院于2015年11月10日向准格尔信用社送达（2015）鄂托执字第1609号协助执行通知书，要求准格尔信用社配合杨某办理涉案股权的变更登记。随后，准格尔信用社向鄂托克旗法院提出执行异议，称涉案股权已由内蒙古准格尔旗人民法院（以下简称准格尔旗法院）以（2014）准法执字第22号执行裁定书冻结，其无法履行协助义务。鄂托克旗法院对上述异议审查后，以（2015）鄂法执异字第75号执行裁定书驳回准格尔信用社的异议请求，准格尔信用社在法定期间内未申请复议。准格尔旗法院对涉案股权的冻结措施在2017年5月3日到期后，未予继续冻结。在此期间，准格尔信用社以种种理由拒绝协助办理股权变更登记。鉴于此，杨某与鄂托克旗法院的执行人员于2017年7月前往准格尔旗工商行政管理局直接办理股权的工商变更登记，才得知涉案股权已被北京市大兴区人民法院（以下简称大兴法院）冻结。鄂托克旗法院已裁定将涉案股权归属于杨某，未能办理涉案股权变更登记的原因是准格尔信用社不协助，并非杨某的责任。综上所述，请求法院支持杨某的诉讼请求。

被告北京东方宏业家具有限公司（以下简称东方宏业公司）辩称，不同意杨某的诉讼请求。第一，杨某在鄂托克旗法院起诉时，对涉案股权进行了保全，后因未继续冻结导致冻结措施解除，由此产生的不利后果应由其自行承担。准格尔旗法院作为首次对涉案股权采取冻结措施的法院，同样未采取继续冻结措施，亦应视为放弃相应权利。大兴法院作为第三家法院对涉案股权采取冻结措施，在前两家法院到期后均未继续采取冻结措施的情况下，冻结股权的利益理应转移至东方宏业公司享有。第二，杨某虽与凯旋门公司达成和解，但未就涉案股权办理过户手续，不具有对抗效力。第三，东方宏业公司对凯旋门公司的债权经大兴法院确认的时间早于杨某对凯旋门公司债权经法院确认的时间，对于杨某的债权情况，东方宏业公司并不知情。大兴法院冻结涉案股权后，杨某便丧失相关权利，其损失应由其自行承担。第四，鄂托克旗法院准许杨某与凯旋门公司之间以执行和解方式结案，侵犯了东方宏业公司的利益，违反法定程序。且执行和解发生在东方宏业公司申请执行后，凯旋门公司与杨某达成和解，其主观上存在恶意，东方宏业公司不予认可。第五，如果杨某的损失与准格尔信用社有关，应由准格尔信用社予以赔偿。综上所述，请求法院驳回杨某的诉讼请求。

第三人凯旋门公司未参加庭审，但提交书面答辩状陈述，对鄂托克旗法院的调解书无异议，对鄂托克旗法院作出的（2015）鄂托执字第1609号执行裁定书无异议。

法院查明：东方宏业公司与凯旋门公司定作合同纠纷一案，大兴法院于2014年12月18日作出（2014）大民（商）初字第13740号民事调解书，调解内容为：凯旋门公司给付东方宏业公司 1 357 100 元了结此案（于2015年2月15日前给付357 100元，于2015年6月15日之前给付500 000元，于2015年8月15日前给付500 000元），双方就此案再无其他争议；如果凯旋门公司任意一期不能按照上述约定的时间给付，则东方宏业公司有权要求凯旋门公司支付全部欠款，并有权要求凯旋门公司加倍支付迟延履行期间的债务利息。调解书生效后，凯旋门公司并未如期履行相应的法律义务，故东方宏业公司向法院申请强制执行。

在执行过程中，法院于2016年8月8日向内蒙古自治区准格尔旗市场监督管理局送达（2015）大执字第02716-1号执行裁定书、协助执行通知书、协助公示执行信息需求书，将凯旋门公司持有准格尔信用社的股权予以冻结，杨某作为案外人对此提出书面异议，法院于2018年7月3日作出（2018）京0115执异108号执行裁定书，裁定驳回杨某的异议请求。杨某不服该裁定，向法院提起案外人执行异议之诉。

2015年5月10日，鄂托克旗法院就杨某与王某、凯旋门公司借贷纠纷一案，作出（2015）鄂托立保全字第43号民事裁定书，裁定将凯旋门公司在准格尔信用社的股本金200万元予以冻结。2015年5月11日，鄂托克旗法院向准格尔信用社送达（2015）鄂托立保全字第43号民事裁定书、协助执行通知书，准格尔信用社拒签上述文书。同日，鄂托克旗法院向准格尔旗工商行政管理局送达（2015）鄂托立保全字第43号民事裁定书、协助公示通知书、协助公示执行信息需求书，将涉案股权予以公示。准格尔信用社不服，向鄂托克旗法院提出异议。2015年6月25日，鄂托克旗法院作出（2015）鄂法执异字第34号民事裁定书，裁定驳回准格尔信用社的异议申请。

2015年6月26日，鄂托克旗法院就杨某与王某、凯旋门公司借贷纠纷一案，作出（2015）鄂托民初字第1638号民事调解书，内容为：王某欠杨某借款480万元，于2015年7月16日前一次性付清；凯旋门公司对上述欠款承担连带偿还责任。

2015年10月19日，杨某与凯旋门公司达成执行和解协议，协议内容为：凯旋门公司自愿以其在准格尔信用社的股本金200万元抵顶欠杨某的200万元债务，剩余债务双方另行协商。2015年10月20日，鄂托克旗法院作出（2015）鄂托执字第1609号执行裁定书，裁定将凯旋门公司以自有的准格尔信用社股本金200万元抵顶部分债务，交付杨某；上述股本金所有权自裁定送达杨某时转移；杨某可持该裁定书到有关机构办理相关产权过户登记手续。

2015年11月10日，鄂托克旗法院向准格尔信用社送达（2015）鄂托执字第1609号执行裁定书、协助执行通知书，准格尔信用社提出书面异议。2015年12月7日，鄂托克旗法院作出（2015）鄂法执异字第75号执行裁定书，裁定驳回准格尔信用社的异议申请。

2015年12月10日，鄂托克旗法院作出公告并随后在人民法院报上公示，公告内容为："准格尔信用社全体股东：关于我院执行的杨某申请凯旋门公司、王某民间借贷纠纷一案，申请执行人与被执行人在执行中就我院已查封的被执行人凯旋门公司在准格尔信用社的股本金200万元达成等价折抵债务的执行和解协议。现根据相关法律通知你在本公告发出后60日内向我院提出行使股东优先权的书面申请，逾期视为放弃股东优先权，我院将依法确认申请执行人杨某取得上述股权。"

三、裁判情况

法院认为：金钱债权执行中，案外人依据执行标的被查封、扣押、冻结前作出的另案生效法律文书提出排除执行，该法律文书系受让执行标的的以物抵债裁定，人民法院应予支持。本案争议的焦点为杨某提交的（2015）鄂托执字第1609号执行裁定书能否排除执行。第一，鄂托克旗法院于2015年10月20日作出（2015）鄂托执字第1609号执行裁定书，法院于2016年8月8日对涉案股权予以冻结，鄂托克旗法院作出裁定的时间在法院冻结前；第二，根据杨某与凯旋门公司达成执行和解协议，鄂托克旗法院作出（2015）鄂托执字第1609号执行裁定书，裁定将涉案股权抵顶并交付杨某，故该执行裁定书系杨某受让涉案股权的以物抵债裁定；第三，鄂托克旗法院依法将（2015）鄂托执字第1609号执行裁定书送达给当事人及准格尔信用社，并在人民法院报上公告通知股东关于涉案股权优先购买权事宜，故该执行裁定书已经生效。

综上所述，杨某对涉案股权享有足以排除强制执行的民事权益，对于杨某的诉讼请求，法院予以支持。判决停止对凯旋门公司在准格尔信用社所持220万元股权中200万元股权的执行。

四、案例注解

根据《异议和复议规定》第26条第1款第3项之规定，金钱债权执行中，案外人依据执行标的被查封、扣押、冻结前作出的另案生效法律文书提出排除执行异议，该法律文书系案外人受让执行标的的拍卖、变卖成交裁定或者以物抵债裁定且其权利能够排除执行的，应予支持。

本案的特殊之处在于，本案原告杨某据以提出排除执行异议的以物抵债裁定，系鄂托克旗法院依据杨某与凯旋门公司达成的执行和解协议作出。本案在审理过程中，关于另案中人民法院基于执行当事人之合意作出的以物抵债裁定，能否作为本案中案外人提出排除执行异议所依据的法律文书，合议庭观点存在分歧。而这一分歧的关键在于对以物抵债裁定效力的认定。

以下笔者将就以物抵债裁定效力的认定予以梳理，并在此基础上对本案加以评析。

（一）以物抵债裁定效力认定的相关问题

1. 执行过程中以物抵债的类型

根据现有法律规定，执行过程中的以物抵债有三种情形：一是流拍后的以物抵债；二是执行当事人合意的以物抵债；三是被执行人的财产无法拍卖或变卖时的以物抵债。由于本案例仅涉及第二种情形，故笔者重点就其加以详述。

1992年《最高人民法院关于适用〈民事诉讼法〉若干问题的意见》（以下简称《民事诉讼法意见》）第301条规定："经申请执行人和被执行人同意，可以不经拍卖、变卖，直接将被执行人的财产作价交申请执行人抵偿债务，对剩余债务，被执行人应当继续清偿。"2015年施行的《民事诉讼法解释》第491条在沿用上述条文的基础之上，增加了"不损害其他债权人合法权益和社会公共利益"的限制条件。因此，拍卖、变卖程序并非以物抵债的必经前置程序，经执行当事人同意且不损害其他债权人合法权益和社会公共利益时，人民法院也可不经拍卖、变卖直接将被执行人财产作价交申请执行人抵偿债务。

2. 法院可否对当事人合意的以物抵债而作出裁定

关于这一问题，实践中一直存在争议。在《民事诉讼法解释》制定之初，曾有一种方案是在《民事诉讼法意见》第301条基础上增设第2款：符合前款规定的，人民法院不予出具以物抵债执行裁定书。但这一方案存在争议，因为围绕执行当事人合意的以物抵债，能否做出执行裁定予以确认，存在不同认识。支持者认为，其符合双方当事人的意思，且如果不予作出执行裁定，则在抵债财产被查封的情况下，双方当事人的以物抵债协议难以履行；而反对者则认为，直接裁定可能会成为当事人恶意串通危害第三人利益或规避行政审查的手段。最终的定稿则平衡了两种观点，即在《民事诉讼法意见》第301条基础上增设了"不损害其他债权人合法权益和社会公共利益"的限制条件。[1]但《民事诉讼法解释》就此种情况下能否作出以物抵债裁定，并未作出明确规定。

直至2018年3月1日起施行的《执行和解规定》对这一问题给予明确回应。其第6条规定：当事人达成以物抵债执行和解协议的，人民法院不得依据该协议作出以物抵债裁定。

3. 对"以物抵债裁定"的理解

运用体系解释的方法，结合《执行和解规定》第六条的规定，执行过程中，当事人合意的以物抵债，人民法院不得出具确认裁定。因此《执行和解规定》施行后，《异议和复议规定》第26条第1款第3项中的以物抵债裁定实际上排除了人民法院根据当事人合意作出的以物抵债裁定的适用。

（二）本案中关于另案以物抵债裁定的效力认定

1. 该另案以物抵债裁定是否与现行规定相冲突

结合《民事诉讼法解释》第491条规定，以法定程序裁定以物抵债的，标

---

[1] 江必新、刘贵祥主编：《最高人民法院执行最新司法解释统一理解与适用》，61～62页，北京，中国法制出版社，2016。

的物所有权自抵债裁定送达接受抵债物的债务人时转移。换言之，以物抵债裁定可以导致物权变动。

本案原告所依据的以物抵债裁定作出的时间是在《执行和解规定》施行以前。其时，法律并未禁止人民法院就当事人之间的以物抵债合意作出确认裁定。笔者认为，应认定此种情况下的确认以物抵债效力的执行裁定具有公法效力，能够作为物权转移的依据。

本案中，鄂托克旗法院依法将（2015）鄂托执字第1609号执行裁定书送达给当事人及准格尔信用社，并在人民法院报上公告通知股东关于涉案股权优先购买权事宜，故该执行裁定书已经生效且可以作为物权变动的依据。

2. 该另案以物抵债裁定的效力

关于该裁定是否损害其他债权人合法权益和社会公共利益，由作出以物抵债裁定的执行法院在其已知的债权债务层面进行审查。一旦裁定生效，执行异议之诉的审理法院不应对其效力予以否认。以物抵债裁定确有错误的，应当由执行法院通过执行监督程序予以纠正。在该裁定撤销前，案外人依此提出排除执行异议且其权利能够排除执行的，应予支持。

综合本案中另案以物抵债裁定作出时所处的历史环境及当时的立法规定，对于作为案外人的原告的诉讼请求，人民法院应当予以支持。

【相关法条】

《民事诉讼法》第二百三十八条　执行过程中，案外人对执行标的提出书面异议的，人民法院应当自收到书面异议之日起十五日内审查，理由成立的，裁定中止对该标的的执行；理由不成立的，裁定驳回。案外人、当事人对裁定不服，认为原判决、裁定错误的，依照审判监督程序办理；与原判决、裁定无关的，可以自裁定送达之日起十五日内向人民法院提起诉讼。

《民事诉讼法解释》第三百一十条　对案外人提起的执行异议之诉，人民法院经审理，按照下列情形分别处理：

（一）案外人就执行标的享有足以排除强制执行的民事权益的，判决不得执行该执行标的；

（二）案外人就执行标的不享有足以排除强制执行的民事权益的，判决驳回诉讼请求。

案外人同时提出确认其权利的诉讼请求的，人民法院可以在判决中一并作出裁判。

第四百九十条 经申请执行人和被执行人同意,且不损害其他债权人合法权益和社会公共利益的,人民法院可以不经拍卖、变卖,直接将被执行人的财产作价交申请执行人抵偿债务。对剩余债务,被执行人应当继续清偿。

第四百九十一条 拍卖成交或者依法定程序裁定以物抵债的,标的物所有权自拍卖成交裁定或者抵债裁定送达买受人或者接受抵债物的债权人时转移。

《执行和解规定》第六条 当事人达成以物抵债执行和解协议的,人民法院不得依据该协议作出以物抵债裁定。

《异议和复议规定》第二十六条 金钱债权执行中,案外人依据执行标的被查封、扣押、冻结前作出的另案生效法律文书提出排除执行异议,人民法院应当按照下列情形,分别处理:

(一)该法律文书系就案外人与被执行人之间的权属纠纷以及租赁、借用、保管等不以转移财产权属为目的的合同纠纷,判决、裁决执行标的归属于案外人或者向其返还执行标的且其权利能够排除执行的,应予支持;

(二)该法律文书系就案外人与被执行人之间除前项所列合同之外的债权纠纷,判决、裁决执行标的归属于案外人或者向其交付、返还执行标的的,不予支持;

(三)该法律文书系案外人受让执行标的的拍卖、变卖成交裁定或者以物抵债裁定且其权利能够排除执行的,应予支持。

金钱债权执行中,案外人依据执行标的被查封、扣押、冻结后作出的另案生效法律文书提出排除执行异议的,人民法院不予支持。

非金钱债权执行中,案外人依据另案生效法律文书提出排除执行异议,该法律文书对执行标的权属作出不同认定的,人民法院应当告知案外人依法申请再审或者通过其他程序解决。

申请执行人或者案外人不服人民法院依照本条第一、二款规定作出的裁定,可以依照《民事诉讼法》第二百二十七条(现第二百三十八条)规定提起执行异议之诉。

第十章 第三人受让到期债权能否排除执行的认定

【裁判要旨】

人民法院就被执行人对他人的到期债权实施强制执行，案外人以其系该到期债权的实际权利人为由提起执行异议之诉，请求排除对该到期债权的执行的，不宜一概而论。"区分内外关系"原则的实质在于对交易安全与意思自治两者关系的平衡，这对问题的处理颇具借鉴意义。据此，对于案外人可否排除强制执行，人民法院应当结合案外人的权利是否具有供不特定第三人识别的外观、申请执行人是否有信赖利益保护的基础等因素判断是否予以支持。

在人民法院实施强制执行前，被执行人已将对他人的债权转让给案外人并通知该他人，案外人请求排除强制执行的，人民法院应予支持。

【案例索引】

（2019）京 0115 民初 20193 号民事判决书

一、当事人基本情况

申请执行人（执行案外人）：北京市通盛达市政公用工程有限公司。

被告（申请执行人）：李某凤。

被告（被执行人）：北京博创家和节能技术有限公司大兴供暖分公司。

二、基本案情

原告北京市通盛达市政公用工程有限公司（以下简称通盛达公司）向法院提出诉讼请求：1. 请求法院停止对大兴区市政市容管理委员会供热燃料科补贴的执行，并解除扣划措施；2. 本案诉讼费用由被告承担。

事实和理由：法院在执行李某凤与北京博创家和节能技术有限公司大兴供暖分公司（以下简称博创分公司）劳动争议一案中，将博创分公司在大兴区市政市容管理委员会（以下简称区市政市容委）的补助资金予以扣划，但该资金应属通盛达公司所有。第一，区市政市容委为 2015 年大兴区老旧供热管网改造工程的建设主体，该项目中义和庄东里 21 号院项目的建设实施单位为北京博创家和节能技术有限公司（以下简称博创公司），施工单位为通盛达公司。依据政策，市、区政府财政应按比例分别给予建设单位资金补助。法院扣划的款项便出自区政府财政拨付的补助资金。区财政给予的资金补助系专款专用，通盛达公司与博创公司之间签有协议，故该资金仅能向作为施工单位的通盛达公司支付。第二，2018年9月16日，博创公司与通盛达公司签订《债权转让协议》，博创公司将对区市政市容委的到期债权，即相关资金补助转让给后者，据此，法院亦不得扣划博创公司在区市政市容委的款项。

被告李某凤辩称，不同意通盛达公司的诉讼请求。通盛达公司的诉讼请求所依据的事实和理由，均与李某凤无关。通盛达公司应当另行向博创分公司主张权利。综上，请求法院驳回通盛达公司的诉讼请求。

博创分公司未到庭参加诉讼，亦未提交书面意见。

法院查明：李某凤与博创分公司劳动争议一案，北京市大兴区劳动人事争议仲裁委员会于2017年8月23日作出京兴劳人仲字[2017]第3584号调解书，主要内容为：博创分公司一次性支付李某凤工资、一次性伤残补助金、一次性伤残就业补助金若干；双方劳动关系解除。该调解书生效后，博创分公司未如期履行相应义务，李某凤向法院申请强制执行。执行过程中，2019年2月21日，法院以执行依据确定的债权数额为限，扣划博创分公司在区市政市容委的部分款项。通盛达公司对该笔款项提出案外人异议，法院于2019年7月11日作出（2019）京0115执异154号执行裁定，驳回通盛达公司的异议请求。通盛达公司不服该裁定，向法院提起案外人执行异议之诉，即本案。

2014年7月25日，北京市市政市容管理委员会、北京市发展和改革委员会发布《关于2014—2015年老旧供热管网改造工作的通知》，要求各区县政府根据市级下达的任务指标，按照属地管理原则，立项审批辖区改造项目；区县改造项目由市、区县政府分别按项目投资的30%和20%安排资金补助。2015年3月19日，2015年大兴区老旧供热管网改造工程取得北京市大兴区发展和改革委员会《关于2015年大兴区老旧供热管网改造工程项目建议书（代可行性研究报告）的批复》。2017年10月16日，北京市大兴区审计局出具《关于2015年大兴区老旧供热管网改造工程结算的审核意见》，载明：该项目建设主体为区市政市容委，该项目建设内容包括4部分，其中，义和庄东里21号院项目的建设实施单位为博创公司，施工单位为通盛达公司；经审核，义和庄东里21号院项目建设安装工程费送审金额3 287 711.51元，审定2 881 535.47元，审减406 176.04元。

通盛达公司提交了《2015老旧供热管网改造补助资金拨付明细表》《基建项目资金申请进度表》，证明义和庄东里21号院项目区级应拨付资金为493 000元，法院扣划的款项系出自上述资金。但《2015老旧供热管网改造补助资金拨付明细表》并未显示制作单位及制作时间，故法院无法认可其作为确认区级应拨付资金最终数额的依据。

通盛达公司提交了其作为乙方与甲方博创公司于 2018 年 9 月 16 日签订的《债权转让协议》，载明：截至 2018 年 8 月 24 日，甲方尚欠乙方合同工程款项共计 620 000 元，双方无其他争议；现甲方将其对丙方区市政市容委的到期债权 620 000 元及相关权利全部转让给乙方，差额部分多退少补；甲方为丙方承担连带担保责任，保证期为两年。通盛达公司还提交了博创公司向区市政市容委出具的《债权转让通知书》，但并未提交证据证明该《债权转让通知书》已实际送达区市政市容委。

三、裁判情况

法院认为：本案争议焦点为通盛达公司对博创分公司在区市政市容委处的款项是否享有足以排除强制执行的民事权益。无论博创分公司在区市政市容委的款项为何种名目，其本质是博创分公司对区市政市容委所享有的金钱债权。通盛达公司欲排除法院对该笔金钱债权的执行，则需证明其对该笔金钱债权享有优先于申请执行人李某凤的民事权益。

第一，通盛达公司虽提交了博创公司与之签订的《债权转让协议》，但因无其他证据予以佐证，法院对债权转让的真实性不予认可；即使博创公司确已与通盛达公司就债权转让达成协议，基于合同的相对性，因通盛达公司并未证明博创公司已实际履行通知区市政市容委的义务，故该转让对区市政市容委不发生效力。在此前提下，法院扣划博创分公司在区市政市容委的款项并无不当。

第二，通盛达公司主张法院扣划的款项系区财政就义和庄东里 21 号院项目发放的资金补助，但法院在区市政市容委扣划的款项系在博创分公司名下，从权利外观来看，博创分公司才是该笔款项的权利人。该笔款项的性质本身并不能令其特定化，从而达到使不特定第三人有效识别其归属于通盛达公司的效果。通盛达公司所具备的，仅仅是基于与博创分公司之间的基础合同关系而享有的债权请求权，该项权利并不优先于李某凤对博创分公司享有的债权请求权，因此并不能排除强制执行。通盛达公司可通过另行起诉博创分公司或其他途径维护自己的合法权益。

综上所述，通盛达公司对博创分公司在区市政市容委的款项不享有足以排除强制执行的民事权益,对于其请求法院停止执行、解除扣划措施的诉讼请求,法院不予支持。据此,判决驳回通盛达公司的诉讼请求。

四、案例注解

被执行人对他人享有的到期金钱债权,除具有请求该他人为金钱给付的相对效力外,还属于被执行人的责任财产范畴,即该他人所提供的有财产价值之给付归属于被执行人。[1] 该他人对到期债权不持异议的,人民法院可以强制执行。此时,若案外人以自己系该到期债权的实际权利人为由请求排除强制执行,则其本质上是主张该他人所提供的有财产价值之给付应归属于自己,而非被执行人。案外人所主张的该项权利具有排他性,故法院在审理此类执行异议之诉案件时,不应仅以债权的平等性和相对性为由驳回其诉讼请求。

(一)执行异议与执行异议之诉审查标准的差异

本案中,案外第三人区市政市容委处的一笔款项所记载之权利人为被执行人博创分公司,且区市政市容委对此不持异议,故执行法院依据形式化原则对该笔到期债权予以强制执行,此举并无不当。对于案外人通盛达公司以其系该到期债权的实际权利人为由提出的异议,按照《民事诉讼法解释》第499条第2款之规定,应当按照《民事诉讼法》第234条(现第238条)规定处理,即通过案外人执行异议及执行异议之诉处理。

虽然法院在执行异议与执行异议之诉中均未支持案外人通盛达公司的主张,但两个程序所采取的审查标准并不相同。

执行异议以形式审查为主。根据《异议和复议规定》第24条之规定:对案外人提出的排除执行异议,人民法院应当审查案外人是否系权利人,该权利是否真实、合法及该权利能否排除执行。而该规定第25条之规定:"对案外人的异议,人民法院应当按照下列标准判断其是否系权利人:……(五)其他财产和权利,有登记的,按照登记机构的登记判断;无登记的,按照合同的那个证明财产权属或者权利人的证据判断。……"依据这一标准,因区市政市容委处所记载的该笔补贴的权利人为博创分公司,故通盛达公司并非权利人,因此其异议

---

[1] 参见朱晓喆:《存款货币的权利归属与返还请求权——反思民法上货币"占有即所有"法则的司法运用》,载《法学研究》,2018(2)。

请求无法获得支持。《异议和复议规定》在第三人债权之权利人的判断标准上，采取的是形式审查原则。这是因为，强制执行以效率为最高追求，其目的在于迅速实现申请执行人的权利。执行异议属于执行程序的组成部分，亦应遵循效率优先的价值理念。而依据法定的权利公示方法所呈现的权利状态与真正的权利状态具有高度的吻合性，[2] 故采取形式审查标准，可在确保执行效率的同时，得出大致合乎客观真实的结论。在本案的执行异议审查过程中，因通盛达公司并非区市政市容委处记载的权利人，故对其提出的异议的审查即止步于此，而无需进一步判断其权利是否真实、合法，能否排除执行。

而执行异议之诉则奉行实质审查原则。案外人执行异议之诉为审判程序，遵循的是公平优先的价值理念。审查标准、审查程序、适用法律及审查结论均可不同于执行异议。对于案外人执行异议之诉的审理，不应止步于权利外观的审查，而应将案外人就执行标的所享有的民事权益置于与申请执行人民事权益的对抗格局中，判断前者可否获得优先保护。

（二）"区分内外关系"原则的引入

如前所述，案外人执行异议之诉的实质是判断案外人与申请执行人分别就执行依据享有的民事权益何者予以优先保护。本案的执行标的为被执行人对他人的到期债权，而案外人之所以主张自己为实际权利人，系基于其与被执行人就该债权归属所作的约定。因此，本案的审理重点又可表述为：案外人与被执行人之间的内部约定，可否对抗作为外部第三人的申请执行人？

对于这一问题，"区分内外关系"原则或可提供解决思路。区分内外关系，是司法实践中处理虚假登记财产问题时常用的方法。以股东资格的认定为例，"内外关系说"认为，涉及公司外部关系时，应当以商法公示主义与外观主义确认股东身份，应当坚持形式要件优于实质要件，尊重公司登记机关登记材料等表面证据的公信力；仅涉及公司内部关系时，公司股东资格的认定，应坚持实质要件优先于形式要件，遵循意思主义原则。[3]

"区分内外关系"原则背后的法理在于对交易安全与意思自治在不同情形下的权衡取舍。一方面，在涉及外部关系时，应当侧重于社会交易安全之维护和

---

[2] 肖建国：《执行标的实体权属的判断标准——以案外人异议的审查为中心的研究》，载《政法论坛》，2010（3）。
[3] 郑云瑞：《公司法学》，135页，北京，北京大学出版社，2019。

善意第三人利益之保护，故遵循外观主义原则。所谓外观主义原则，是指商事交易行为人的行为意思应以其行为外观为准并适用法律推定规则。[4]当法定公示方法所呈现之权利状态与真实的权利状态不一致时，权利表象排斥真实权利，成为正义推定的基础。另一方面，在仅涉及内部关系时，因不涉及交易安全及善意第三人利益之维护，故应尊重当事人的意思自治，以真实权利排斥权利表象，此时，"登记机关的登记内容等外观资料仅具有一般证据的效力"，[5]并不能作为认定实际权利人的绝对依据。"区分内外关系"原则适用的分歧主要在善意第三人范围的界定方面。在涉及外部关系时，实际权利人不得对抗的善意第三人，理论界与实务界对此已达成共识；但对于何人可构成善意第三人，理论界与实务界则存在不同认识。一种观点认为，应将善意第三人限定为具体交易的相对人；另一种观点则认为应当着眼于整个商事交易的安全、效率的大环境，将对非交易第三人的信赖利益保护亦纳入其中。[6]

（三）"区分内外关系"原则在本案中的适用

"区分内外关系"系价值冲突处理规则，其实质在于平衡交易安全与意思自治两者的关系。在涉及外部第三人的场合，为保护交易安全，权利表象得以排斥真实权利，但其前提是有对第三人利益进行保护的必要性。如前所述，在股东资格认定问题上，涉及外部关系时，理论界和实务界对于善意第三人的范围界定存在分歧。笔者认为，这一分歧的关键在于不同观点对于第三人利益保护的必要性存在不同认识。具体到所涉问题，被执行人与案外人之间就对第三人债权归属的约定可否排除执行，结果不宜一概而论。因为在申请执行人与被执行人的民事权益对抗格局中，一方获得的优待必然是以牺牲另一方的利益为前提，故应当考虑个案具体情形下外部第三人（亦即申请执行人）利益保护的必要性。笔者认为，申请执行人利益保护的必要性应同时从如下两方面加以考量：

一是案外人享有的权利是否已特定化而具有可供不特定第三人识别的外观。所谓特定化，是指从外观上便可判断其实际归属于案外人，而非被执行人。

二是申请执行人对被执行人是否具有信赖利益的基础。具体而言，在申请

---

[4] 最高人民法院民一庭：《借用账户与账户内资金归属的认定》，载《民事审判指导与参考》（第51辑），168～170页，北京，人民法院出版社，2012。
[5] 郑云瑞：《公司法学》，135页，北京，北京大学出版社，2019。
[6] 司伟：《有限责任公司实际出资人执行异议之诉的裁判理念》，载《人民法院报》，2018-08-22。

执行人与被执行人的债权债务关系发生前，案外人是否已与被执行人约定对第三人的债权归属于自己。如果答案是肯定的，那便意味着申请执行人与被执行人债权债务发生时，该第三人债权便已不在被执行人财产范围之列了，因此也就无从谈第三人的信赖利益保护了。

本案中，通盛达公司虽主张博创分公司对区市政市容委享有的债权应由自己"专款专用"，但未能提交证据证明区市政市容委对该笔款项的性质做出过任何形式的公示。可见，通盛达公司对该笔债权享有的权利并不具备供不特定第三人识别的外观。

（四）第三人债权转让情形下案外人执行异议之诉的处理

需特别说明的是，如果被执行人将对他人的债权转让给案外人且已通知该他人，那么案外人排除执行的诉讼请求可否获得支持，则应视转让债权的时间点而定。

1. 在法院实施强制执行前转让

此时，对于案外人排除强制执行的诉讼请求，人民法院应予支持。根据《民法典》第546条之规定可知，债权人转让债权，且已通知债务人的，该转让即对债务人则发生效力。债权转让后，债务人应向受让人履行义务，即债务人所为的具有财产价值之给付应当归属受让人，而非原债权人。因此，被执行人将对他人的到期债权转让给案外人，且已通知该他人的情况下，该债权已归属于案外人，而不再是被执行人的责任财产，故人民法院不应继续执行，对于案外人排除强制执行的诉讼请求，人民法院应予支持。此时，申请执行人若认为该转让行为影响其债权实现，则可依据《民法典》第538条、第539条之规定行使债权人撤销权。本案中，通盛达公司虽主张已受让博创公司对区市政市容委的到期债权，但未能证明已通知区市政市容委。故该转让对区市政市容委不发生效力。区市政市容委仍应向博创公司履行义务，因此，该到期债权仍归属于博创公司及博创分公司，系其责任财产。故通盛达公司的该项主张法院不予支持。

2. 在法院实施强制执行后转让

但被执行人转让债权的时间若发生于法院实施强制执行之后，受让债权的案外人则将无法排除强制执行。依据《查封、扣押、冻结规定》第24条第一款之规定，被执行人就已经实施强制执行的财产所作的转移行为，不得对抗申请执行人。如前所述，被执行人对他人享有的债权亦属于其责任财产的范畴，其在人民法院实施强制执行后处分该债权的，不具有对抗申请执行人的效力。

《民事诉讼法解释》第 310 条仅规定案外人执行异议之诉的审理对象为案外人是否享有足以排除强制执行的民事权益。但对于司法实践而言，这一规定仅具有原则性的指导意义，而缺乏实操性的规则供给。对于案外人依据与被执行人就第三人债权归属的约定可否排除强制执行问题，亦无直接的法律或司法解释可以适用。对此，笔者认为应当结合案外人的权利是否具有可供不特定第三人识别的外观、申请执行人是否具有信赖利益保护的基础等因素进行判断。

【相关法条】

《民法典》第五百四十六条　债权人转让债权，未通知债务人的，该转让对债务人不发生效力。

债权转让的通知不得撤销，但是经受让人同意的除外。

第五百四十七条　债权人转让债权的，受让人取得与债权有关的从权利，但是该从权利专属于债权人自身的除外。

受让人取得从权利不因该从权利未办理转移登记手续或者未转移占有而受到影响。

《民事诉讼法》第二百三十八条　执行过程中，案外人对执行标的提出书面异议的，人民法院应当自收到书面异议之日起十五日内审查，理由成立的，裁定中止对该标的的执行；理由不成立的，裁定驳回。案外人、当事人对裁定不服，认为原判决、裁定错误的，依照审判监督程序办理；与原判决、裁定无关的，可以自裁定送达之日起十五日内向人民法院提起诉讼。

《民事诉讼法解释》第三百一十条　对案外人提起的执行异议之诉，人民法院经审理，按照下列情形分别处理：

（一）案外人就执行标的享有足以排除强制执行的民事权益的，判决不得执行该执行标的；

（二）案外人就执行标的不享有足以排除强制执行的民事权益的，判决驳回诉讼请求。

案外人同时提出确认其权利的诉讼请求的，人民法院可以在判决中一并作出裁判。

第四百九十九条　人民法院执行被执行人对他人的到期债权，可以作出冻结债权的裁定，并通知该他人向申请执行人履行。

该他人对到期债权有异议，申请执行人请求对异议部分强制执行的，人民法院不予支持。利害关系人对到期债权有异议的，人民法院应当按照民事诉讼法第二百三十四条（现第二百三十八条）规定处理。

对生效法律文书确定的到期债权，该他人予以否认的，人民法院不予支持。

《异议和复议规定》第二十五条　对案外人的异议，人民法院应当按照下列标准判断其是否系权利人：

（一）已登记的不动产，按照不动产登记簿判断；未登记的建筑物、构筑物及其附属设施，按照土地使用权登记簿、建设工程规划许可、施工许可等相关证据判断；

（二）已登记的机动车、船舶、航空器等特定动产，按照相关管理部门的登记判断；未登记的特定动产和其他动产，按照实际占有情况判断；

（三）银行存款和存管在金融机构的有价证券，按照金融机构和登记结算机构登记的账户名称判断；有价证券由具备合法经营资质的托管机构名义持有的，按照该机构登记的实际出资人账户名称判断；

（四）股权按照工商行政管理机关的登记和企业信用信息公示系统公示的信息判断；

（五）其他财产和权利，有登记的，按照登记机构的登记判断；无登记的，按照合同等证明财产权属或者权利人的证据判断。

案外人依据另案生效法律文书提出排除执行异议，该法律文书认定的执行标的权利人与依照前款规定得出的判断不一致的，依照本规定第26条规定处理。

第十一章

离婚调解书中权属约定能否排除执行的考量

【裁判要旨】

一般金钱债权执行中，申请执行人对执行标的并无登记公示的信赖利益；案外人依据离婚纠纷民事调解书中对该执行标的权属的约定请求排除执行的，需结合债权的成立时间、债权与物权的距离、债权的性质和内容、债权的保障功能等因素综合判断是否予以支持。

【案例索引】

（2019）京 0115 民初 14934 号民事判决书

一、当事人基本情况

原告（申请执行人）：王某利。

被告（执行案外人）：王某林。

被告（被执行人）：王某飞。

二、基本案情

原告王某利向法院提出诉讼请求：1. 依法撤销（2019）京 0115 执异 94 号执行裁定书；2. 继续对位于张家口市桥西区永丰小区 × 号楼 × 单元 × 层 × 室房屋（以下简称涉案房屋）的执行；3. 诉讼费用由被告承担。

事实与理由：王某利与王某飞机动车交通事故责任纠纷一案，法院查封了登记在王某飞名下的涉案房屋，后王某林提出书面异议，法院裁定中止对涉案房屋的执行。该裁定认定事实不清，适用法律错误。1. 涉案房屋未办理变更登记手续，王某林以生效调解书确认其享有所有权而排除执行的理由不成立。物权的取得以登记为准，确认解除双方婚姻关系的生效法律文书不能作为物权取得的法律依据。王某利与王某林对王某飞同为债权请求权，不存在债权远近的法律概念和依据。2. 涉案房屋系王某飞所有，登记在王某飞名下，根据物权法的规定，王某利有权对王某飞名下的房产申请强制执行。3. 即使王某飞与王某林已经离婚并确认房屋归属，但其并未就房屋办理过户手续，从物权角度来讲，王某林并非房屋的所有权人，无法起到对抗的效力。4. 王某林未在法定期限内申请强制执行，已经丧失申请执行并办理过户手续的权利。

被告王某林辩称，不同意王某利的诉讼请求，王某林与王某飞离婚时涉案房屋归王某林所有，离婚时间是 2012 年 11 月，该案交通事故发生时间是 2013

年,不存在规避执行转移财产的情形。未办理过户并非王某林的过错,因涉案房屋过户需要交纳税费,王某林一直独立抚养孩子上学,没有经济能力交纳税费去过户。故请求驳回王某利的诉讼请求。

被告王某飞未到庭,亦未提交书面答辩意见。

法院查明:王某林与王某飞原系夫妻关系,双方于1995年10月24日登记结婚,婚姻关系存续期间取得涉案房屋,该房屋登记在王某飞名下。2012年11月5日,河北省崇礼县人民法院(以下简称崇礼法院)作出(2012)崇民初字第366号民事调解书,内容为:1.王某飞与王某林自愿离婚;2.婚生子王某随王某飞生活;3.涉案房屋归王某林所有,解放牌前四后八车辆归王某飞所有,位于张家口市新华街期房一套归婚生子王某所有。此后,涉案房屋一直由王某林居住。

2013年10月12日3时13分许,在北京市京沪高速公路出京方向19.6公里处,王某飞驾驶冀G89030号"长城"重型厢式货车(内乘王某利)由北向南行驶过程中发生故障,王某飞将车顺向停在应急车道内后,与王某利在车身右侧修理车辆时,适有刘建华驾驶的冀JD9027号"解放"牌重型半挂牵引车(津BB871挂"鲁岳"重型半挂车)同方向由后驶来,车辆右前部撞在王某飞车辆左后部,造成刘建华、王某飞、王某利受伤,二车损坏。事故发生时,王某利与王某飞处于恋爱期间,为王某飞从事车辆运输押运工作。

后王某利因上述机动车交通事故责任纠纷将王某飞诉至法院,法院于2015年11月30日作出(2014)大民初字第3653号民事判决书,判决王某飞赔偿王某利各项损失共计419 035.12元。王某利不服,上诉至北京市第二中级人民法院(以下简称二中院),二中院于2016年8月31日作出(2016)京02民终6132号民事判决书,判决王某飞赔偿王某利各项损失共计534 998.16元。判决生效后,王某飞未履行上述赔偿义务,王某利于2016年10月11日向法院申请强制执行。在执行过程中,法院于2019年4月23日查封涉案房屋。王某林就涉案房屋提出案外人异议,法院于2019年5月31日作出(2019)京0115执异94号执行裁定书,裁定中止对涉案房屋的执行。王某利不服该裁定,向法院提起申请执行人执行异议之诉,即本案。

三、裁判情况

法院认为:本案的争议焦点为王某林依据离婚纠纷民事调解书中对涉案房

屋权属的约定，能否排除对涉案房屋的执行。对于本案焦点问题，应当从以下三个方面进行综合认定：一是案外人王某林与被执行人王某飞离婚是否存在恶意串通逃避债务的情形；二是案外人王某林和申请执行人王某利各自权利性质的分析和甄别；三是案外人王某林对涉案房屋享有的权利较之申请执行人王某利的权利是否应当得到法律的优先保护。

第一，关于案外人王某林与被执行人王某飞离婚是否存在恶意串通逃避债务的问题。

从债务产生的时间来看，崇礼法院于 2012 年 11 月 5 日作出（2012）崇民初字第 366 号民事调解书的时间早于王某利与王某飞之间债务产生的时间。根据查明的案件事实，王某利与王某飞之间的机动车交通事故发生在 2013 年 10 月 12 日，二中院判决王某飞向王某利支付赔偿款的时间是 2016 年 8 月 31 日。王某林提供的民事调解书等证据，能够证明其与王某飞于 2012 年 11 月 5 日通过诉讼离婚的方式，协议夫妻双方共有的涉案房屋归王某林所有。从债的成因来看，王某利与王某飞之间的债务并非意定之债，而是因交通事故产生的侵权之债，该债务是否发生、何时发生均处于不确定状态。王某飞与王某林在诉讼中协议离婚时，其不可能预见到数月之后会与王某利发生交通事故，亦不可能预见到其负有支付王某利各项损失的义务。因此，王某飞与王某林不存在借离婚处分财产恶意逃避债务的主观动机。

第二，关于案外人王某林和申请执行人王某利各自权利性质的甄别问题。

在认定离婚不存在恶意串通逃避债务的情形下，应根据案件的具体情况，对于案外人王某林和申请执行人王某利各自享有的权利性质和权利内容进行甄别。就申请执行人王某利的权利性质而言，其享有的是针对王某飞的一般金钱债权，该金钱债权本质上是王某利就王某飞名下所有责任财产要求偿债的请求权，性质上为王某利对王某飞享有的一种债权请求权。王某利对涉案房屋并无登记公示的信赖利益，而是在交通事故责任纠纷案件中查找到登记在王某飞名下的涉案房屋而予以查封。就案外人王某林的权利性质而言，王某林与王某飞于 2012 年 11 月 5 日调解离婚时，双方协议涉案房屋归女方王某林所有，王某林与王某飞针对涉案房屋分割达成的协议，对双方均具有法律约束力。由于涉案房屋目前仍登记在王某飞名下，王某林与王某飞并未办理所有权登记变更手续，依照《中华人民共和国物权法》第 9 条关于"不动产的设立、变更、转让和消灭，经依法登记，发生效力；未经登记，不发生效力，但法律另有规定的除外"的规定,本案仅凭(2012)崇民初字第 366 号民事调解书不能产生涉案房屋物权变动的公示效力,亦不能产生物权变动的法律效力。虽然王某林尚未取得涉案房屋完整的所有权,但(2012)崇民初字第 366 号民事调解书对双方均具有合同法上的拘束力。在涉案房屋办理过户登记之前,王某林基于民事调解书中对涉案房屋归属的约定,享有的是向王某飞及不动产登记机关请求变更登记其为房屋所有权人的债权请求权,王某林对涉案房屋享有的是取得房屋完整所有权的物权期待权,该权利具有现实可能性,且可以获得法律的保护。

第三,关于案外人王某林对本案涉案房屋享有的权利较之申请执行人王某利的权利是否应当得到法律优先保护的问题。

关于案外人享有的足以排除执行的民事权益范围,尽管现行法律没有对此作出明确规定,但可以肯定的是,从《查封、扣押、冻结规定》第 17 条和《最高人民法院关于人民法院办理执行异议和复议案件若干问题的规定》第 28 条规定的无过错不动产买受人物权期待权的保护、《异议和复议规定》第 29 条规定的房屋消费者物权期待权的保护等司法解释来看,案外人是否享有物权并非决定其权益能否排除执行的唯一考量因素。也即,即使案外人对执行标的物不享有物权,但其对执行标的物享有的其他民事权益在一定条件下也可以排除执行。在具体的案件中,应根据案件的实际情况,对于案外人和申请执行人各自享有的权利性质和权利内容进行分析和比对,同时也要进行一定的价值及伦理上的考量,综合确定权利的保护顺位,从而确定案外人的权利是否能够足以排除执行。

本案中,申请执行人王某利的金钱债权与案外人王某林的债权请求权存在一些不同之处,该不同之处使得王某林的权利在保护顺位上具有一定的优先性。第一,从债权的成立时间来看,王某利的请求权与王某林的请求权相比,在时间上不具有优先性。尽管债权天生具有平等性,债权成立时间原则上并不影响债权的权利保护顺位,但债权的成立时间在某些情况下对于该债权能否继续履行以及继续履行的顺序也会产生一定的影响。由于王某林的债权请求权早于王某利的金钱债权,参照《最高人民法院关于审理买卖合同纠纷案件适用法律问题的解释》第 10 条针对出卖人就特殊动产订立多重买卖合同的继续履行问题的明确规定,本案至少不能得出王某利成立在后的债权具有优先于王某林成立在前的债权的结论。第二,从债权与物权的距离来看,王某林的债权较之王某利的债权距离物权更近。王某林的请求权系针对涉案房屋的变更登记请求权,该请求权有明确、特定的指向，距离其真正取得物权只有一步之遥，且王某林在法院查封涉案房屋前已经合法占有并实际居住在该房屋内至今，表明其对房屋的物权期待权已经以一定的方式对外进行了公示，故王某林的权利离物权和涉案房屋更近。而王某利享有的是针对王某飞的普通金钱债权，并未指向特定的财产，该金钱债权并非基于对涉案房屋公示的信赖而产生，其指向的是王某飞名下所有的责任财产，涉案房屋只是作为王某飞的责任财产成为王某利债权的一般担保。第三，从债权的性质来看，王某利与王某飞之间的金钱债权，系王某飞与王某林的婚姻关系解除后发生的侵权之债，属于王某飞的个人债务。侵权之债发生时，涉案房屋实质上已经因王某林与王某飞之间的协议而不再成为王某飞的责任财产，故涉案房屋并未影响到王某飞的责任财产范围。在此意义上，王某林的请求权即使排除债权的执行，也未对王某利债权的实现形成不利影响。第四，从债权的保障功能来看，涉案房屋系王某林与王某飞婚姻关系存续期间产生的夫妻共同财产，涉案房屋由王某林一直合法占有并实际居住，该房屋具有为王某林提供生活保障的居住功能。与王某利的普通金钱债权相比，王某林对涉案房屋享的物权期待权在伦理上具有一定的优先性。

综上，王某飞与王某林的离婚调解书系双方自愿达成，内容不违反法律、行政法规的强制性规定，协议签署时间早于王某飞与王某利之间因交通事故产生的侵权之债的时间，不存在恶意串通逃避债务的情形。王某利对涉案房屋并无登记公示的信赖利益，其依据生效执行依据享有的执行债权，性质上为申请执行人要求被执行人履行金钱债务的一种债权请求权；而王某林享有的是请求变更登记其为涉案房屋所有权人的债权请求权，该权利具有物权期待权的性质，有明确特定的指向，离物权和涉案房屋更近。从债权的成立时间、债权与物权的距离、债权的性质和内容、债权的保障功能等方面，对王某林和王某利各自享有的权利进行综合分析和比较，同时进行一定的价值及伦理上的考量，应认定王某林的权利较之王某利更值得法律保护，王某林对涉案房屋享有的民事权益能够足以排除执行。

因此，王某利提出的撤销（2019）京0115执异94号执行裁定书、请求继续执行涉案房屋的诉讼请求，法院不予支持。据此，判决驳回王某利的诉讼请求。

四、案例注解

案外人依据其与被执行人在离婚纠纷民事调解书中对执行标的权属的约定，能否排除执行？此类案件的审理在实践中存在诸多争议，而本案的审理思路对于明确审理标准颇具借鉴意义。

（一）逆向求解：明晰申请执行人民事权益保护的界限

判断案外人享有的民事权益是否足以排除强制执行，其实质是明确案外人与申请执行人各自的民事权益何者应予以优先保护。审判法官在审理此类案件时，往往是从正面切入，即对案外人所享有的具体是何种民事权益进行界定，但现行法律并未明确案外人据以排除强制执行民事权益的范围，且民事权益在实践中呈现的样态充满了复杂性和多样性，种种因素皆使得正面突破困难重重；而本案审理思路的亮点则在于反其道行之，先明确申请执行人民事权益的保护应以何为限，再判断案外人享有的民事权益是否在申请执行人民事权益保护的界限之外，如果超出该界限，那么案外人的民事权益优先于申请执行人的民事权益予以保护。

本案中，申请执行人王某利对被执行人王某飞享有的是一般金钱债权，该金钱债权本质上是王某利就王某飞名下所有责任财产要求偿债的请求权，性质上为王某利对王某飞享有的一种债权请求权。法院依据王某利的强制执行申请查找到登记在王某飞名下的涉案房屋并予以查封，王某利本身对涉案房屋并无登记公示的信赖利益。因此，对王某利所享有的民事权益的保护，不应超出一般金钱债权的界限。而案外人王某林享有的是请求变更登记其为涉案房屋所有权人的债权请求权，该权利具有物权期待权的性质，有明确特定的指向，离物权和涉案房屋更近。故而，两相比较，王某林对涉案房屋享有的民事权益应予优先保护。

（二）综合判断：离婚纠纷民事调解书对执行标的权属的约定排除执行的条件

现行法律并未规定可排除强制执行的民事权益的范围，案外人依据离婚纠纷民事调解书中对执行标的权属的约定能否排除执行，不应一概而论，而须结合债权的成立时间、债权与物权的距离、债权的性质和内容、债权的保障功能等方面进行综合判断。

1. 债权形成时间、债权的性质和内容可作为判断权属约定真实性的因素

本案中,王某林与王某飞以诉讼离婚方式就涉案房屋归属所作的约定,早于申请执行人王某利与被执行人王某飞交通事故责任纠纷发生的时间,且王某利与王某飞之间系侵权之债,而非意定之债,王某林与王某飞离婚之时,不可能预见其后发生的交通事故,故可以排除王某飞借离婚逃避债务履行的可能。

2. 债权与物权的距离、债权的保障功能可作为判断申请执行人与被执行人民事权益何者优先保护的考量因素

本案中,王某林的请求权系针对涉案房屋的变更登记请求权,有明确、特定的指向,距离其真正取得物权只有一步之遥,且王某林在法院查封前已经合法占有并实际居住在该房屋内至今,表明其以一定的方式对外进行了公示,故王某林的权利离物权和涉案房屋更近,且房屋具有为王某林提供生活保障的居住功能,故应予优先保护。

【相关法条】

《民法典》第一千零八十七条　离婚时,夫妻的共同财产由双方协议处理;协议不成的,由人民法院根据财产的具体情况,按照照顾子女、女方和无过错方权益的原则判决。

对夫或者妻在家庭土地承包经营中享有的权益等,应当依法予以保护。

《最高人民法院关于适用〈中华人民共和国民法典〉婚姻家庭编的解释(一)》第六十九条　当事人达成的以协议离婚或者到人民法院调解离婚为条件的财产以及债务处理协议,如果双方离婚未成,一方在离婚诉讼中反悔的,人民法院应当认定该财产以及债务处理协议没有生效,并根据实际情况依照民法典第一千零八十七条和第一千零八十九条的规定判决。

当事人依照民法典第一千零七十六条签订的离婚协议中关于财产以及债务处理的条款,对男女双方具有法律约束力。登记离婚后当事人因履行上述协议发生纠纷提起诉讼的,人民法院应当受理。

《民事诉讼法》第二百三十八条　执行过程中,案外人对执行标的提出书面异议的,人民法院应当自收到书面异议之日起十五日内审查,理由成立的,裁定中止对该标的的执行;理由不成立的,裁定驳回。案外人、当事人对裁定不服,认为原判决、裁定错误的,依照审判监督程序办理;与原判决、裁定无关的,可以自裁定送达之日起十五日内向人民法院提起诉讼。

《民事诉讼法解释》第三百零九条　案外人或者申请执行人提起执行异议之诉的，案外人应当就其对执行标的享有足以排除强制执行的民事权益承担举证证明责任。

第三百一十一条　对申请执行人提起的执行异议之诉，人民法院经审理，按照下列情形分别处理：

（一）案外人就执行标的不享有足以排除强制执行的民事权益的，判决准许执行该执行标的；

（二）案外人就执行标的享有足以排除强制执行的民事权益的，判决驳回诉讼请求。

ns Arts et techniques au Moyen Âge 29/06/06 12:00 Page 1

ARTS ET TECHNIQUES AU MOYEN ÂGE

第十二章

第三人抵销权在债权执行中的适用与排除

引　言

被执行人对第三人享有的金钱债权属于该被执行人的责任财产，当其不履行生效法律文书确定的金钱给付义务时，执行法院可查封该笔债权。[1] 债权查封后，如果第三人以自己对被执行人享有的金钱债权主张抵销，那么执行法院是否应准许？

在被执行人的责任财产不足以清偿全部债务的情形下，准许第三人以其主动债权抵销法院查封的被动债权，实际上将产生使该第三人在对等额度内优先受偿，同时相应消解法院查封效力的法律效果。可见，是否准许第三人抵销，对其他债权人，尤其是申请查封被动债权的申请执行人（以下简称查封债权人）而言，影响甚巨。

2022年6月公布的《强制执行法（草案）》尽管已于2024年6月终止审议，但该草案使本章所涉问题首次见诸明文规定，故仍可用作研究样本。根据该草案第158条之规定，查封债权后，第三人以查封后取得的债权主张抵销的行为不得对抗申请执行人，人民法院可以继续执行该债权。一方面，如此规定背后的法理基础仍有待探讨；另一方面，根据"法官不得拒绝裁判"原则，在法无明文规定的现状之下，司法实践仍负有接续应对这一问题的重任。因此，笔者拟以现有规范和司法裁判规则为蓝本，结合立法趋势，从实体和程序两个维度对如何处理这一问题作一体系化研究。

一、债权查封后是否准许第三人抵销的司法歧见

实体法上的抵销，是指二人互负债务的场合，依一方意思表示或者双方合意，使彼此债务全部或者部分地归于消灭。[2] 其中，抵销权人的债权称为主动债权或反对债权，被抵销的债权称为被动债权或主债权。而程序法上的债权查封，则旨在通过限制被执行人对债权的处分行为及第三人对被执行人的清偿行为，从而保障申请执行人债权的实现。当程序法上的查封制度遭遇实体法上的

---

[1]《中华人民共和国民事强制执行法（草案）》（现已终止审议，但从学术研究角度而言，其中许多规定仍具有研究价值，以下简称《强制执行法（草案）》）中，对执行标的采取的控制措施统一使用"查封"这一表述，而不再根据执行标的的性质区分"查封""扣押"或"冻结"等表述。与《强制执行法（草案）》保持一致，笔者亦使用"查封"一词表示对债权采取的控制措施。
[2] 韩世远：《合同法总论》，695页，北京，法律出版社，2018。

抵销制度，对应关系格局中的查封债权人与抵销权人之间，即呈现出利益互斥的紧张态势。

长期以来，对于债权查封后是否准许第三人抵销的问题，司法实践并未形成统一共识，大致可分为一律准许抵销、一律不准许抵销和附条件地准许抵销等不同观点。

第一种观点为一律准许抵销。例如，笔者在中国裁判文书网检索到的某案中，法院查封被执行人甲对第三人乙的金钱债权 A 后，乙因承担了对甲在另案中所负债务的担保责任，进而取得对甲的追偿权 B，故乙主张以债权 B 抵销债权 A。该案中，法院认为，双方互负债务，且符合法定抵销要件时，即可适用抵销；被法院所查封的债务"不属于不得抵销的债务"，且法院的查封措施"属于程序上的措施""不影响债务的真实存在"。[3] 由《民法典》第 568 条第 1 款之规定可知，抵销权之成立，除需满足当事人互负债务、对方债务已到期，且两个债务的标的物种类、品质相同等积极要件外，还需满足该债务不属于"依据债务性质、按照当事人约定或者依照法律规定不得抵销"之情形的消极要件。这一观点的解释路径系从实体法角度判断被查封的被动债权是否准许抵销的问题，即考察被查封的债权是否属于依性质、约定、法定不得抵销之情形，从而得出被查封的被动债权可否抵销的结论。但是，其不足之处在于缺乏对程序法独立价值的观照。债权查封后第三人主张抵销的情形，是否因可归入《查封、扣押、冻结规定》第 24 条所规制的财产查封后的处分行为，而不满足"依照法律规定不得抵销"这一消极要件？这一问题恐还需结合对程序法独立价值的辨析才能做出准确回答。

第二种观点为一律不准许抵销。在另一案例中，法院查封被执行人甲在第三人某保险公司乙处的保险现金价值及孳息，乙则以甲曾从乙处借款为由主张抵销。该案中，法院认为，即便抵销权成立，乙主张的抵销权系基于其与甲之间的贷款合同关系，较之申请执行人的债权亦不具有优先性。[4] 这一观点的解释路径为，就主动债权产生的基础法律关系来看，第三人对债务人所享有的主动债权仅为普通债权，较之其他债权人对债务人所享有的债权并不具有优先性。基于债权平等原则，不应准许第三人就已查封的债权进行抵销从而实现优先受偿。但是，这一观点的问题在于，其忽视了抵销制度本来所具有的担保功能。

---

[3] 改编自最高人民法院（2017）最高法民申 1392 号民事裁定。
[4] 改编自山东省淄博市中级人民法院（2022）鲁 03 民终 1990 号民事判决。

关于抵销制度的此项功能，笔者将在第二部分详述。

第三种观点认为，被动债权查封后，第三人取得主动债权的，不准许抵销。例如，在甲申请执行乙一案中，甲对乙享有金钱债权A，因甲对多人负债，故债权A被多家法院查封。此后，乙从甲的债权人丙处受让了丙对甲的金钱债权B，并主张以债权B抵销债权A。该案中，法院认为，抵销权的行使不得损害第三人的合法权益，并通过考察我国企业破产法对准许抵销的主动债权取得时点之限制，得出"在我国没有自然人破产法的司法现状下，在执行程序中，出现个人债务人资不抵债时，为防止损害第三人特别是个人债务人的其他债权人的合法权益，抵销权的行使亦应受到一定限制"之结论。[5] 由于我国尚未建立自然人破产制度，当自然人资不抵债时，执行中的参与分配程序实际上发挥着使全体普通债权人获得平等受偿机会，进而共同分摊不能受偿之损失的功能。基于执行中参与分配制度与企业破产制度的相似性，后者对抵销权行使的适用与排除规则，亦可供前者借鉴参考。《企业破产法》在准许债务人的债务人以主动债权抵销被动债权的同时，又对主动债权取得的时点进行了限制，若主动债权系在破产申请受理后取得，或者在其已知债务人有不能清偿到期债务或者破产申请的事实后取得，则不准许抵销。[6] 该制度的主要目的在于防止债务人出现破产原因时，债务人的债务人通过紧急制造债权对立关系进行抵销，损害其他债权人的合法权益。在执行程序中，作为被执行人的自然人资不抵债时，为防止损害该自然人的其他债权人的合法权益，亦应对抵销权的行使加以限制。然而，这一解释方法在被执行人为具备破产资格主体时似有不尽周延之处。按照现有制度安排，作为被执行人的企业法人资不抵债时，申请执行人即应通过破产程序获得平等受偿，否则，申请执行人就查封财产所得的变价款，将按照财产查封的先后顺序受偿。换言之，对于企业法人，执行中的分配规则采取的是"优先主义"模式。而上述解释方法参照适用《企业破产法》相关规定的前提是分配规则采取"平等主义"模式。因此，被执行人为企业法人的情况下是否可以参照适用上述规则，还有待进一步解释论作业。

第四种观点则主张，被动债权查封前，主动债权与被动债权已呈抵销适状的，准许抵销。例如，甲申请执行乙一案中，法院查封乙对第三人丙的债权A。查封前，乙、丙既已因同一交易发生纠纷，且均在查封前起诉，但相应判决均

---

[5] 改编自最高人民法院（2018）最高法执监125号执行裁定。
[6] 参见《企业破产法》第40条之规定。

在查封后作出并生效。两份判决分别确认乙丙对对方负有债务。债权查封后，丙主张以其对乙的债权抵销债权 A。该案中，法院认为，乙丙之间的债权债务关系产生的时间、进入诉讼程序的时间，均早于执行法院查封债权 A 的时间。因此，本案不属于《查封、扣押、冻结规定》第 24 条规定的"被执行人就已经查封、扣押、冻结的财产所作的移转、设定权利负担或者其他有碍执行的行为"的情形。乙丙互负债务符合法定抵销条件，故丙主张抵销应属有效。[7] 依照《查封、扣押、冻结规定》第 24 第 1 款之规定，被执行人就已经查封的财产所作的处分行为，不得对抗申请执行人。《执行工作规定》第 45 条，法院向第三人发出的履行到期债务通知中，应告知其"直接向申请执行人履行其对被执行人所负的债务，不得向被执行人清偿"。法院查封被执行人对第三人享有的债权，是为限制被执行人对该债权的处分行为。为实现这一目的，必须禁止并非本案当事人的第三人向被执行人清偿。据此，围绕"第三人行使抵销权是否等同于处分被动债权"的不同理解，笔者所涉问题亦将产生不同答案。本案中，裁判法院似乎即认为被动债权查封后的抵销即构成处分被动债权。但该案特殊之处在于被执行人与第三人之间相互负担的债务于查封前既已呈抵销适状，故法院最终准许第三人在该案中行使抵销权。与观点一映射的立场相对，这一解释路径则主要从程序法视角出发，将第三人行使抵销权等同于处分已查封的被动债权。债务相互抵销固然是实体法上债权债务终止的法定情形，但能否将此种情况下执行标的的灭失与对处分执行标的的行为画等号，还需进一步论证。

上述不同解释路径在法无明文规定的情况下结合既有法律规范，以求解决笔者所涉问题，这种尝试值得肯定。但是，如前所述，以上各解释路径亦均有值得商榷之处。无论是对程序法独立价值观照的缺失，对抵销制度担保功能的忽视，不区分被执行人主体性质一律参照破产法相关规则的不周延性，还是将第三人行使抵销权等同于处分被动债权的程序法偏向，上述解释路径都指向同一症结，即单一的技术性解释并非理想方案，破题的关键在于引入利益衡量的方法。

二、债权查封后准许第三人抵销的正当性分析

被动债权查封后，是否准许第三人以主动债权加以抵销，实质在于判断查

---

[7] 改编自浙江省高级人民法院（2022）浙执复 31 号执行裁定。

封债权人基于执行法享有的查封权益与第三人基于实体法享有的抵销权益，何者应予优先保护的问题。

（一）分析工具："尊重非执行法"规则

破产法上的"尊重非破产法"原则，为解决查封权益与抵销权益何者应予优先保护问题，提供了可借鉴的理论工具。破产法上的这一原则可表述为，在解决非破产法下即面临的问题时，破产法应当遵守非破产法的原则、规则以及法秩序，原则上不得自行创设规范；除非基于破产法的立法宗旨需另作安排。[8] 此项原则的确立，正是源自这样一个基本逻辑：非破产法规范才是企业间生产经营所遵循的基础规范，破产法调整的只是例外情形；如果进入破产程序后即可改变非破产法规范施加于自身的不利影响，那么这一制度安排必将诱发债务人不当申请破产，从而在破产程序中取得在非破产法下无法获取的利益。[9]

而执行法与破产法皆是关于债务清理的法律规范，上述破产法原则的基本逻辑在执行法之中亦得以成立。笔者欲提炼上述原则蕴含的意旨，以此构建下文的分析框架，并将分析方法概括为"尊重非执行法"规则。具体而言：一是原则上尊重实体法上的抵销权规则；二是基于执行法的立法宗旨，考察有无必要针对实体法上的抵销权规则在执行法上做出相应调整。

如前所述，笔者所涉问题的实质在于查封债权人查封权益与第三人抵销权益之间的冲突。因此，需首先廓清两种权益在各自制度体系下的具体含义。

（二）查封债权人的查封权益

查封债权人的查封权益与执行程序采取何种清偿和分配规则密切相关。不同申请执行人对被执行人名下同一财产同时或先后申请查封时，各申请执行人就该财产的变价款究竟如何受偿，素有"优先主义"与"平等主义"之分。"优先主义"是指各普通债权人按照查封先后顺序受偿，即"先到先得"；而平等主义是指各普通债权人按照各自债权比例受偿，无关查封顺位的先后。

1.现行规范体系下的查封权益："混合主义"模式

一般认为，我国目前强制执行立法呈现"混合主义"样态。[10] 当被执行人

---

[8] 参见何欢：《债务清理上破产法与执行法的关系》，载《法学研究》2022年第3期；参见许德风：《破产法基本原则再认识》，载《法学》2009年第8期。

[9] 同注8，许德风文。

[10] 李潇洋：《债权平等与查封的优先效力》，载《清华法学》2023年第3期。

资力正常时，普通债权人按照查封先后顺序受偿。[11]反之，当被执行人资不抵债时，则根据被执行人的是否具备破产主体资格而采取不同受偿规则：当被执行人是企业法人时，转入破产程序[12]；当被执行人为公民或其他组织时，则进入执行中的参与分配程序。[13]

在现有"混合主义"模式下，依据被执行人主体性质的不同，在先查封债权人所享有的查封权益，较之轮候查封债权人、未查封债权人亦有所不同：当被执行人为具备破产主体资格的企业法人时，因财产变价款按照查封先后顺序受偿，故在先查封债权人取得比轮候查封债权人、未查封债权人优先受偿的机会；在被执行人为自然人或其他组织的情况下，取得执行依据的普通债权人，无论查封先后，甚至无需查封，均可向首先查封法院申请参与分配，从而获得平等受偿的机会，故此时在先查封债权人并不取得优渥于轮候查封债权人、未查封债权人的查封权益。

2. 涉查封权益的立法趋势："优先主义"模式

与目前执行规范体系采取的"混合主义"模式不同，《强制执行法（草案）》一律采取"优先主义"。根据该草案第175条、第179条之规定：分配程序适用于所有民事主体；普通民事债权按照查封先后顺序受偿。最高人民法院在就《强制执行法（草案）》所作的说明中提出：这一制度安排的目的在于"在破产法正在修订和自然人破产制度即将建立的背景下，增进民事强制执行法与破产法的协调互补，突出执行效率理念"。[14]由此可见，强制执行立法有意将强制执行的功能确定为个别债权清偿程序。在彻底的"优先主义"之下，在先查封债权人自然取得比轮候查封债权人、未申请查封债权人优先受偿的机会。不过，该项制度安排建立在以债务人资力情况作为界分执行中的分配程序与破产程序之适用的基础上。换言之，执行中的分配程序定位于同一执行标的的变价款不足以清偿全部申请执行的债权、但债务人资力尚足的情况。

---

[11] 参见《最高人民法院关于人民法院执行工作若干问题的规定（试行）》第55条第1款之规定。

[12] 参见《最高人民法院关于适用〈中华人民共和国民事诉讼法〉的解释》（以下简称《民事诉讼法解释》）第511条至第514条之规定。

[13] 《民事诉讼法解释》第506条至510条之规定。

[14] 关于《中华人民共和国民事强制执行法（草案）》的说明，载：https://www.court.gov.cn/zixun-xiangqing-363381.html，2022年6月25日发布。

（三）抵销权人的抵销权益

1. 抵销制度的担保功能

在引言部分图示案例中，如准许第三人丙抵销，那么被执行人乙与第三人丙之间的债权债务将等额消灭，即丙对乙的债权全部得以实现，丙对乙的债务亦无需再履行，而申请执行人甲则因乙对丙的债权消灭而全部无法获得清偿；如不准许丙抵销，那么甲、丙将按比例就乙对丙享有的 100 万元债权进行分配（假设乙为自然人，丙已取得执行依据并申请参与分配），即甲、丙将分别受偿 50 万元。由上述案例可知，若准许第三人以主动债权抵销被动债权，则在效果上将使第三人的债权优先受偿，如同为自己的债权设立了担保，此即抵销的担保功能。

2. 抵销制度担保功能证成之沿革

抵销的担保功能衍生于公平原则。如一方当事人清偿了自己的全部债务，而对方当事人所负的债务因资不抵债而全部或部分不能清偿，那么一方当事人全额清偿却无法获得另一方的全额清偿，如此则破坏公平原则，抵销制度恰好能回避这种不公平。[15] 由此可见，来源于公平原则的抵销担保功能，最初只局限于互负债务的双方当事人之间。而在第三人介入的场合，现代理论仍然肯认抵销制度的担保功能。这更多的是着眼于这一制度的信用担保与促进融资的社会经济价值，进而在学理上为其优先效力寻求支撑。[16] 总之，无论是出于公平原则考虑，还是对促进资金融通的社会经济价值之维护，一方对他方所负债务，构成该方对他方债权的担保，使得该方较其他债权人优先受偿。

（四）不同查封权益立法模式对第三人抵销权行使的影响

1. 现行"混合主义"模式对第三人抵销权行使的影响

由于强制执行法尚未出台，"优先主义"可否最终确立尚不可知。在目前执行立法采取"混合主义"模式的前提下，执行中的参与分配程序仍然承载着为普通债权人提供平等受偿机会的功能。此时，本节所涉问题可转述为，在执行中参与分配程序所秉持的债权平等价值与抵销权在当代所折射出的促进资金

---

[15] 同注 2，第 696 页。
[16] 参见沈佳燕：《论抵押排除扣押的效力——兼评〈民事强制执行法（草案）〉第 158 条第 1 项》，载《南大法学》2023 年第 2 期。

通价值发生冲突时,应当如何进行利益衡量。

对于上述价值冲突,具体的衡量方法如下:

第一,尊重实体法利益衡量的结论。在实体法上,允许互负债务的双方当事人之间进行抵销,其效力势必外溢于一方当事人的其他债权人。之所以实体法此时仍然认可此项制度,是出于该项制度促进社会整体资金融通及交易开展的公共政策考量,[17]并据此拟制出社会经济活动参与者对于抵销权的优先受偿效力达成广泛合意。申言之,在实体法规范下抵销权行使的准许,是实体法下利益衡量的结果。如果在强制执行介入后即一律不准许抵销,只会迫使社会活动参与者另寻其他方式的担保,额外增加不必要的交易成本;或是迫使抵销权人力求在查封前行使其权利,额外增加监督其债务人的成本。[18]而这都将反过来制约资金融通和社会经济整体发展。基于"尊重非执行法"规则,原则上不应对此进行突破。

第二,基于第三人的法律地位不能因强制执行介入而恶化原则的考量。相关学说多从民事实体法角度论述这一原则。[19]笔者认为,从程序法上亦可推导出同一原则。具体而言,因法院查封被执行人的债权所及之第三人,并非执行依据所确定的当事人,通常而言执行依据并不对其产生执行力。之所以对其行为加以约束(禁止向被执行人清偿),只不过是限制被执行人处分行为必然的反射效果。除此之外,其法律地位不应受到比债权查封前更不利的影响。

第三,考虑对查封债权人的程序法上信赖利益保护的有限性。即查封债权人对债权查封所产生的程序法上的信赖利益,不足以使之获得优先于抵销权人予以保护的法律地位。这一点将在下一节详述。

因此,在"混合主义"模式仍保留按比例分配的例外情形下,利益衡量应当考虑债权平等价值与促进资金融通价值之间的竞争关系,理性权衡后结论为准许第三人抵销权在债权执行中的合法行使。

2. 未来"优先主义"模式对第三人抵销权行使的影响

《强制执行法(草案)》之所以采取"优先主义",是为突出强制执行在债务

---

[17] 参见许德风:《论担保物权的经济意义及我国破产法的缺失》,载《清华法学》2007年第3期。参考自该文对担保物权在破产程序中的优先效力所作的阐释,笔者认为两者原理具有互通性,故阐释思路亦可供借鉴。
[18] 同注8,许德风文。
[19] 刘骏:《关联债权抵销的适用条件与体系效应——从〈民法典〉第459条第2项切入》,载《法学》2022年第6期。

人资力正常状态下作为个别债务清偿程序的功能定位，故而在"优先主义"模式下，即使第三人行使抵销权将消弭法院查封被动债权的效力，由于查封债权人尚可通过被执行人的其他财产获得清偿，因此，抵销权的行使并不构成与债权平等原则的冲突。

而在这一模式下，探讨本案所涉问题的实益在于，当查封债权人与第三人对同一特定执行标的（即被执行人对第三人的债权）处于竞争状态时，究竟何者应做出让步，退而寻求被执行人的其他财产获得清偿。这一问题又可转述为，第三人抵销权的行使是否有损于查封债权人程序法上的信赖利益，在此基础上两者的利益应当如何平衡。对于查封债权人而言，其对查封的被动债权具有程序法上的信赖利益。所谓程序法上的信赖利益，是指申请执行人因权利外观而信赖执行标的归属于被执行人，且基于该信赖为在执行中投入了诸如查找该特定财产的时间、金钱等成本。[20] 一方面，查封债权人为查找被执行人对第三人的债权付出了一定成本，且其对可基于该债权受偿产生信赖，此种程序法上的信赖利益值得保护；另一方面，抵销制度的担保功能也因缺乏公示方法，对善意第三人容易造成不测损害，故而在学理上备受争议。[21] 因此，查封债权人的程序法上的信赖利益与第三人的抵销权益发生冲突时，何者胜出便值得进一步思考。

对于这一问题，笔者衡量方法如下：首先，笔者所探讨的执行标的为被执行人对第三人的债权，因债权具有相对性和私密性，其作为执行标的所引起的信赖利益，本就无法与不动产、动产等权利外观显著的财产相比。其次，债权作为执行标的，有别于被执行人所占有的资金，债权具有财产与行为的复合属性[22]，需第三人为特定给付。查封债权人能否成功收取该债权，取决于第三人的清偿能力及第三人债务是否存在清偿、抵销等债务消灭情形的多方面因素。在这种情况下，查封债权人对该债权的信赖利益亦较为薄弱。综上，债权人在申请查封债权的同时，也应容忍这种财产性权利的不稳定性，其在程序法上的信赖利益应让位于抵销权的行使。

---

[20] 肖建国、庄诗岳：《论案外人异议之诉中足以排除强制执行的民事权益——以虚假登记财产的执行为中心》，载《法律适用》2018 年第 15 期。
[21] 同注 2，第 696 页。
[22] 庄加园：《初探债权执行程序的理论基础——执行名义欠缺的质疑与收取诉讼的构造尝试》，载《现代法学》2017 年 5 月。

因此，在"优先主义"模式下，利益衡量在查封债权人的程序性信赖利益与第三人的实体法抵销权益之间展开，理性权衡后结论为准许第三人抵销权在债权执行中的合法行使。

出于破产法与执行法的竞争属客观必然、两者的适用边界无法人为划定等缘由，有学者提出，将破产法的实践困境作为执行中分配制度调整的出发点系对两者关系的误读，并主张允许企业法人通过执行中的分配制度清理债务。[23] 依此种观点推演，执行法内部亦可存在"优先主义"与"平等主义"并存的局面。而笔者前述内容虽基于以债务人资力情况作为区分参与分配程序与破产程序适用条件的前提展开，但已分别就"优先主义"与"平等主义"模式下查封权人与抵销权人的利益格局进了论证，故无论未来执行中的分配制度采取何种立法体例，均不影响笔者对这一问题的结论。

三、债权执行中排除第三人抵销权行使的例外情形考察

上文已论证第三人抵销权无论在"优先主义"还是"平等主义"模式下均可以行使。如前所述，"尊重非执行法"规则下，仍需考虑有无必要依执行法的立法宗旨另作制度安排。对抵销权行使的准许，亦应兼顾不同模式下查封债权人的合法权益。抵销权行使不应被滥用，而应以设定行使情形的方式为其划定合理范围。

（一）限缩第三人抵销权行使的必要性

如前所述，《强制执行法（草案）》第 158 条仅对第三人以查封后取得的债权主张抵销的行为加以限制。这一限制是合理的。第三人的债务被查封后，其应合理预见以此后取得的债权主张抵销将存在风险，此种情况下其仍然取得债权，由此产生的不利后果应由其自行承担。这一规定也是为了防止第三人紧急收购债权制造债权对立关系，从而损害查封债权人的合法权益。此种情况下，在利益衡量上即应回复对执行债权人程序性信赖利益的保护。

接下来的问题是，于查封前取得的债权是否一律准许抵销，或者于查封后取得的债权是否一律不得抵销。

---

[23] 参见注 8，何欢文。

（二）参考坐标：债权转让时债务人抵销权的行使

对于何种情形下应对债权执行中的第三人抵销加以限制，学理上常参照实体法律规范关于债权让与中债务人抵销权行使的准许情形。相应条文为《民法典》第 549 条。[24] 该条第一项和第二项分别就独立抵销和关联抵销在债权让与场合下的行使条件加以明确。基于以下原理的共通之处，《民法典》的上述规定对笔者所涉问题极富参考价值：

第一，两者均为抵销权行使发生外溢效应的场合。抵销本来只在互负债务的二人之间发生相对效力，但一方有多个债权人时，抵销效果则将发生外溢。在强制执行介入的场合，第三人抵销权的行使将消弭查封效力，影响查封债权人债权的实现；在债权让与的场合，债务人抵销权的行使则将克减债权受让人的权益。这种构造上的相似性使得两者理论研究的视角也具有一致性。

第二，两者在进行利益衡量时的考量因素具有相似性。债权让与场合中经常用作分析工具的债务人法律地位不恶化原则、抵销权人对抵销的合理预期因素、抵销权人紧急取得反对债权制造债权对立关系的难易程度、诱发道德风险的可能性等，[25] 均可以作为债权查封场合下第三人抵销权行使的具体限制条件设置的考量因素。

第三，债权查封下的查封债权人与债权让与下的债权受让人，在权利的实现方式、因抵销承受的后果等方面具有一致性。查封债权人对债权执行的实现方式为直接受领第三人的给付，这与债权让与场合下受让人受领债务人之给付无异，两者均指向特定给付内容。债权让与场合下，债权受让人因债务人抵销权的行使丧失收取债权的权能，只能向债权让与人主张违约责任，而该金钱债权的实现有赖于让与人的其他责任财产；债权查封下，第三人抵销权的行使，也使查封债权人基于查封债权实现其对被执行人金钱债权的愿望落空，需转向被执行人其他责任财产寻求清偿。值得说明的是，有学者认为，执行中查封债权人与债权让与下受让人对被动债权支配力的大小、期待利益的强弱、因抵销承受的不利后果的剧烈程度不同，进而得出"对债权查封后第三人的抵销预期

---

[24] 该条规定：有下列情形之一的，债务人可以向受让人主张抵销：（一）债务人接到债权转让通知时，债务人对让与人享有债权，且债务人的债权先于转让的债权到期或者同时到期；（二）债务人的债权与转让的债权是基于同一合同产生的。

[25] 参见朱虎：《债权转让中对债务人的延续性保护》，载《中国法学》2020 年第 5 期；参见注 19，刘骏文。

的保护应当强于债权让与场合"之结论，[26]笔者基于前述对两者权利实现方式、因抵销承受之后果的分析，对上述观点持不同意见。

（三）债权执行中第三人可行使抵销权的具体情形

1. 独立抵销型

如前所述，《民法典》第 549 条第 1 项针对的是独立抵销，是指两个无关的交易中产生的债权的抵销。[27]而该项从债务人取得主动债权的时点、债务履行期限两个因素限制抵销权的行使，从而实现受让人与债务人之间利益的平衡。由此可推导出：债权查封下，第三人主张抵销的条件为：债权查封时，第三人对被执行人享有债权，且第三人的债权先于被执行人的债权到期或者同时到期。

债权查封时，只要第三人对被执行人享有债权，且该债权先于被执行人的债权到期或者同时到期，即使查封时该债权尚未到期，其对于自己的主动债权到期后用以抵销被动债权的期待属合理预期，故应予以保护。除此之外，对于第三人于被动债权查封时，已取得主动债权，但主动债权未到期，且晚于被动债权到期的情形，第三人的期待利益则不予保护，为的是防止两个债权履行期限间隔太久，第三人恶意拖延履行以达成抵销适状。[28]

2. 关联抵销型

《民法典》第 549 条第 2 项则是关联抵销，即基于同一合同或同一交易所产生的债权的抵销。[29]此种情况下，无需考虑主动债权取得于转让通知到达时间的先后。这一情形也可以为债权查封后第三人抵销权的行使所参照。举例说明债权查封场合下基于同一合同所产生的债权抵销情形：甲、乙签订买卖合同，约定甲于 1 月 1 日交付货物，乙于 3 月 1 日支付货款；甲按时交付货物后，执行法院于 2 月 1 日查封其对乙的货款债权并通知乙，乙于 2 月 28 日发现货物有瑕疵，乙可否以由此产生的违约损害赔偿债权主张抵销甲的价款债权？理论界关于此种情形下抵销正当性的论述如下：第一，此种情况下第三人、债务人人为制造抵销的风险是极其不易发生的；第二，同一合同所产生的给付

---

[26] 参见注 16。
[27] 参见注 25，朱虎文。
[28] 参见注 16。
[29] 参见注 25，朱虎文。

义务与对待给付义务互为担保、相互制衡，当事人对于债权的抵销具有强烈的期待；第三，不准许抵销将极易诱发道德风险。例 5 中，如不准许关联债权抵销，由此导致的结果是，被执行人乙瑕疵履行后，仍可借助法院强制执行全部实现其对第三人丙的价款债权，而瑕疵履行造成的清偿不能风险则转而由丙承担。[30]

综上，可归纳出债权查封下第三人可主张抵销的具体情形：（1）债权查封时，第三人对被执行人享有债权，且第三人的债权先于被执行人的债权到期或者同时到期；（2）被执行人的债权与第三人的债权系基于同一合同产生（此种情形下无需考虑查封时点）。

四、第三人抵销权行使的程序保障

《强制执行法（草案）》针对债权执行，规定了适用于申请执行人的收取诉讼（第 156 条），适用于第三人的异议之诉（第 157 条第 2 款），分别用以保障申请执行人与第三人的实体权利。随着该草案终止审议，目前仍有必要将研究视角置于检讨现阶段第三人抵销权行使的程序保障是否妥当之上。

（一）具体情境：第三人在履行通知指定期限届满后主张抵销

在现行执行规范体系下，执行法院可以依申请执行人或被执行人的申请，向第三人发出履行到期债务的通知；第三人在履行通知指定的期间内提出异议的，人民法院既不得对异议进行审查，也不得对第三人强制执行。[31] 此时，申请执行人可通过另行提起债权人代位权诉讼的方式主张权利[32]。第三人在履行通知指定的期限内没有提出异议，而又不履行的，执行法院有权裁定对其强制执行。但是，由于这一做法很可能使本身并无债务或存在抗辩事由的第三人因强制执行而遭受不利益。[33] 因此，最高人民法院提出第三人在指定期限届满提出的异议，参照债务人异议审查处理。[34] 综上，在既有制度框架下，在执

---

[30] 参见注 19。
[31] 参见《执行工作规定》第 45 条至第 53 条。
[32] 参见《最高人民法院关于认真贯彻实施民事诉讼及相关司法解释有关规定的通知》第 3 条。
[33] 同注 22。
[34] 参见《最高人民法院执行工作办公室关于开原市农村信用社、开原市农村信用合作社联合社申请执行辽宁华银实业开发总公司一案的复函》（[2005] 执他字第 19 号）。

行中需对第三人主张的抵销权进行审查的场合,应当是第三人逾期提出异议的情形。

(二)对第三人执行正当性之检讨

在我国现有的第三人到期债权执行制度中,第三人既负有禁止向被执行人清偿的消极义务,也负有债务履行通知期限届满后向执行法院或申请执行人履行的义务,否则法院可对其强制执行。如前所述,第三人的消极义务只是法院限制被执行人处分行为的反射效果,规则不得不如此设置。但是,执行程序中在第三人不履行义务时直接对其强制执行则面临理论上的争议。根据执行形式化原则的要求,执行依据执行力的主观范围原则上仅限于其所载明的权利人和义务人。当然,为顺应现实需求,执行力的主观范围允许进行一定的扩张,但执行力主观范围的扩张应当具有法律或法理上的依据。有学者将执行力正当性基础归纳为"程序保障""自我责任"和"效率优先"。对第三人执行的正当性基础最接近于"效率优先",即为协调效率原则,将前置性正当性程序保障调整为后置性正当性程序保障。[35]且这种程序保障应当以使其能够获得充分实体救济为标准。[36]

如以这一标准检视第三人于债权查封后行使抵销权的对应程序(参照债务人异议处理),则难谓提供了充分且正当的程序保障。第一,不停止执行缺乏法理依据;第二,以复议作为对异议结果不服的救济途径难以充分保障其实体权利。而参照案外人异议进行审查才是现有制度框架下的更优解。

(三)正当程序保障:参照案外人异议

笔者认为,处理第三人提出的抵销主张时,在现有规范体系之下,不应参照适用债务人异议的有关规定(即《民事诉讼法》第236条),而应当参照案外人异议的有关规定(即《民事诉讼法》第238条)。首先,二者在运作机理上具有相似性。法院对第三人债权的执行,实际上使该债权特定化而呈现出物权性的特征。近似地,实体法上便是将债权让与视作是一种处分行为,让与人将

---

[35] 黄忠顺:《执行力的正当性基础及其制度展开》,载《国家检察官学院学报》2016年第4期。
[36] 马登科、张翼:《对第三人债权执行的理论基础与实践路径——兼评〈民事强制执行法(草案)〉中的制度创新》,载《北方法学》2023年第1期。

债权如同动产或者不动产一般，作为一项财产而处分。[37] 而第三人主张抵销，本质上是使特定债权全部或部分剥离出被执行人的责任财产范畴，就这一层含义而言，其与案外人提起的旨在排除对特定执行标的执行的异议具有运作机理上的共通之处。其次，案外人异议的程序设置更适于处理第三人提出的抵销抗辩。如果第三人一提出抵销抗辩即停止执行，则会使"第三人逾期不提出异议且不主动履行即可对其强制执行"的规定沦为具文，有违效率原则；但不停止执行则不利于第三人的正当程序保障，有违公正原则。两相权衡之下，笔者认为可采取案外人异议程序的处理方式，即在异议审查期间"不得处分"被动债权。不得处分被动债权亦有助于抵销的便利功能之实现。抵销的便利功能是指通过抵销，双方当事人不必亲自履行各自的债务即可达到债权获偿之效果，同时也节省了履行费用，降低交易成本。[38] 如果在第三人逾期提出抵销抗辩后执行法院不停止执行，第三人通过抵销权行使所欲实现的便利功能则将落空。最后，以执行异议之诉作为后续救济途径亦具有合理性。抵销权是否成立，为实体判断问题，故应当通过诉讼程序进行救济，此为贯彻审执分离原则的必然要求。审判以公平为最高价值追求，而执行以效率为最高价值遵循。因此，执行中的实体争议应当交由审判部门按照诉讼程序做出发生既判力的判断。[39] 而现行规范体系下，案外人异议的后续救济途径为执行异议之诉；债务人异议的后续救济途径则仅为执行复议。两相比较，参照案外人异议处理显然更符合审执分离的要求。

结　　语

对于第三人抵销权可否在债权执行中行使的问题，规则供给虽有缺位，但司法实践不能坐等。笔者认为，该问题的实质在于判断查封债权人的查封权益与第三人的抵销权益何者应予优先保护，并提出以"尊重非执行法"规则为分析框架，在涉查封利益的不同立法模式下，引入利益衡量的相关要素，从而得出在不同立法模式下均应准许抵销的原则性结论。同时，为平衡查封权人的查封权益、充分考虑执行法的立法宗旨，笔者将可行使抵销权的具体情形限定为

---

[37]　同注2，第595页。
[38]　同注2，第696页。
[39]　参见庄诗岳：《论被执行人实体权利救济的路径选择》，载《河北法学》2018年10月。

"债权查封时,第三人对被执行人享有债权,且第三人的债权先于被执行人的债权到期或者同时到期"及"被执行人的债权与第三人的债权系基于同一合同产生"这两种情形。此外,笔者亦就第三人行使抵销权的程序保障问题进行检讨,指出在现行制度框架下,执行中对第三人抵销权抗辩的审查,以参照案外人异议为更优方案。笔者在现行法框架下给出了所涉问题的解题思路,也提出了对强制执行相关立法的完善建议,以期为强制执行的发展和完善贡献绵薄之力。

第十三章

执行外和解对执行程序的影响

一、问题的提出

甲欠乙 400 万元，法院判决甲应在判决生效之日起 10 日内给付乙 400 万元。履行期限届满后甲未主动履行，乙遂向法院申请强制执行。在法院调解之下，甲、乙达成执行和解，约定甲应在当年 7 月前向乙支付 300 万元，该判决即履行完毕。次日，甲、乙、丙三方私下达成债权转让协议，约定甲将对丙的 300 万元债权转让给乙，丙应在 7 月前支付，在丙履行完毕后，甲、乙、丙三方之间的债权、债务全部归于消灭。但丙没有按期履行，而是分别于 3 月、5 月、10 月及次年 2 月、5 月、10 月分六次向乙付款总计 300 万元，期间乙一直受领，未提出异议。半年后，乙以甲、丙履行迟延为由向法院申请恢复执行，要求甲继续按原判决履行；甲提出执行异议，认为自己已经履行完毕原判决义务。

该案例中存在两个和解协议，即甲、乙之间的执行和解协议和甲、乙、丙三人私下达成的债权转让协议。针对执行和解协议，我国现行法已经有了明确规定，甲没有按期履行执行和解，乙有权向法院申请恢复原判决执行，对此不再赘述。但甲、乙、丙私下达成的债权转让协议与执行和解有何区别，其性质、效力如何，对执行程序有何影响，该类异议应通过什么程序审查，这一系列的问题在实践中争议很大。[1] 对此，需先厘清相关理论基础。

二、执行外和解的理论透视

执行外和解包括两种情形，第一种情形是执行过程中当事人未在法院主持下自行达成且事后未提交到法院的和解，第二种情形是当事人在执行依据生效后、申请执行前达成的和解。笔者着重讨论第一种情形。下面首先对执行外和解与执行和解进行对比区分。

（一）执行外和解与执行和解的异同

我国《民事诉讼法》第 241 条及《执行和解规定》对执行和解有明确规定，

---

[1] 参见河南省郑州市中级人民法院（2015）郑执复字第 50 号执行裁定书，在该案中法院将执行外和解当作执行和解对待，对当事人的争议直接在执行异议程序中解决；（案例）参见广东省高级人民法院（2016）粤民申 2152 号民事裁定书，该案中当事人在执行外达成的和解法院认为应通过另行起诉的方式解决，其不属于重复起诉。

而执行外和解只有最高人民法院的个别案例和批复中略有涉及。[2] 二者最大的共性是都以原生效法律文书为基础，都是权利人在利益权衡后所选择的权利实现途径。但执行外和解与执行和解相比存在以下显著的区别。

1. 主体范围不同

《民事诉讼法》第241条明确规定执行和解的签订主体为"双方当事人"，这就限定了执行和解原则上只能是申请执行人与被执行人，其他案外人主要是以担保人等形式参与；而执行外和解的签订主体则不局限于生效法律文书所确定的当事人，其他案外人也可加入到该协议中承担义务或受让权利，成为和解协议的主体之一。

2. 内容形式不同

在执行中，双方当事人达成的执行和解，可以变更生效法律文书确定的履行义务主体、标的物及其数额、履行期限和履行方式；而执行外和解除包括上述执行和解的内容形式外，还可约定违约责任、侵权责任等，所产生的法律关系更为复杂。

3. 签订时间不同

执行和解只能在执行程序中，而执行外和解可产生于从法律文书生效到债务全部清偿的任何阶段[3]，其中包括申请强制执行前、申请强制执行后自行达成的和解。

4. 法律效果不同

只要一方当事人违背执行和解，另一方当事人即可向法院申请恢复执行原生效法律文书，也可以就履行执行和解协议向执行法院提起诉讼，和解协议不生效；而针对执行外和解，当事人达成合意协议就生效，即使一方出现违约，协议也未必能解除，原生效法律文书也不一定能恢复执行。

---

[2] 参见最高人民法院指导案例2号：《吴梅诉四川省眉山西城纸业有限公司买卖合同纠纷案》；《最高人民法院执行办公室关于如何处理因当事人达成和解协议致使逾期申请执行问题的复函》（[1999]执他字第10号）；《最高人民法院关于当事人对人民法院生效法律文书所确定的给付事项超过申请执行期限后又重新就其中的部分给付内容达成新的协议的应否立案的批复》（[2001]民立他字第34号）。

[3] 汤维建、许尚豪：《论民事执行程序的契约化——以执行和解为分析中心》，载《政治与法律》，2006（1）。

(二) 执行外和解的性质分析

对执行外和解定性是确定其效力的前提。分析执行外和解的性质，有利于明确其对执行程序所造成的影响并构建对当事人的救济途径。

1. 执行外和解是新的法律关系

执行外和解所产生的法律关系区别于生效法律文书中的法律关系。生效法律文书是对当事人之间产生的实体权利义务关系的确认，而执行外和解中，当事人以及第三人所达成的协议建立在生效法律文书所确定的实体权利义务基础上，是对已有的权利义务在当事人双方乃至第三人之间的重新分配，以及对权力的行使和义务的履行的重新规划，所产生的是新的法律关系。[4] 这种新的法律关系建立在基础法律关系之上，而又完全区别于基础法律关系，其内容是对生效法律文书所确定的权利义务进行处置的部分，而当事人对基础法律关系的确认并不能包含在其中。

比如，生效判决确定了债务人于 30 日内偿还债权人 100 万元欠款，当事人达成执行外和解：只要债务人 15 日内偿还债权人 90 万元，则债权人放弃所余 10 万元债权；或者，债权人将还款期限放宽至 60 日，但到期应偿还 110 万。此时，在执行外和解中所产生的新法律关系的内容就是债务人提前还款而债权人放弃 10 万元债权或债务人延迟还款而债权人增加 10 万元债权，而不是债务人偿还 90 万或 110 万。如果产生纠纷，争议的标的应该是放弃或增加的 10 万元，而不是 90 万或 110 万，因为建立执行外和解的基础法律关系 100 万已经判决确认，无需再行争议。

同理，如果执行外和解只是单纯的延展期限或有相对复杂的内容，如债权、债务转让，以物抵债等，其所产生的新法律关系也只包括履行期限的变更、债权的处分和实现方式的变化等，当事人也只能基于这些内容所产生的争议要求违约方继续履行义务或赔偿损失。

2. 执行外和解是诺成性合同

从是否要交付标的物的合同分类角度讲，执行外和解不同于执行和解。根据目前学界的共识以及司法实践，执行和解属于实践性合同，只有和解协议履行后才能成立，如一方当事人拒不履行，和解协议就不成立，可以恢复原判决的执行。德国、日本以及我国台湾地区将执行契约定性为纯粹的私法行为，不

---

[4] 黄立：《民法债编各论》，830～834 页，北京，中国政法大学出版社，2003。

具有公法上的效力。作为一种特殊的和解，[5] 执行和解归属于实践性合同具有理论与实践的双重意义，且与我国的法律规定相适应。而执行外和解在相关法律规范中并没有体现，是当事人之间基于权利处分所达成的普通协议，性质上与借款合同等无异，无须交付标的物，只要当事人达成合意合同即成立，也同时适用合同生效、无效、撤销、变更、解除等规则。因此，执行外和解从合同分类上属于诺成性合同。

（三）执行外和解效力分析

1. 执行外和解是当事人权利自由处分的结果

当事人对其所享有的民事权利，包括程序权利和实体权利，都有权在法律规定的范围内自由处分[6]。程序权利的处分一方面表现为对救济途径的选择，不论选择诉讼、仲裁还是公证，只要当事人对救济途径达成合意即可；另一方面为对诉讼程序的放弃，在诉讼过程中，当事人可以放弃法庭调查、答辩等权利，直接与对方达成和解，确定各自的权利义务，甚至在公证债权文书当中，当事人合意放弃诉讼权利，直接赋予债权文书执行力。当事人对实体权利的处分更是广泛，主要表现为：放弃自己的权利、主动承担义务、约定债权的实现方式或期限、变更标的物等。当事人对程序和实体权利的处分时间也有权选择，如果是单方面行为，只要对方接收到其处分的意思表示即可；而如果是需要双方或多方的合意，则不论是诉讼前、诉讼中还是诉讼后，只要该合意达成即可实现权利处分。

与当事人的自然民事权利相比，生效法律文书所确定的权利受到了公权力的保护，具有了确定力、既判力和执行力[7]，具有强制执行效力的公证债权文书不同于经过诉讼、仲裁的裁判，前者只具有执行力而不具有既判力。生效法律文书具有了确定力、既判力和执行力，但这并不意味着当事人对其丧失了处分权。当事人有权选择是否启动公权力的保护、何时启动以及启动后何时中止，这是对当事人处分权的保障，恰恰体现了私法领域意思自治的核心原则和对生效法律文书既判力的尊重和服从，"因为生效法律文书所记载的权利义务关系是

---

[5] 陈群峰、雷运龙：《论民事执行和解司法审查的本质、功能与效力》，载《法学家》，2013（6）。

[6] 雷运龙：《民事执行和解制度的理论基础》，载《政法论坛》，2010（11）。

[7] 杨与龄：《强制执行法论》，68 页，北京，中国政法大学出版社，2002。

当事人进行利益权衡和处分的起点。"[8]

2. 执行外和解是实现生效法律文书的途径之一

当生效法律文书确认当事人之间的权利义务之后，权利人可以通过多种途径来实现自己的权利，包括义务人主动履行、申请强制执行、与义务人达成和解等。在和解中，可以变更履行方式、履行期限，这是对原权利的变相实现。目前很多地方法院案多人少，司法资源极其有限，加之很多义务人本身没有履行能力以及法律规定的限制，想要所有案件都由法院强制执行到位并不现实，实践中也确实有大量案件无法执行到位。而通过和解尤其是执行外和解，权利人可以根据自身的利益需要在法律规定的范围内任意与义务人达成协议，义务人也可以充分利用其已有的财产来履行义务，是一种灵活且高效的权利实现途径。

三、执行外和解对执行程序的实体影响

执行外和解与强制执行作为生效法律文书实现的两种不同途径，既相互影响又有所区别。从实体角度来说，当事人所达成的执行外和解对执行程序有何影响、在不同的履行状态下效力有何差异等问题，都需要深入探讨，以促使这两种途径有效衔接，充分发挥其作用。

（一）执行外和解对生效法律文书执行力的影响

1. 理论争议

目前，学界对执行外和解对生效法律文书执行力的影响研究较少，但对最高人民法院指导案例2号——"吴梅案"的讨论则非常热烈。"吴梅案"中的和解包含在执行外和解当中，其中的规则也适用于执行外和解，因此，这些研究与笔者的探讨有一定相通之处。对于"吴梅案"所呈现的规则，学界众说纷纭，主要有："执行力替代说"[9]，认为一审判决已生效的情况下，诉讼外和解并不会影响判决的既判力，但可以暂时性的代替或"冻结"判决的执行力，是从实体

---

[8] 张立平、李佳：《论执行和解的法理基础》，载《甘肃政法学院学报》，2008（1）。
[9] 王亚新：《一审判决效力与二审中的诉讼外和解协议——最高人民法院公布的2号指导案例评析》，载《法学研究》，2012（4）。

上进行的判断;"否定说"[10],认为诉讼外和解不能阻碍生效判决的执行,但关键的分野不在实体,而在程序,笔者主要是从程序的角度认为诉讼外和解即使履行完毕,原生效判决也可以申请执行,但是否要排除执行需要通过一定的程序来认定[11];"附条件合同说"[12],认为和解协议是附条件合同,条件成就合同生效,判决的执行力随着和解的生效和解除而冻结和恢复;"合同解除说"[13],认为生效判决的执行或恢复执行应以和解协议解除或撤销等原因而失效作为判断标准;"债更新说"[14],认为协议的新债对判决的旧债构成更新,判决执行力是否排除取决于新债是否履行,其判断也需通过特定程序。

这些观点均从实体和程序两方面探讨了和解协议是否构成对生效判决执行力的阻却。在程序判断方面,学者们基本能达成共识,认为需要通过特定的程序来对原判决能否执行进行认定,在认定之前原判决仍然具有执行力。在实体判断方面,学者们通过为执行外和解寻找不同的理论依据来阐释原判决执行力是否被阻却,但无论依据哪种理论,最终的结论是一致的,即和解协议的存在在实体上会阻却原判决的执行力。

2. 执行外和解对生效法律文书执行力的阻却

执行外和解与强制执行作为权利实现的两种主要途径,当事人只能择一而适用。当两种途径发生竞合时,要首先判断适用哪种途径。执行外和解产生于生效法律文书已经形成强制执行力之后。如果执行外和解有效,应优先适用和解的途径,而暂时排除强制执行的途径。因为,法律文书生效后当事人便有了选择强制执行的权利,但当事人却选择暂不启动或中止执行,而达成执行外和解,和解就成为当事人最新的选择,因此其在适用的顺位上要优先于强制执行。此时生效法律文书的执行力并没有消灭,而只是被当事人的合意所阻却,权利人仍可依据原生效法律文书向法院申请强制执行,但义务人也可以依据和解协

---

[10] 吴泽勇:《"吴梅案"与判决后和解的处理机制——兼与王亚新教授商榷》,载《法学研究》,2013(1)。
[11] 严仁群:《二审和解后的法理逻辑:评第一批指导案例之"吴梅案"》,载《中国法学》,2012(4)。
[12] 隋彭生:《诉讼外和解协议的生效与解除——对最高人民法院〈指导案例2号〉的实体法解释》,载《中国政法大学学报》,2012(4)。
[13] 贺剑:《诉讼外和解的实体法基础——评最高人民法院指导案例2号》,载《法学》,2013(3)。
[14] 郑金玉:《和解协议与生效判决关系之债法原理分析——兼论'吴梅案'的规则解释》,载《比较法研究》,2015(4)。

议提出抗辩，经过特定程序认定和解协议有效后，法院的强制执行会被阻却。而当和解协议被认定无效、撤销或解除后，和解的途径才被排除，生效法律文书的执行力将会恢复，重新适用强制执行程序。

3. 执行力是不可分割的整体存在

生效法律文书的执行力是一个整体，不能分割，不存在部分阻却或"冻结"，其是否被阻却与和解协议是否生效有关，与履行状态无关。即使和解协议没有履行，只要它没有解除，原生效法律文书的执行力就仍然被阻却；而即使和解协议履行完毕，如果其被认定为无效或被撤销，原生效法律文书的执行力仍然恢复，且执行内容和原生效法律文书确定的内容一致；在和解协议部分履行的情况下，原生效法律文书的执行力随着和解协议的解除而恢复，此时的执行力仍然是完全存在的，只是执行的内容发生了变化，和解中实现的部分权利会在强制执行程序中予以扣除。[15]

（二）执行外和解履行状态对执行程序的影响

执行程序是否启动取决于生效法律文书的执行力是否被阻却，而后者又取决于执行外和解是否有效存续。总体而言，执行外和解协议生效，就排除执行程序，和解协议一旦解除，执行程序又将恢复。作为诺成性合同的和解协议，只要当事人之间达成合法有效的合意，签订书面协议即可生效。和解协议的解除与一般合同解除适用的规则一致，但执行外和解是建立在生效法律文书基础上的新法律关系，其合同目的较为特殊，合同履行状态对合同效力的影响更加敏感，其解除规则带有自身的特殊性，相比之下更加复杂。

1. 执行外和解完全履行

该情况下当事人之间的权利义务履行完毕，而基础的生效法律文书确定的权利义务也随即终止，生效法律文书在执行程序中应被认定为履行完毕，终结执行程序，不得再行恢复。

2. 执行外和解完全不履行

"吴梅案"所呈现的正是这种履行状态。执行外和解建立在生效法律文书

---

[15] 严仁群：《二审和解后的法理逻辑：评第一批指导案例之"吴梅案"》，《中国法学》，2012（4）。其认为的"债务人可基于和解协议请求部分排除执行力"，作者观点是对生效法律文书执行力的一种割裂，突破其完整性，不利于厘清执行外和解的效力体系。

已经确定的权利义务基础之上，而生效法律文书所确定的权利义务绝大部分是单方负有义务的，因此和解协议也大部分是单务合同，约定义务人如何履行债务及其违约责任。对于和解协议中权利人放弃权利的约定，不需要权利人有任何作为，只是合同履行完毕后客观产生的效果，并不能成为权利人应为的义务，权利人也无法拒绝履行。对于单务合同，只要义务人不主动履行或经催告后仍不履行，权利人就享有法定解除权，在通知对方后和解协议即解除，[16]权利人申请强制执行也可视为向对方发出通知。当然，和解协议也有部分是双务合同，自然适用于双务合同中抗辩权、解除权等规则，此时，如果权利人违反和解协议，义务人不同意解除合同，仍然无法启动执行程序。

3. 执行外和解迟延履行

该情况下和解协议能否解除主要取决于合同目的。执行外和解大多是"以金钱换时间"，权利人宁肯放弃部分权利也希望尽早实现剩余部分。此时合同目的的关键因素就是履行时间，而如果义务人迟延履行，就会导致合同目的无法实现，构成根本性违约，权利人便享有法定解除权，[17]并有权申请恢复执行原生效法律文书。但是，在执行外和解中当事人如果没有换取时间的意思表示，只是一般性的在履行合同中的迟延，比如在以物抵债的和解中，义务人交付物的时间有所迟延，此时义务人仅构成违约，应承担违约责任，赔偿权利人因迟延履行所造成的损失，但权利人并不因此享有合同解除权。

例如在前面案例中，如果乙于7月前没有全部受领到案款，就有权解除债权转让协议并申请恢复原判决执行。因为乙放弃100万债权的目的就是尽早实现剩余债权，而丙并没有按期履行，因而未能实现乙在订立合同时的目的，所以该和解协议就应该被解除，恢复原判决执行，由甲偿还乙剩余债务。

4. 执行外和解部分履行

该情况下和解协议是否解除同样取决于合同目的。在"以金钱换时间"的和解中，当义务人无法足额履行时，合同目的无法实现，权利人自然有权解除和解协议，恢复原生效法律文书的执行。但如果是其他方式的和解，其目的为通过更有利的方式实现债权，协议是否解除应取决于义务人履行的比例。如果义务人履行了绝大部分（三分之二以上），便应继续履行并承担违

---

[16] 韩世远：《合同法总论》，507～511页，北京，法律出版社，2011。
[17] 《民法典》第563条第1款第4项。

约责任，权利人无合同解除权。而如果义务人没有履行绝大部分，即没有履行主要债务，权利人就享有法定解除权，[18]可解除和解协议，恢复强制执行程序。

5. 执行外和解不完全履行

不完全履行包括瑕疵履行和加害给付，和解协议是否解除取决于义务人的履行行为能否补正及权利人的态度。当义务人瑕疵履行时，权利人有权要求其进行补正，但补正后对权利人已无利益或无法补正的，权利人有权要求解除合同。在补正期间所造成的损失应由义务人负责赔偿。义务人加害履行，主要存在于以物抵债中，如义务人履行完毕，但因标的物的质量等原因给权利人造成损失，此时权利人并不享有合同解除权，而只能依据和解协议向义务人主张违约责任或侵权损害责任。原生效法律文书确定的权利在该纠纷解决后即已实现，不能再进入执行程序。

四、执行外和解未完全履行下的权利救济

在执行外和解的履行过程中，不论是权利人还是义务人都可能出现违约而引发纠纷，针对和解协议的履行状态、结果以及影响也都有可能产生争议。这些争议不仅关系到和解协议的效力，而且涉及能否排除执行程序。通过合理且适当的程序解决这些争议，认定和解协议的履行情况及效力，从而对执行程序的运行或排除进行判断，保障当事人合法权利。

（一）现行法规定执行程序中的权利救济路径及缺陷

由于执行外和解是否阻却执行程序应经过特定程序认定后方发生效力，所以当权利人对义务人的履行行为不满意时，往往会向法院申请强制执行，而义务人会基于和解协议提出抗辩。对于在执行程序中债务人提出的此类异议，目前我国相关法规中只有被执行人提出的关于债权消灭、丧失强制执行效力等实体事由而排除执行的异议，可提出的异议范围十分狭小。此类异议的审查程序依照《民事诉讼法》第236条，[19]该条是对执行行为异议审查的规定，多为书面

---

[18]《民法典》第563条第1款第2项。
[19]《异议和复议规定》第7条第2款。

审查程序，只有案件复杂时才会进行听证，更倾向于形式合法的审查，当事人的举证质证和法庭辩论权不能充分行使，不利于案件事实的查清，而且该程序所对应的复议程序也基本是书面审查，无法保障当事人的诉权。针对这一情况，最高人民法院和部分地方法院制定了更加详细的执行工作规范，例如《北京市法院执行工作规范》第 504 条规定："对债务人异议案件，应当召开听证会进行审查；审查中应充分听取各方当事人意见，保障各方当事人的陈诉、举证、质证和辩论的权利。"北京市高院的这一规定进一步保障了当事人的异议权利，有利于案件事实的查清。但是，其所适用的审查程序仍然较为简化，没有赋予当事人完整的诉讼权利，且当事人没有上诉权，只能申请复议。此外，债务人可提出的异议范围仍然比较狭窄，不能全部覆盖执行外和解中所产生的争议范围。因此，对于在执行外和解中当事人所产生的争议，根据现有规定，义务人无法充分行使诉权，保障其自身合法权利，从而也无法准确认定执行外和解的效力。

（二）执行阶段权利救济制度域外立法

在一些大陆法系国家和地区，执行阶段无论从程序权利救济还是实体权利救济都设计有较为完备的制度，这些制度当中有的是我国目前已经存在运行的，而有的制度我国目前并未有相关规定，而恰恰也是因为这种制度上的欠缺，导致了我国执行阶段当事人权利保护不充分、制度运行不顺畅。将一些运行成熟的立法经验进行梳理，探索执行阶段权利救济的内在逻辑和制度规律。

（1）德国执行阶段权利救济途径主要有：执行异议、债务人异议之诉和第三人异议之诉，其中执行异议是程序权利救济途径，后两者都是实体权利的救济途径，主要的区别在于主体不同。执行异议和第三人异议之诉与我国的相关制度基本匹配，而债务人异议之诉主要适用于：第一，债务人针对判决确定的请求权本身提出的异议，异议理由要发生在言辞辩论终结后；第二，债务人反对发给执行条款，即债务人基于已经清偿、抵消、附条件等事由反对债权人启动强制执行程序；第三，权利继受人基于法定或约定情形取得权利只承担有限责任而提出异议。

（2）日本的执行救济途径包括：执行抗告制度、异议制度、债务人异议和第三人异议之诉制度，执行抗告制度相当于我国的复议和上诉制度，与异议制度一起解决程序权利救济问题，而后两者都是解决实体权利救济问题，其中第三人异议之诉制度与我国相似。债务人异议制度与德国相似，都包括针对请求权本身提出的异议和启动强制执行程序提起的异议，此外，还包括分配异议之诉。

（3）我国台湾地区的执行救济途径包括：声请、声明异议、抗告、债务人异议之诉和第三人异议之诉，其中前三者都是程序权利救济途径，后两者是实体权利救济途径。其中第三人异议之诉制度与我国大陆现行制度相似，债务人异议之诉制度适用于债务人基于债权不成立或有消灭和妨碍债权人请求权事由发生情况下提起的异议之诉，事由发生的时间应发生在言辞辩论终结后，但如未进行言辞辩论，如公证债权文书执行，事由也可以发生在执行依据生效前。[20]

从域外执行阶段权利救济立法情况来看，都包括有程序权利和实体权利救济两个方面，与我国现行制度相比，我国缺少实体权利救济中的债务人异议之诉制度。这一制度的设立可能会影响执行效率，但是会充分保障当事人的权利，在公正与效率两大价值发生冲突时，应该更加倾向于公正价值的追求。

（三）完善执行阶段的权利救济机制

1. 探索建立债务人异议之诉制度

鉴于在执行程序中也会产生实体权利的变化，对于这些实体权利的争议应当通过完整的诉讼程序予以解决，保障当事人举证质证、法庭陈述辩论的权利。对于实体权利的争议要区别于执行行为异议，前者关系到当事人切身利益，而后者则针对法院办理案件过程中的程序性错误，通过形式审查就基本可以认定，因为法院的执行行为都需书面化、表象化，而解决实体权利纠纷必须建立在查清事实的基础上。我国应建立起区别于执行行为异议程序的债务人异议之诉制度，当有债权不成立、有消灭或妨碍债权人请求权事由发生后，债务人可提起

---

[20] 王娣：《我国民事诉讼法应确立"债务人异议之诉"》，载《政法论坛》，2012（1）。

异议之诉，阻却强制执行程序。[21] 提起债务人异议之诉的主体包括被执行人及其权利继受人，以及强制执行行为涉及的相关义务人。异议事由发生时间应限定在执行依据法庭辩论终结前，但未进行言辞辩论的执行依据（如公证债权文书）不应限定事由发生时间。异议之诉应在执行程序终结前向执行法院提出。执行外和解是当事人间权利义务的重新分配，使原有的法律关系变得更为复杂，包括抵消、以物抵债、免除、混同、权利义务转移、债务加入等较为复杂的事实情况，通过债务人异议之诉充分保障当事人的诉权，有利于查清事实，实现案件实体公正。

2.规范当事人基于和解协议另诉制度

执行外和解对执行程序的影响不仅可以通过执行程序内的途径加以判断，而且还可通过独立于执行程序的诉讼程序进行认定，主要表现为当事人通过另行起诉的方式解决执行外和解中产生的争议，在该单独诉讼中所认定的事实及和解协议的效力，可直接对执行程序产生影响。例如，在另行起诉中，如果法院认定原生效法律文书已经履行完毕，就直接产生终结执行程序的法律效果，权利人无权再申请执行。因此，当事人基于执行外和解协议提起的诉讼能够起到维护自身权利及认定和解协议效力的双重作用。

在执行外和解协议的履行过程中，若出现义务人迟延履行、不完全履行等情况，权利人不仅无法有效实现自身权利，还会承受一定损失。但即使出现这些情况，和解协议也未必能解除，或者权利人不愿解除，而要求对方继续履行、赔偿损失，这些纠纷就应通过诉讼的方式另行解决。由于执行外和解是新产生的法律关系，所以对其提起诉讼完全有别于基础权利义务的诉讼，后者诉的结果是前者诉的依据，而前者诉的结果又会影响后者的执行程序。当然，由于执行外和解也可能是双务合同，所以也存在权利人在履行过程中给义务人造成损害的情况，若如此，义务人也可对此提起诉讼，要求权利人进行赔偿。因此，当事人基于执行外和解提起诉讼并不违反"一事不再审"的原则。但是，目前个别法院会依据一事不再审的原则不受理或驳回起诉，[22] 这一做法应得到纠正，

---

[21] 根据德国民事诉讼法第767条、日本民事执行法第35条、我国台湾地区"强制执行法"第14条的规定可以看出：提起债务人异议之诉的理由基于对执行依据确认的请求权本身（包括其是否存在、其内容）有异议，比我国司法解释确定的异议范围宽泛。

[22] 参见广东省高级人民法院（2016）粤民申2152号民事裁定书，该案的二审法院就认为依据执行外和解提起的诉讼与原诉讼构成重复诉讼，遂驳回起诉，而在广东省高院的再审中才纠正过来。

以保障当事人权利救济途径畅通。

  总之，执行外和解作为生效法律文书所确定权利的实现方式，是当事人利益权衡的结果，立法及司法实践应对当事人这一选择进行保护。为完善执行外和解制度，一方面要统一裁判审查规则，另一方面应尽快从立法层面构建起债务人异议之诉制度。确保执行外和解这一权利实现途径的有序运行，也为解决执行难多开辟一条道路。

第十四章 不动产买受人剩余价款交付执行的裁判规则

【裁判要旨】

《最高人民法院关于人民法院办理执行异议和复议案件若干问题的规定》（以下简称《异议和复议规定》）第 28 条第 3 项规定的已按照合同约定支付部分价款，是指在知道或应当知道人民法院查封之前已按照合同约定支付部分价款；买受人交付执行的剩余价款应当自其知道或应当知道人民法院查封之日起算。

【案例索引】

（2019）京 0115 民初 23659 号民事判决书

一、当事人基本情况

原告（执行案外人）：宋某荣。

被告（申请执行人）：徐某。

被告（被执行人）：杨某梅。

二、基本案情

原告宋某荣向法院提出诉讼请求：1. 判令停止对北京市大兴区永兴路 × 号院 × 号楼 × 层 × 单元 × 房屋（以下简称涉案房屋）的执行，解除对涉案房屋的查封；2. 判令被告承担本案诉讼费。

事实和理由：因法院在徐某与杨某梅、马某峰民间借贷纠纷一案中，保全查封杨某梅名下涉案房屋，且该案已进入执行程序，故宋某荣对该房屋提出排除执行异议。第一，宋某荣与杨某梅在涉案房屋查封前就已经签订合法有效的书面房屋买卖合同。2017 年 7 月 18 日，二人通过居间人北京龙湖物业服务有限公司（以下简称龙湖物业公司）就涉案房屋签订《买卖定金协议书》，约定定金为 500 000 元。2017 年 8 月 2 日，二人签订《北京市存量房屋买卖合同》，约定房屋成交总价为 7 500 000 元；其中，房屋成交价格为 2 300 000 元；房屋家具、家电、装饰装修及配套设施设备作价为 5 200 000 元。第二，宋某荣已支付全部房屋成交价并实际占有涉案房屋。截至 2019 年 7 月 30 日，宋某荣已按照约定分别于 2017 年 7 月 18 日支付定金 500 000 元，2017 年 8 月 29 日支付购房款 4 000 000 元，2017 年 10 月 31 日支付购房款 500 000 元，2018 年 1 月 7 日支付购房款 412 980 元，并根据《补充协议》的约定替杨某梅偿还涉案房屋的按揭贷款 24 期。上述履行的金额中已包含房屋成交价 230 000 元及部分房屋家具、家电、装修及配套设施设备作价款。合同签订后，杨某梅于2017年8月将涉案房屋交付宋某荣实际居住使用。第三，涉案房屋未办理过户登记并非宋某荣自身原因。办理过户登记需要杨某梅到场，但杨某梅无法到场导致未能办理过户手续，且后涉案房屋又被查封，使过户更为困难。第四，宋某荣同意将房屋买卖合同中约定的部分房屋家具、家电、装修及配套设施设备款项交付法院执行。综上所述，请求法院支持宋某荣的诉讼请求。

被告徐某辩称，不同意宋某荣的诉讼请求。根据宋某荣与杨某梅买卖合同和补充协议可知，涉案房屋设有抵押，过户前宋某荣需向杨某梅支付剩余房款用于还清银行贷款并解除涉案房屋所设抵押。但宋某荣在执行异议程序中已经表示无力将剩余房款交付法院执行。涉案房屋未办理过户登记系因宋某荣未付清房款所致，即其存在过错。且宋某荣未按照合同约定支付部分价款且不能将剩余价款交付执行。另外，宋某荣提交的证据不足以证明其在查封前已经合法占有涉案房屋。综上，请求法院驳回宋某荣的诉讼请求。

被告杨某梅未到庭参加诉讼，亦未提交书面答辩意见。

法院查明：徐某与杨某梅、马某峰民间借贷纠纷一案，根据徐某的诉前保全申请，法院于2018年2月2日查封涉案房屋。后法院于2018年12月25日作出（2018）京0115民初5790号民事判决书，判决杨某梅、马某峰向徐某偿还借款本金700 000元及借款利息。判决书生效后，徐某向法院申请强制执行。执行过程中，宋某荣就涉案房屋提出案外人异议，法院于2019年8月28日作出（2019）京0115执异181号执行裁定书，裁定驳回宋某荣的异议请求。宋某荣不服该裁定，向法院提起案外人执行异议之诉，即本案。

第一，房屋买卖合同及相关合同签订情况。

2017年7月18日，杨某梅（出卖人，甲方）、宋某荣（购买人，乙方）、龙湖物业公司（居间方，丙方）就买卖涉案房屋签订《买卖定金协议书》，约定以7 500 000元的成交价格购买涉案房屋，乙方向甲方支付定金500 000元。

2017年8月2日，杨某梅（出卖人）与宋某荣（买受人）就涉案房屋签订《北京市存量房屋买卖合同（经纪成交版）》，约定：房屋成交总价为7 500 000元；具体支付方式及期限：1.定金500 000元，于2017年8月2日前向出卖人支付，支付方式为自行交割；2.物业交接保证金10 000元，于物业交割完毕当日支付；3.户口迁出保证金10 000元，于房屋内现有户籍迁出当日支付；4.剩余购房款：（1）买受人应于2017年8月31日前向出卖人支付购房款4 000 000

元；（下称第一笔购房款）（2）买受人应于2017年10月31日前向出卖人支付购房款500 000元；（下称第二笔购房款）（3）买受人应于2017年12月31日前向出卖人支付购房款412 980元；（下称第三笔购房款）（4）买受人应于2018年8月2日前向出卖人支付购房款2 067 020元；（下称第四笔购房款）（5）第四笔购房款出卖人应用于办理涉案房屋在中国农业银行的贷款抵押解除手续。上述款项出卖人收款账户为杨志梅名下中国银行账户。买卖双方同意，自本合同签订之日起365日内，双方共同向房屋权属登记部门申请办理涉案房屋权属转移登记手续。

2017年8月2日，杨某梅（出卖人，甲方）与宋某荣（买受人，乙方）签订《补充协议》，其中第六条约定：涉案房屋尚有银行贷款2 067 020元未还清（截至2017年9月10日，即第四笔购房款），自2017年9月10日起甲方将银行贷款的还款合同和还款账号交由乙方代管，由乙方每月代还月供；过户前乙方支付甲方剩余房款用于甲方解押房产，还清银行贷款，甲方需配合办理相关手续。

2017年8月2日，杨某梅（出卖人）、宋某荣（买受人）、龙湖物业公司（居间方）就涉案房屋签订《居间服务合同》，合同落款处龙湖物业公司联系人记载为孙月秋。

第二，涉案房屋价款支付情况。

2017年7月18日，宋某荣向杨某梅支付定金500 000元。

2017年8月29日，宋某荣向杨某梅支付第一笔购房款4 000 000元。

2017年10月5日，宋某荣向居间方龙湖物业公司联系人孙月秋转账20 000元，用于交纳物业交接保证金及户口迁出保证金。

2017年11月2日，宋某荣向杨某梅支付第二笔购房款500 000元。

2018年1月7日，宋某荣向杨某梅支付第三笔购房款412 980元。

对于第四笔购房款支付情况，宋某荣陈述，其依据《补充协议》第六条的约定，每月替杨某梅偿还按揭贷款，自2017年9月至2019年8月间共计24期，每期按揭贷款金额为11 253.11元。对此，宋某荣提交了其中18期的支付凭证。法院对宋某荣代偿18期按揭贷款的事实予以认定，即共计偿还按揭贷款202 555.98元。

结合上述事实，法院认定，涉案房屋总价款为7 500 000元，宋某荣已支付5 635 535.98元，尚未支付1 864 464.02元。

另查，2020年1月2日，宋某荣向法院案款专户汇入1 906 971元。根据宋某荣的陈述，其中1 796 946元系涉案房屋的剩余价款（根据代为偿还按揭贷款期数为 24 期计算所得），另外 110 025 元系为确保满足已将剩余价款全部交付法院执行的条件而额外交纳的款项。

第三，涉案房屋占有情况。

根据宋某荣提交其为涉案房屋交纳电费交易记录等证据显示的时间，法院认定宋某荣于 2017 年 9 月 28 日起占有涉案房屋。

三、裁判情况

法院认为：金钱债权执行中，买受人对登记在被执行人名下的不动产提出排除执行异议，应符合以下条件，即在法院查封之前已签订合法有效的书面买卖合同、在查封之前已合法占有不动产、已支付了全部价款或者已按照合同约定支付部分价款且将剩余价款按照人民法院的要求交付执行、非因自身原因未办理过户登记。本案中，第一，宋某荣签订房屋买卖合同及占有涉案房屋的时间均早于法院保全查封涉案房屋的时间，且宋某荣已按照《北京市存量房屋买卖合同（经纪成交版）》及《补充协议》的约定支付相应价款，并按照法院要求将剩余价款交付执行。第二，关于未办理过户登记是否为宋某荣自身原因，宋某荣与杨某梅于 2017 年 8 月 2 日签订买卖合同时，约定双方共同向房屋权属登记部门申请办理涉案房屋权属转移登记手续的时间为合同签订之日起 365 日内，而法院查封涉案房屋的时间为 2018 年 2 月 2 日，此时双方约定的办理过户登记的期限尚未届满，且宋某荣在签订合同时亦无法预见涉案房屋将被查封。此外，在双方约定的办理过户登记期限内，宋某荣一直按照《补充协议》的约定履行代偿银行按揭贷款的义务，故法院认定宋某荣就房屋未能办理过户不存在过错。

综上，宋某荣享有足以排除强制执行的民事权益，对于宋某荣的诉讼请求，法院予以支持。判决停止对涉案房屋的执行。

四、案例注解

实践中，由于不动产买卖往往系大额交易，故像本案案外人宋某荣和被执行人杨某梅那样，在买卖合同中约定分期支付价款的情况大量存在。根据《异议和复议规定》第 28 条的规定，已按照合同约定支付部分价款的买受人，如欲成立物权期待权从而排除对不动产的强制执行，则需将剩余价款按照人民法院的要求交付执行。

围绕剩余价款交付执行,本案的核心问题可归纳为如下四个方面:第一,交付执行的剩余价款从何时起算;第二,买受人在不同时间段向被执行人支付价款的法律后果及例外情形;第三,买受人将剩余价款交付执行的期限;第四,剩余价款交付执行后应如何分配。

(一)剩余价款起算时间的认定

本案中,案外人杨某梅与被执行人宋某荣签订的买卖合同约定,第四笔购房款以宋某荣代杨某梅每月偿还银行按揭贷款的方式支付。那么,在法院要求宋某荣将剩余价款交付执行之前,其是否仍按照合同约定继续代偿银行按揭贷款?换言之,法院应从何时开始计算交付执行的剩余价款具体数额?

这一问题涉及《异议和复议规定》第28条第3项的理解与适用。

1.《异议和复议规定》第28条的文本分析

根据《异议和复议规定》第28条的规定,买受人物权期待权的成立,应符合以下四项要件:(1)在人民法院查封之前已签订合法有效的书面买卖合同;(2)在人民法院查封之前已合法占有该不动产;(3)已支付全部价款,或者已按照合同约定支付部分价款且将剩余价款按照人民法院的要求交付执行;(4)非因买受人自身原因未办理过户登记。

四项要件中,第一项要件(签订买卖合同)与第二项要件(占有不动产)的成就,均有明确的时间状语作为限定,即均需发生在"查封之前"。值得注意的是,第四项要件(非因自身原因未办理过户登记),虽无"查封之前"这一时间状语作为限定,但笔者认为这是立法者为追求文本的简洁性所作的省略。因为查封行为必然导致不动产无法办理过户登记,故在查封之后,自然也不存在讨论买受人对未办理过户登记是否存在过错的问题了。

相比之下,第三项要件中"已支付部分价款"的情形,法条则并未明确究竟是相对哪一时间节点而言。然而,这一时间节点,是买受人向被执行人履行支付价款义务的终点,是法院计算买受人需交付执行的剩余价款数的起点。明确这一时间节点,将有助于裁判尺度的统一和执行实践的规范。

2.三个不同时间节点的辨析

对于剩余价款应当从何时起算,实务中存在三种观点:一是不动产被查封之日;二是法院要求买受人交付执行之日;三是买受人知道或应当知道不动产被查封之日。

笔者认为，相较而言，以买受人知道或应当知道不动产被查封之日作为起算时间最为妥当。

（1）以查封之日起算存在的问题。交付执行的剩余价款从查封之日起算的观点存在如下问题：

第一，与体系解释的规则相悖。在《异议和复议规定》第 28 条第 1 项及第 2 项均有"查封之前"这一时间状语作为限定的情况下，在同一法条中，第 3 项则未对此加以规定，笔者认为这可以理解为立法者的"有意沉默"[1]，即其实际上表明了立法者对以查封之日作为剩余价款起算时间的否定立场，或其至少有待商榷。

第二，与该条的立法目的不符。从立法目的来看，将买受人签订买卖合同和占有该不动产的时间均限定在查封之前是较为合理的。例如，之所以规定需于查封之前占有不动产，是因为查封后占有的，受查封效力所及，不得对抗债权人；如此规定同时也是为减少被执行人与买受人恶意串通的可能性。[2] 但是，以查封之日作为剩余价款的起算时间则不尽合理。实践中，买受人并没有办法实时掌握不动产权利状态的变化情况，与此同时，其又基于买卖合同负有支付价款的义务，因此，其在不知不动产已查封的情况下履行合同义务的行为，不具有可归责性。

（2）以人民法院要求交付执行之日起算存在的问题。剩余价款从人民法院要求交付之日起算的观点与立法意旨有所偏离。要求买受人将剩余款项交付执行，本质是执行权作为公权力对被执行人与案外人之间的民事权利进行适当干预，而不令法院的强制执行完全受制于两者的合同约定。[3] 这一做法，是为平衡申请执行人和案外人的利益，而对合同相对性所作的突破。案外人通过将剩余价款交付执行（而非向被执行人支付）来获得排除不动产执行的有利结果，而申请执行人则通过该笔款项得以受偿。

实务中，在买受人知道或应当知道查封之后至法院要求交付执行之前，往往存在一定时间间隔，如其仍然按照合同约定向被执行人支付价款，则将使法院强制执行的目的无法充分实现，从而导致申请执行人本可获得受偿的数额相

---

[1] 王利明：《法律解释学》，107 页，北京，中国人民大学出版社，2016。
[2] 江必新、刘贵祥主编：《最高人民法院执行最新司法解释统一理解与适用》，212 页，北京，中国法制出版社，2016。
[3] 江必新、刘贵祥主编：《最高人民法院执行最新司法解释统一理解与适用》，212 页，北京，中国法制出版社，2016。

应减少。另外，这一时间差也为买受人与被执行人恶意串通、以履行合同义务的形式规避执行提供了空间。

（3）以买受人知道或应当知道查封之日起算的依据。买受人自知道或应当知道之日起应当停止向被执行人支付价款，这一安排的本质在于合同义务让位于强制执行。

其一，现行法律框架下的可行性分析。此时买受人已具备《民法典》合同编关于不安履行抗辩权的行使条件。根据该条规定，应当先履行债务的当事人，有确切证据证明对方有丧失或可能丧失履行债务能力的情形的，可以中止履行。法院的查封已使得被执行人无法按照合同约定履行协助过户的义务，因此，买受人在得知这一情况后停止支付价款的行为于法有据。

其二，出于回应现实需求的必要性分析。在知道或应当知道查封事实之后，买受人若仍向被执行人支付剩余价款，则具有可归责性。因为此时，买受人主观状态上系明知被执行人已无法履行协助过户的义务，这也是买受人为何选择通过执行异议及衍生诉讼，而非直接起诉被执行人要求协助过户寻求救济。在执行异议及衍生诉讼这样一个存在案外人、申请执行人和被执行人三方利益的格局下，案外人（买受人）明知无法实现合同目的而继续履行合同义务，可被认定为存在过错。另外，将剩余价款起算时间定于买受人知道或应当知道查封之日也最能平衡其与申请执行人的利益，符合前述第二十八条第三项的立法意旨。这一安排也能有效防止买受人与被执行人恶意串通，通过履行合同义务方式规避执行。

至于"知道或应当知道"的实践审查标准，则可结合法院张贴查封公告的时间、买受人向不动产登记机构递交过户登记材料的时间、买受人向法院提出执行异议的时间等综合判断。

（二）买受人在不同时间段向被执行人支付价款的法律后果及例外情形

1. 法律后果

在法院查封不动产之后到买受人知道或应当知道不动产被查封之前，买受人向被执行人支付价款的，因不具有可归责性，该部分款项应认定为已支付的价款，法院要求其交付剩余价款时，不将其计算在内。

在法院要求交付执行后，买受人仍向被执行人支付价款的，应理解为不按照法院要求交付执行,故对于其排除执行的异议(诉讼)请求,法院不予支持。

值得进一步讨论的是,在买受人知道或应当知道不动产被查封后到法院要求其交付执行之前,买受人向被执行人支付价款的,应如何处理?笔者认为,买受人在此期间支付的款项,不应计入已向被执行人支付的价款数额内;在其将自其知道或应当知道查封之日起未支付的价款交付执行后,其排除执行的异议(诉讼)请求才能获得支持。至于其超出总价款额外支出的部分,可另行向被执行人主张不当得利返还。

2. 例外情形

当然,在知道或应当知道查封后,到法院要求交付执行前,买受人向被执行人支付的价款,是否一律不得从交付执行的剩余价款中豁免,应当视具体情形而定,主要须考察买受人继续履行合同义务的行为是否具有可归责性。

本案即提供了一个典型样本。本案中,因涉案房屋负有被执行人办理按揭贷款时向银行设定的抵押,故宋某荣与杨某梅约定,部分价款以宋某荣代杨某梅每月偿还银行按揭贷款的方式支付。在这一背景之下,如果宋某荣停止偿还银行按揭贷款,则即便其能排除本案的强制执行,涉案房屋也将会因为抵押的存在而无法办理过户登记。因此,本案中,宋某荣在知道涉案房屋被查封后仍然在一段时期内代被执行人偿还按揭贷款,其履行合同义务的行为不具有可归责性,因此法院将宋某荣在这一时期代偿的款项计入了已支付的价款之中。

以下,笔者就买受人在不同时间段向被执行人支付价款的法律后果及例外情形做一归纳:

时间段	"查封"至"知道或应当知道查封"	"知道或应当知道查封"至"法院要求交付执行"	"法院要求交付执行"之后
主观状态	不知	明知	明知
向被执行人支付的法律后果	认定为已支付价款,法院要求其交付剩余价款时,不将该阶段已支付的价款计算在内	不应计入已向被执行人支付的价款数额内;在其将自知道或应当知道查封之日起未支付的价款交付执行后,其排除执行的异议(诉讼)请求才能获得支持	驳回其排除执行的异议(诉讼)请求
例外情形		继续履行合同义务的行为不具有可归责性(例如本案)	

（三）案外人将剩余价款交付执行的期限

对于法院是否指定交付剩余价款的期限、买受人逾期交付如何处理，实务中做法各异，亟待统一。

1. 现状扫描

自案外人就不动产提出排除执行异议，到最终确定是否执行，最多需经历执行异议审查、执行异议之诉一审及二审。其中，法院提出交付执行的要求往往是在执行异议审查期间。但是，从买受人的角度出发，由于将剩余价款交付执行仅仅是排除执行的必要而非充分条件（还需满足其他三项条件），且执行异议程序并不具有终局性，故在这一阶段，买受人往往持观望态度，将剩余案款交付执行的意愿较低。考虑到人之常情，不应仅以买受人未在指定期限内交付而在此后的诉讼中亦不支持其诉讼请求。事实上，审判实务中对于该问题的把握也较为宽松。以笔者审理的另外一个案外人执行异议之诉案件为例，在此前的执行异议程序中，法院已释明买受人交付执行与否的法律后果，但其直至一审辩论终结前都未能交付执行，故一审法院在认定其满足其他三项条件但未将剩余价款交付执行的情形下，判决驳回其诉讼请求。后其在二审期间将剩余价款交付执行，最终二审予以改判，支持了买受人的诉讼请求。[4]

2. 相关建议

对于这一问题，笔者认为可参照现行法律及司法解释[5]关于逾期举证的处理方式。即：法院指定交付期限的，买受人应当在法院指定期限内将剩余价款交付执行；因交付与否关系到案外人执行异议之诉的基本事实，故逾期交付的，应当认为其满足《异议和复议规定》第 28 条第 3 项的要求，对其逾期交付的行为，可予以训诫、罚款。法院未指定的，应当在法庭辩论终结前交付。

（四）剩余价款交付执行后的分配原则

本案中，因涉案房屋设有银行抵押，故宋某荣将剩余价款交付执行后，若银行亦向法院申请强制执行，则该笔价款应如何分配？

对此，实务中存在两种观点：一是抵押权人对该笔价款没有优先权，故该

---

[4] 一审（2019）京 0115 民初 18654 号民事判决书，二审（2020）京 02 民终 311 号民事判决书。
[5]《民事诉讼法解释》第 102 条。

笔款项应在其与申请执行人之间按比例分配（以下简称分配方案一）；二是综合考虑抵押权人、买受人、普通债权人三者的保护顺位而将价款优先分配给抵押权人（以下简称分配方案二）。笔者将第二种观点的具体思路作一简要阐释，以期交流共进。

1. 案外人执行异议之诉的权利保护顺位问题

《全国法院民商事审判工作会议纪要》第126条规定，抵押权人申请执行登记在房地产开发企业名下但已销售给消费者的商品房，消费者提出执行异议的，人民法院依法予以支持。即明确了商品房消费者优于抵押权人予以保护的原则。同时，该条也明确了商品房消费者之外的一般买受人，则不适用上述处理规则。因此，商品房消费者、抵押权人、一般买受人三者的权利保护顺位，可表述为：商品房消费者 > 抵押权人 > 一般买受人。

《异议和复议规定》第28条则明确了一般买受人由于普通债权人予以保护的原则。两者的保护顺位，可表述为：一般买受人 > 普通债权人。

综合上述两个表达式可知，抵押权人、一般买受人、普通债权人之间的保护顺位为：抵押权人 > 一般买受人 > 普通债权人。

2. 案款分配方式对三者利益格局的影响

具体到本案，按照分配方案一，银行只能就该笔款项与普通债权人按照债权比例参与分配，那么银行将无法获得完全清偿。又因为银行对涉案房屋享有抵押权，而一般买受人无法对抗抵押权人，故涉案房屋仍将面临被强制执行的命运。在这一分配方式下，反而出现了普通债权人结局优于一般买受人的错位，前者尚有获得部分清偿的可能，而后者则仍然无法实现最终获得涉案房屋所有权的愿望。

按照分配方案二，该笔款项优先分配给银行，尽可能促成银行债权的实现。这一做法有利于抵押权的涤除，也与案外人的利益一致。另外，本案中，根据买受人与被执行人的合同约定，剩余价款本就是用于偿还银行按揭贷款和解除抵押，如此分配亦符合原有的合同目的，同时也符合目前司法解释关于设置"抵押权人 > 一般买受人 > 普通债权人"权利保护顺位的立法意旨。

【相关法条】

《民事诉讼法》第二百三十八条　执行过程中，案外人对执行标的提出书面异议的，人民法院应当自收到书面异议之日起十五日内审查，理由成立的，裁定中止对该标的的执行；理由不成立的，裁定驳回。案外人、当事人对裁定不服，认为原判决、裁定错误的，依照审判监督程序办理；与原判决、裁定无关的，可以自裁定送达之日起十五日内向人民法院提起诉讼。

《民事诉讼法解释》第三百一十条　对案外人提起的执行异议之诉，人民法院经审理，按照下列情形分别处理：

（一）案外人就执行标的享有足以排除强制执行的民事权益的，判决不得执行该执行标的；

（二）案外人就执行标的不享有足以排除强制执行的民事权益的，判决驳回诉讼请求。

案外人同时提出确认其权利的诉讼请求的，人民法院可以在判决中一并作出裁判。

《异议和复议规定》第二十八条　金钱债权执行中，买受人对登记在被执行人名下的不动产提出异议，符合下列情形且其权利能够排除执行的，人民法院应予支持：

（一）在人民法院查封之前已签订合法有效的书面买卖合同；

（二）在人民法院查封之前已合法占有该不动产；

（三）已支付全部价款，或者已按照合同约定支付部分价款且将剩余价款按照人民法院的要求交付执行；

（四）非因买受人自身原因未办理过户登记。

《全国法院民商事审判工作会议纪要》第126条　根据《最高人民法院关于建设工程价款优先受偿权问题的批复》第1条、第2条的规定，交付全部或者大部分款项的商品房消费者的权利优先于抵押权人的抵押权，故抵押权人申请执行登记在房地产开发企业名下但已销售给消费者的商品房，消费者提出执行异议的，人民法院依法予以支持。但应当特别注意的是，此情况是针对实践中存在的商品房预售不规范现象为保护消费者生存权而作出的例外规定，必须严格把握条件，避免扩大范围，以免动摇抵押权具有优先性的基本原则。因此，这里的商品房消费者应当仅限于符合本纪要第125条规定的商品房消费者。买受人不是本纪要第125条规定的商品房消费者，而是一般的房屋买卖合同的买受人，不适用上述处理规则。

第十五章 无过错买受人承受物权期待权的裁判规则

【裁判要旨】

不动产在查封后因房屋登记部门过错发生移转，无过错买受人基于其承受的物权期待权提出排除执行请求的，人民法院应予支持。

【案例索引】

（2017）京 0115 民初 11820 号民事判决书

一、当事人基本情况

原告（执行案外人）：陈某。

被告（申请执行人）：中国工商银行股份有限公司北京大兴支行。

第三人（被执行人）：温某。

第三人（被执行人）：北京中颂泰中美房地产开发有限公司。

二、基本案情

原告陈某向法院提出诉讼请求：1. 判决不得执行位于北京市大兴区大兴工业开发区广茂大街 × 号院 × 号楼 × 层 × 室的房屋（以下简称涉案房屋）；2. 诉讼费由被告承担。

事实和理由：2009 年 7 月 14 日，龙某红将涉案房屋出售给陈某，并经北京世界财富房地产经纪有限公司签订《北京市房屋买卖居间合同》。2009 年 8 月 14 日，陈某依法取得房屋所有权证和土地使用权证。陈某就涉案房屋向交通银行股份有限公司北京公主坟支行（以下简称交通银行）抵押贷款 730 000 元。2017 年 3 月 31 日，陈某与交通银行签订《抵押合同解除／终止协议》，解除涉案房屋的抵押。2017 年 5 月，陈某拟出售涉案房屋，得知该房已被法院查封。陈某提出执行异议，法院于 2017 年 5 月 27 日作出（2017）京 0115 执异 52 号执行裁定书，裁定驳回陈某的异议请求。陈某所签订的购房合同真实有效，且已经取得房屋所有权证和土地使用权证，涉案房屋归陈某所有，请法院判决支持陈某的诉讼请求。

被告中国工商银行股份有限公司北京大兴支行（以下简称工行大兴支行）辩称，不同意陈某的诉讼请求。第一，工行大兴支行与第三人温某、北京中颂泰中美房地产开发有限公司（以下简称泰中美公司）之间的债权已经生效法律文书确认，并明确了给付义务，应当予以执行；第二，原告的房屋所有权不具有合法性，其取得房屋所有权证的日期尚在涉案房屋的查封期限内，不能排除执行；第三，原告应当按照法律规定承担举证责任，但陈某提供的证据还未达到证明标准。

第三人温某述称，认可陈某购买涉案房屋的真实性。

第三人泰中美公司未作陈述。

法院查明：2005年3月18日，工行大兴支行与温某、泰中美公司借款合同纠纷一案，法院作出（2004）大民初字第5641号民事判决书，判决："一、解除原告中国工商银行北京市大兴支行与被告温某签订的借款合同（于本判决生效之日起解除）；二、被告温某偿还原告中国工商银行北京市大兴支行借款本金五十五万零四百六十一元二角一分及利息四千六百六十一元二角九分（于本判决生效后十日内履行）；三、被告温某给付原告中国工商银行北京市大兴支行借款本金五十五万零四百六十一元二角一分的逾期还款利息（从二〇〇四年七月二十一日起至给付之日止，按中国人民银行同期逾期贷款利率计算）；四、被告北京中颂泰中美房地产开发有限公司对上述二、三项承担连带清偿责任；被告北京中颂泰中美房地产开发有限公司在承担清偿责任后，有权向被告温某追偿。"该判决生效后，工行大兴支行向法院申请强制执行。法院依据工行大兴支行的申请，于2004年12月2日对登记在泰中美公司名下的涉案房屋予以保全查封。陈某作为案外人向法院提出执行异议，法院于2017年5月27日作出（2017）京0115执异52号执行裁定书，裁定："驳回案外人陈某的异议申请"。陈某向法院提出案外人执行异议之诉，即本案。

2003年3月26日，龙某红与泰中美公司签订《北京市外销商品房买卖契约》，约定：龙某红购买泰中美公司名下的涉案房屋，建筑面积为159.60平方米，房屋总价为440 496元，泰中美公司于2003年4月30日前将房屋交付给龙某红。同日，龙某红向泰中美公司支付涉案房屋首付款90 496元。2003年4月30日，龙某红向中国建设银行贷款350 000元，用于支付涉案房屋余款。2003年4月10日，龙某红向北京泰中物业管理有限公司支付涉案房屋自2003年4月10日至2004年4月10日的物业费1701.1元，并实际入住涉案房屋。

2008年3月4日，龙某红向北京仲裁委员会提出仲裁申请，请求责令泰中美公司对涉案房屋办理产权登记手续。2008年4月25日，北京仲裁委员会作出（2008）京仲裁字第0306号裁决书，裁决泰中美公司于10日内协助龙某红取得涉案房屋的产权证。2009年4月27日，龙某红取得涉案房屋的房屋所有权证。

2009 年 7 月 14 日，陈某与龙某红、北京世纪财富房地产经纪有限公司签订《北京市房屋买卖居间合同》，约定：陈某购买涉案房屋，建筑面积为 159.60 平方米，房屋总价为 870 000 元。合同签订当日，陈某支付龙某红定金 5000 元，支付北京世纪财富房地产经纪有限公司大兴分公司代理服务费等共计 19 435 元。2009 年 8 月 14 日，陈某支付龙某红 420 000 元，并取得涉案房屋的房屋所有权证。2009 年 9 月 4 日，陈某取得涉案房屋的土地使用证。2009 年 9 月 25 日，陈某就涉案房屋向交通银行股份有限公司北京公主坟支行抵押贷款 730 000 元，用于支付涉案房屋的余款。2017 年 3 月 31 日，陈某与交通银行股份有限公司北京公主坟支行签订抵押合同终止协议，证实其担保的主债权已经消灭。

2009 年 9 月 28 日，陈某与北京兴集福苑物业管理有限责任公司签订《入住合约》，后交纳物业费、供暖费，并实际入住涉案房屋至今。

三、裁判情况

法院认为：本案争议的焦点为陈某是否享有足以排除强制执行的民事权益。首先，依据《异议和复议规定》第 28 条规定：金钱债权执行中，买受人对登记在被执行人名下的不动产提出异议，符合下列情形且其权利能够排除执行的，人民法院应予支持：（一）在人民法院查封之前已签订合法有效的书面买卖合同；（二）在人民法院查封之前已合法占有该不动产；（三）已支付全部价款，或者已按照合同约定支付部分价款且将剩余价款按照人民法院的要求交付执行；（四）非因买受人自身原因未办理过户登记。根据已查明的事实，龙某红在法院查封之前签订商品房买卖合同、支付全部价款、合法占有涉案房屋，非因龙某红自身原因未在查封之前办理过户登记，法院认定龙某红享有足以排除强制执行的民事权益。其次，陈某对法院查封涉案房屋的事实并不知情，其后与龙某红签订涉案房屋买卖合同，支付全部价款，实际占有涉案房屋至今，且陈某已取得涉案房屋的房屋所有权证。因龙某红享有足以排除强制执行的民事权益，而陈某向龙某红支付合理对价购买了涉案房屋，陈某继受取得涉案房屋的相关权利，故法院认定陈某亦享有足以排除强制执行的民事权益。

综上所述，对于陈某要求不得执行涉案房屋的诉讼请求，法院予以支持。判决停止对涉案房屋的执行。

四、案例注解

本案在审理过程中，就原告陈某是否享有足以排除强制执行的民事权益，存在两种观点。

第一种观点认为，根据查封相对效力说，陈某不享有足以排除强制执行的民事权益。依据为《查封、扣押、冻结规定》第24条之规定："被执行人就已经查封、扣押、冻结的财产所作的移转、设定权利负担或者其他有碍执行的行为，不得对抗申请执行人。"该规定并未否认移转等处分行为的效力，同时又确立了查封效力的优先性，被认为确立了查封的相对效力。根据该规定，对被查封财产的处分，对被执行人和第三人有效，但对申请执行人不产生效力。[1]

本案中，陈某虽支付合理对价购买该房屋，且取得了房屋所有权证，但法院的查封行为在先，房屋过户登记在后，受查封效力所及，陈某对房屋享有的民事权益不具备排除申请执行人就涉案房屋提出受偿请求的效力。

第二种观点认为，根据物权期待权的特殊规定，陈某享有足以排除强制执行的民事权益。持此种观点者的依据为《异议和复议规定》第28条。该条规定："金钱债权执行中，买受人对登记在被执行人名下的不动产提出异议，符合下列情形且其权利能够排除执行的，人民法院应予支持：（1）在人民法院查封之前已签订合法有效的书面买卖合同；（2）在人民法院查封之前已合法占有该不动产；（3）已支付全部价款，或者已按照合同约定支付部分价款且将剩余价款按照人民法院的要求交付执行；（4）非因买受人自身原因未办理过户登记。"此条是关于无过错买受人的物权期待权特殊保护的规定。基于该规定，对于满足上述全部情形的买受人，其虽未取得不动产的物的所有权，但获得与所有权人近似的地位，其所享有的民事权益具有排除执行的物权效力。

本案中，对龙某红而言，其作为涉案房屋的第一手买受人，在法院查封之前既已签订房屋买卖合同、支付全部价款、合法占有涉案房屋，且非因自身原因未在查封之前办理过户登记，故其享有足以排除强制执行的民事权益。

对原告陈某而言，如果只考虑时间节点，则其与龙某红签订买卖合同、占有涉案房屋的时间均在法院查封之后。但是，本案的特殊之处在于，房屋登记管理部门在受理法院对涉案房屋的查封之后，仍先后为龙某红、陈某办理了过

---

[1] 刘贵祥：《执行程序中租赁权的认定与处理》，载《人民法院报》，2014-05-28。

户登记手续。如果陈某对房屋已被法院查封之事实未尽到合理注意义务，尚且可以对其进行归责。但本案中，陈某基于对物权公示的信赖利益，善意履行了各项民事义务，且其就涉案房屋经历批贷、完税、过户、抵押、解抵押一系列手续，未遇到任何法律上的障碍。房屋登记管理部门的疏失所导致的不利后果，不应由陈某承担。在其不存在主观过错，行为本身亦无瑕疵的情况下，如不给予其物权期待权的保护，则有失公平。

对于陈某的物权期待权的取得，可通过权利承受理论予以解释。也即，由于龙某红对涉案房屋享有物权期待权，足以排除强制执行，而陈某向龙某红支付合理对价购买房屋，且不存在过错，故其承受取得龙某红就该房屋的享有的物权期待权，因此同样足以排除法院强制执行。

综上，从公平原则出发，笔者认为应采用第二种观点，确认陈某就涉案房屋享有物权期待权，足以排除强制执行。

本案充分考虑我国房屋登记制度不完善的历史原因，在既有法律框架内实现对本案无过错买受人的物权期待权保护，对于保护交易安全、维护市场交易秩序具有较强的法律效果和现实意义。

【相关法条】

《民事诉讼法》第二百三十八条　执行过程中，案外人对执行标的提出书面异议的，人民法院应当自收到书面异议之日起十五日内审查，理由成立的，裁定中止对该标的的执行；理由不成立的，裁定驳回。案外人、当事人对裁定不服，认为原判决、裁定错误的，依照审判监督程序办理；与原判决、裁定无关的，可以自裁定送达之日起十五日内向人民法院提起诉讼。

《民事诉讼法解释》第三百一十条　对案外人提起的执行异议之诉，人民法院经审理，按照下列情形分别处理：

（一）案外人就执行标的享有足以排除强制执行的民事权益的，判决不得执行该执行标的；

（二）案外人就执行标的不享有足以排除强制执行的民事权益的，判决驳回诉讼请求。

案外人同时提出确认其权利的诉讼请求的，人民法院可以在判决中一并作出裁判。

《异议和复议规定》第二十八条　金钱债权执行中，买受人对登记在被执行人名下的不动产提出异议，符合下列情形且其权利能够排除执行的，人民法院应予支持：

（一）在人民法院查封之前已签订合法有效的书面买卖合同；

（二）在人民法院查封之前已合法占有该不动产；

（三）已支付全部价款，或者已按照合同约定支付部分价款且将剩余价款按照人民法院的要求交付执行；

（四）非因买受人自身原因未办理过户登记。

《查封、扣押、冻结规定》第二十四条　被执行人就已经查封、扣押、冻结的财产所作的移转、设定权利负担或者其他有碍执行的行为，不得对抗申请执行人。

第三人未经人民法院准许占有查封、扣押、冻结的财产或者实施其他有碍执行的行为的，人民法院可以依据申请执行人的申请或者依职权解除其占有或者排除其妨害。

人民法院的查封、扣押、冻结没有公示的，其效力不得对抗善意第三人。

第十六章

执行和解协议迟延履行完毕后能否恢复执行

【裁判要旨】

被执行人迟延履行执行和解协议，申请执行人继续接受履行且已经履行完毕的，相应的债权债务消灭，人民法院应不予恢复执行，当事人可通过另行诉讼解决。

【案例索引】

（2017）京 0115 执异 55 号

一、当事人基本情况

申请执行人：李某。

被执行人：王某。

二、基本案情

被执行人王某向法院提出异议请求：确认（2012）大民初字第 2531 号民事判决书中王某与李某之间的债权债务已经全部消灭。

事实和理由：2013 年 7 月 1 日，李某与王某签订协议，协议确认王某向李某清偿债务为 320 万元。次日，李某、王某与第三人于某签订《债权转让协议》，对协议中偿还金额、偿还期限及偿还主体进一步确认：李某同意王某对于于某享有的 300 万元债权转让给李某，由于某向李某直接清偿 300 万元；在于某清偿 300 万元后，李某与于某之间的债权债务消灭。《债权转让协议》签订后，于某开始向李某履行还款义务，每月支付 6 万元。于某共向李某清偿 353.4 万元，其中包括王某直接向李某支付 20 万元，法院扣划 10.78 万元。依据《债权转让协议》第二条的约定，于某清偿的数额已远远超过 300 万元，李某与王某之间的债权债务已经消灭。至于于某没有按照《债权转让协议》的约定履行债务而出现的迟延履行，应当由于某继续清偿，不能作为恢复原判决的理由。

申请执行人李某辩称，不同意被执行人王某的异议请求。王某没有按照和解协议的方案来履行义务，当时约定的是 2013 年 9 月 30 日之前偿还 300 万元，而王某只偿还了 18 万元。现已申请恢复执行原判决，请法院按照原判决书确定的数额予以执行。

法院查明：2012 年 12 月 20 日，法院作出（2012）大民初字第 2531 号民事判决书，判决：王某于判决生效后 10 日内返还李某 405 万元。

2013年4月15日，李某申请法院强制执行。2013年7月1日，在法院的主持下，李某与王某签订《协议》，约定：王某同意还李某320万元整，还款时间不超过9月底，如果违约按原判决书执行。对于320万元的债权数额，双方约定由王某直接偿还李某20万元，剩余300万元由双方共同向第三人于某追偿。2013年7月2日，李某、王某与第三人于某签订《债权转让协议》，约定：王某将对于某的300万元债权转让给李某，李某同意于某给付300万元后，李某与王某的债权债务全部消灭；于某应于2013年9月30日之前支付李某的上述转让款300万元。

2013年9月30日前，第三人于某向李某偿还18万元。此后李某仍然按照《债权转让协议》的约定，继续接受第三人于某的还款。于某先后共偿还李某317.44万元（包括以上18万元）。王某直接偿还李某18万元，法院依法扣划王某银行存款10.78万元。综上，王某及第三人于某共偿还李某346.22万元。

三、裁判情况

法院认为：被执行人迟延履行执行和解协议，申请执行人继续接受履行且执行和解协议已经履行完毕的，人民法院应不予恢复执行。本案中，申请执行人李某与被执行人王某于2013年7月1日签订的协议，是在法院主持见证下达成的，应认定为执行和解协议。虽然次日签订的《债权转让协议》并不是在法院主持见证下达成的，但事后被执行人王某将该协议提交法院备案，李某并未对协议提出异议，而是同意并接收协议确定的第三人于某的还款，故该《债权转让协议》是对原协议的补充，两个协议共同构成一个新的执行和解协议。根据协议的约定债权数额为320万元，王某偿还20万元，第三人于某代为偿还300万元。现查实王某偿还28.78万元，于某偿还317.44万元，王某及于某共偿还李某346.22万元，均已超过协议约定的数额，可以认定执行和解协议已经履行完毕。虽然王某及于某未在约定的2013年9月30日期限内完全履行义务，但申请执行人李某在约定履行期满后继续接受还款履行，视为李某对迟延交付的默认。本案执行和解协议的履行尽管存在迟延履行的瑕疵，但和解协议已经履行完毕，法院不予恢复执行。

综上，对于被执行人王某主张其与李某的债权债务已经消灭的异议请求，法院予以支持。裁定确认（2012）大民初字第2531号民事判决书中王某与李某之间的债权债务已经全部消灭。

四、案例注解

该案涉及两个有争议的问题：第一，当事人双方及第三人签订的《债权转让协议》的性质认定，是否属于执行和解协议；第二，执行和解协议迟延履行的效力认定，能否恢复原生效法律文书的执行。

（一）《债权转让协议》的性质认定

本案中，申请执行人李某与被执行人王某在法院主持下签订的协议，应当属于执行和解协议，对此没有争议。但是对于当事人双方及第三人于某次日签订的《债权转让协议》，有两种不同的观点。

第一种观点，该协议不在法院的主持下，由三方按照意思自治签订的，应当认定为单独的《债权转让协议》，不属于执行和解协议。根据《债权转让协议》的约定，王某将对第三人于某的债权300万元转让给李某，王某与李某的债权债务全部消灭。王某不再是本案的被执行人，第三人于某变更为被执行人。申请执行人李某只能向于某追偿债权，不能再要求王某履行义务。

第二种观点，因当事人双方于2013年7月1日在法院主持下签订了执行和解协议，而《债权转让协议》是以原执行和解协议为前提的，是对原执行和解协议的补充，两个协议共同构成一个新的完整的执行和解协议。按照新的约定，李某与王某改变了履行义务的主体，即由第三人于某代为偿还债权，但王某在案件中的身份并未改变，王某仍然是被执行人，如果第三人于某未履行义务，由王某继续履行义务。

笔者同意第二种观点，将《债权转让协议》认定为执行和解协议的组成部分，王某作为被执行人的主体身份并未改变。《民事诉讼法》第241条规定，在执行中双方当事人自行和解达成协议的，执行员应当将协议内容记入笔录。该条对执行和解协议只做了笼统的限定，实践中执行和解协议的范围更为宽泛。《执行和解协议规定》将一方当事人向人民法院提交和解协议后其他当事人无异议的，也概括为执行和解协议的一种类型，其后果是法院可以裁定中止执行。本案中，虽然《债权转让协议》并不是在法院主持见证下达成的，但事后被执行人王某将协议提交法院备案，李某并未对协议提出异议，而是同意并接收协议确定的第三人于某的还款，故《债权转让协议》的性质已经发生改变，转化为执行和解协议。

（二）和解协议迟延履行的法律后果

本案中，当事人约定的履行期限是 2013 年 9 月 30 日，债权数额是 320 万元，其中由王某直接偿还李某 20 万元，由第三人于某代为清偿 300 万元。对于债权偿还情况，第三人于某于 2013 年 9 月 30 日前支付李某 18 万元，此后于某继续向李某还款，申请执行人李某也予以接收并不持异议，于某向李某共计支付 317.44 万元。王某支付李某 18 万元，法院强制扣划王某账户资金 10.78 万元。王某及第三人于某共偿还李某 346.22 万元。关于被执行人王某迟延履行和解协议，法院是否恢复执行，存在两种不同的观点。

第一种观点，和解协议迟延履行，属于未在规定期限内完全履行义务，法院应恢复原生效法律文书的执行。根据《民事诉讼法解释》第 465 条的规定，一方当事人不履行或不完全履行在执行中双方达成的和解协议，对方当事人申请执行原生效法律文书的，人民法院应当恢复执行，但和解协议已履行的部分应当扣除。本案中，因被执行人王某及第三人于某未在约定的期限内完全履行义务，法院应当恢复执行。对于被执行人王某主张的债务人异议，法院可以确认其在 346.22 万元的范围内确认履行了义务，剩余债务应当继续偿还。

第二种观点，和解协议虽存在迟延履行的情形，但申请执行人已接受履行且已履行完毕的，人民法院不予恢复执行。本案中，申请执行人李某明知被执行人王某已经迟延履行，但仍然接收第三人于某的还款。经查实于某偿还 317.44 万元，王某偿还 28.78 万元，王某及于某共偿还李某 346.22 万元，均已超过协议约定的数额。故执行和解协议已经履行完毕，申请执行人李某不能再申请恢复执行。

笔者同意第二种观点，和解协议的迟延履行属于存在瑕疵，但申请执行人在约定履行期满后继续接受履行，并且和解协议已经履行完毕，相应的债权债务已经消灭，人民法院应不予恢复执行。有人主张对申请执行人不公平，申请执行人为达成和解，往往放弃了部分债权，通过缩短履行期限以尽快实现债权，如果被执行人迟延履行，此时已经超出了申请执行人在订立执行和解协议时的预期。笔者认为，申请执行人因迟延履行遭受的损失，不属于执行程序处理，申请执行人可通过另行诉讼予以救济。

【相关法条】

《民事诉讼法》第二百四十一条　在执行中，双方当事人自行和解达成协议的，执行员应当将协议内容记入笔录，由双方当事人签名或者盖章。

申请执行人因受欺诈、胁迫与被执行人达成和解协议，或者当事人不履行和解协议的，人民法院可以根据当事人的申请，恢复对原生效法律文书的执行。

《民事诉讼法解释》第四百六十五条　一方当事人不履行或者不完全履行在执行中双方自愿达成的和解协议，对方当事人申请执行原生效法律文书的，人民法院应当恢复执行，但和解协议已履行的部分应当扣除。和解协议已经履行完毕的，人民法院不予恢复执行。

《执行和解规定》第十四条　申请执行人就履行执行和解协议提起诉讼，执行法院受理后，可以裁定终结原生效法律文书的执行。执行中的查封、扣押、冻结措施，自动转为诉讼中的保全措施。

第十五条　执行和解协议履行完毕，申请执行人因被执行人迟延履行、瑕疵履行遭受损害的，可以向执行法院另行提起诉讼。

第四编
民事执行中其他疑难问题探讨

第十七章

破产财产网络拍卖的模式考察

从目前我国司法实践来看，执行程序中网络司法拍卖的效能要远强于破产程序中债务人财产的处置效能。[1] 随着《全国法院破产审判工作会议纪要》（以下简称《破产审判纪要》）的发布，网络拍卖开始成为破产程序中债务人财产[2]处置的新方向。[3] 各地也纷纷开启以网络拍卖处置债务人财产的实践。但是，由于对破产网拍[4]与司法网拍[5]异同把握存在差异，各地破产网拍模式不一、规则各异，需要进一步探讨和解决。

司法网拍经过多年发展，已经成为法院处置财产的主要途径。随着《网络司法拍卖规定》的实施，司法网拍已形成较为完备的基本制度和配套措施。破产网拍与司法网拍均对网络媒介有着自发性需求。司法网拍充分展现出网络竞价在实现财产价值、降低财产处置成本、增强财产处置透明性等的诸多优势。而破产程序中债务人财产具有资产结构复杂、标的额较大、政策限制多等特点。这就要求财产处置突破地域限制，充分吸引有购买意愿和条件的买受人。且债务人财产价值最大化目标也要求财产处置低成本、高透明度。由于两者均系通过网络拍卖方式处置财产，故司法网拍为破产网拍规则之构建提供了丰富的实践经验和文本素材。

一、管理人地位中立性原理应用

那么，在司法网拍规则日臻完备的情况下，为何还要构建单独的破产网拍规则呢？司法网拍规则虽可为破产网拍规则所借鉴，但司法网拍的实施主体为法院，而破产网拍的实施主体为管理人，主体上的差异使得两者在性质上有所区别。进而，服务于各主体的相应规则也必然不尽相同。

关于管理人的地位，存在"代理说""破产财团机关说"和"机构说"等学

---

[1] 张恒筑、王雄飞：《论完善执行程序与破产程序衔接协调机制的若干问题——基于浙江法院的实践展开》，载《法律适用》，2017（11）。
[2] 须指出的是，"破产财产"与"破产程序中（债务人）财产"并非同一概念，在破产法语境下，"破产财产"特指破产清算期间（即债务人被宣告破产后）的债务人财产，故两者是被包含与包含的关系。如无特别说明，本文讨论的破产程序中财产既包括未宣告破产时的债务人财产，也包括宣告破产后的破产财产。
[3] 《破产审判纪要》第47条指出：积极引导以网络拍卖方式处置破产财产，提升破产财产处置效益。
[4] 后文将破产程序中债务人财产的网络拍卖简称为破产网拍。
[5] 后文将网络司法拍卖简称为司法网拍。

说。我国《企业破产法》采取的是"法定机构说"，该学说认为管理人作为一个法定机构，不代表任一特定方的利益，而是代表破产程序中所有参与者的利益。[6] 其与德国的"私机构说"在权力来源的法定性上是一致的，但并不完全等同，我国更强调管理人地位的中立性。现代破产法理论认为，破产法的价值在于平衡债权人、债务人与社会公共利益。为实现该价值，需要处于破产程序中心的管理人保持中立。[7] 结合《企业破产法》，管理人地位的中立性可归纳为以下三层内涵：

一是履职独立性。管理人履行管理和处分债务人财产等职权，在法律规定的范围内，具有一定的独立性，不受法院、债权人会议、债务人的任意干涉。[8]

二是权源法定性。管理人处理破产事务时所享有的职权，只能依据法律的规定，而非源自法院或是某一主体的授权。[9]

三是利益无关性。管理人既在一定程度上体现债权人、债务人和法院各方的利益，又不完全代表任意一方的利益，其以超脱于任意一方的身份参与到破产法律关系中来。[10]

破产网拍法律关系关切四方主体：管理人系处分债务人财产的主体，对推进破产网拍程序起主导作用；法院系管理人处分行为的监督机关；债权人会议系重整计划或破产财产变价方案的决议机关，即意思形成机关；债务人系管理人所出卖财产的所有人。

笔者认为，以管理人地位中立性原理审视破产网拍法律关系，则可构建出四大主体围绕管理人这一中心展开的三层关系格局。

就"管理人—法院"关系而言，其核心是管理人履职独立性与法院监督权的关系。一方面，管理人履行债务人财产处分职责具有独立性，；另一方面，法院依法对管理人的财产处分行为进行监督。平衡两者关键在于明确法院监督权的行使的范围与边界，不得任意干涉管理人的履职行为。破产网拍的主体是管理人，而非人民法院，故对于司法网拍规则中凸显公法属性的规定，破产网拍应谨慎借鉴。

---

[6] 李曙光：《新破产法的管理人制度》，载《人民法院报》，2004-7-30。
[7] 康晓磊，仲川：《对破产管理人法律地位的思考》，载《法学论坛》，2007（11）。
[8] 许德风：《破产法论：解释与功能比较的视角》，260页，北京，北京大学出版社，2015。
[9] 康晓磊，仲川：《对破产管理人法律地位的思考》，载《法学论坛》，2007（11）。
[10] 郑志斌等：《公司重整：角色与规则》，71页，北京，北京大学出版社，2013。

就"管理人—债权人会议"关系而言,其核心是管理人权源法定性与债权人会议意思自治的关系。一方面,管理人财产处分权具有法定性,无需债权人会议授权,但存在权利行使失控之虞[11];另一方面,管理人对债务人财产的变价活动又可经分解而被纳入重整计划草案或破产财产变价方案中,而债权人会议对后者具有表决权。因此,平衡两者关系需在不破坏管理人权源法定性基础上,通过债权人会议确保其权利行使的有序性。

就"管理人—债务人"关系而言,其核心是管理人利益无关性与债务人财产价值最大化的关系。一方面,管理人利益应与债务人利益分割开来;另一方面,管理人又要以实现债务人财产价值最大化为目标。为平衡两者,管理人不能像司法网拍中的法院那样依法完成规定动作即可,而是应积极促成债务人财产变现。据此,破产网拍的具体规则亦应有别于司法网拍。

二、破产网拍的实践及问题分析

目前,各地不乏破产网拍实践。最先参与破产网拍的网络服务提供者是某网拍平台。起初该平台无法解决管理人独立发拍问题,故出现了两种破产网拍模式。就第一种模式而言,其主要特征是借助法院的司法网拍平台处置破产程序中债务人的财产。该模式中,法院的司法网拍平台下设破产程序中债务人财产网拍通道,后者为前者的一项子功能。因此,管理人的作用在一定程度上受限。就第二种模式而言,其区别于第一种模式的逻辑起点是对破产网拍性质理解上的不同。前者认为,管理人不应利用法院的司法网拍平台来处置破产程序中的债务人财产。为解决当时管理人无法独立发拍问题,该模式引入了企业破产学会(以下简称学会)作为破产管理人的代表机构。因学会性质为社会团体法人,故可注册成为发拍主体。但是,笔者认为,管理人的作用亦未充分发挥。

实践中,管理人独立发拍问题解决后,又发展出一种管理人以自己名义独立发拍的模式(以下简称"管理人独立发拍模式")。管理人只需提供法院作出的受理破产案件裁定书、指定管理人决定书等相关文件后即可成为发拍主体,自主在某破产网拍平台上发拍。比较之下,就发拍方式而言,"管理人独立发拍模式"既无需借用法院的司法网拍平台,亦无需引入破产管理人协会,即可以自己的名义发拍,突出了管理人作为破产程序中债务人财产出卖人的主导作用。

---

[11] 王欣新、郭丁铭:《论我国破产管理人职责的完善》,载《政治与法律》,2010(9)。

虽然这些模式具有各自的优势，但也存在一定的问题，笔者归纳出以下五个方面的问题：

法院审核义务不清。在第一种模式中，法院须就管理人提交的债务人财产拍卖信息进行事先审核才可对外发布。有观点认为，这种事先审核的方式为法院行使监督权提供了有效途径。如前所述，正确处理"管理人—法院"关系的关键在于明晰法院监督权行使的范围及界限。根据《企业破产法》的规定，法院对管理人行使财产处分权进行监督的方式有两种：一种是听取管理人报告工作；另一种是法院在特定条件下对管理人实施的重大财产处分行为进行许可。[12] 无论是听取报告还是做出许可，均不涉及法院在管理人具体财产处分行为中的事先审核。此外，考虑到破产审判资源有限的现实情况，法院也很难对管理人上传的拍卖信息进行无所遗漏的审核，而法院的最后把关也可能使管理人放松对财产的调查，转而依赖法院核实。因此，笔者认为，法院对管理人提交的拍卖信息进行事先审查不符合"管理人—法院"理想关系格局的要求。

法院协助义务不明。在"管理人—法院"理想关系格局定位中，法院扮演的是监督者的角色。第一种模式和"管理人独立发拍模式"中，破产程序中债务人财产成交后，法院对后续的过户予以必要协助。法院之所以介入，是因为在长期的破产实践中，土地、工商、税务等部门缺乏专门为破产程序设计的内部规定和审批流程，这使得管理人与买受人凭借自身力量难以完成权属转移手续，从而可能引发多种问题。故而法院选择介入。但司法网拍中法院依强制力完成过户系其公法属性的体现，而破产网拍并非由法院主导，此时法院协助过户已超出行使监督权的范畴，故其背后的法理还值得进一步研究。

破产网拍内部决议程序模糊。对"管理人—债权人会议"关系的不同认识，使得对破产网拍是否需经债权人会议决议存在两种观点：第一种观点认为，破产网拍系管理人对债务人财产处分权的行使，及时报告债权人委员会或法院即可，而无需经债权人会议决议。[13] 第二种观点，破产网拍方案应作为重整计划或破产财产变价方案的一部分，由债权人会议进行决议。[14] 笔者认为，第二种观点更符合"管理人—债权人会议"关系的应然样态。2019年3月28日起施行的《最高人民法院关于适用〈中华人民共和国企业破产法〉若干问题的规定

---

[12] 参见《企业破产法》第23条、第26条及69条之规定。
[13] 参见《企业破产法》第25条第1款第6项、第69条之规定。
[14] 参见《企业破产法》第61条第1款第6、9项之规定。

（三）》第 15 条亦对此予以肯定。明确网拍方案须经债权人会议决议后，相关规则构建要面对的便是明晰具体内部决议程序的问题。

平台佣金负担规则存疑。目前，三种模式下，某拍卖平台须向竞价成功的买受人收取软件服务费。按照惯常理解，该项费用应作为财产变价的费用列入破产费用中[15]，由债务人财产优先受偿。但该平台选择向买受人收取费用，其根源在于管理人与债权人会议间的紧张关系。根据《企业破产法》第 43、113 条的规定，破产费用随时清偿，且其清偿顺序居于首位。但根据《破产审判纪要》中第 11 条的规定，管理人确有必要聘请其他社会中介机构或人员处理专业性较强工作，如所需费用需要列入破产费用的，应当经债权人会议同意。由于破产费用的优先受偿会影响到清偿顺序在后的债权人债权受偿的比例，故实践中往往出现债权人会议不批准此项费用列入破产费用的情形。因此，网拍平台向债务人收取此项费用的困难较大。

破产网拍具体规则不足。目前，三种破产网拍模式就起拍价、拍卖次数、降价幅度等制定了相较司法网拍更为灵活的拍卖规则，但允许"意定"的范围则不甚明确。由于破产程序中"管理人—债务人"关系与执行程序中"法院 - 被执行人"关系存在差异，因此，破产网拍具体操作规则有别于司法网拍。在执行程序中，作为被执行人的债务人并未丧失主体资格，债权人即使在本次执行程序中未完全受偿，亦可待日后被执行人有清偿能力时请求法院恢复执行。因此，立法对司法网拍在起拍价、拍卖次数、以物抵债规则等方面进行了严格的规定。启动司法网拍的财产，经过一拍、二拍、变卖程序仍然流拍，且债权人不同意以物抵债的，即可退还被执行人。而在破产程序中，尤其是经破产清算后，破产企业的主体资格归于消灭，债权人无法像执行程序中那样留待日后再向该企业主张债权，较之无法变价，只有尽可能使破产财产成功卖出才能实现债权人的权利。因此，其拍卖规则的制定应围绕尽可能使破产财产成功拍卖的目标来设定，故较司法网拍规则更为灵活。

三、完善破产网拍规则的思考

理顺管理人与法院、债权人会议、债务人三者关系后，以此为基本框架，可以逐步构建实体与程序相融贯的破产网拍规则。在宏观架构上，由于"管理

---

[15]《企业破产法》第 41 条规定，变价债务人财产、管理人聘用工作人员的费用为破产费用。

人独立发拍模式"具有实践和理论双重优势,故应明确破产网拍机制适用管理人独立发拍方式。因此,应制定全国统一性的破产网拍平台名单库,要求入选该名单库的网拍平台须开设独立于司法网拍的破产网拍通道。在微观设定上,应重塑管理人分别与法院、债权人会议、债务人三层关系,以程序设计落实基础框架。

首先,重塑"管理人—法院"关系。

法院正确行使监督权。一方面,在规则制定时不得设置法院就管理人拟发布的债务人财产拍卖信息进行事先审查的条款。从权责统一角度出发,《企业破产法》第25条赋予了管理人调查债务人财产状况的职责,即管理人勤勉忠实义务;第131条也规定了管理人违反勤勉忠实义务需承担的法律责任。而拍卖信息中对拍卖财产权属、已知瑕疵等情况的披露正是管理人行使财产调查职责的内容,如管理人未尽到调查义务,亦有相应的惩罚和救济手段,故法院无需过多介入。另一方面,应就法院如何进行监督予以明确。法院的监督权行使应以管理人在关键节点报告法院为限,由于破产网拍平台具有公开透明性,破产案件的审理法官通过互联网即可全程跟进该案,因此管理人在处置财产时报告法院即可,而无须给法院开放过多的权限。当然,为与《企业破产法》第26条一致,管理人在第一次债权人会议召开前欲拍卖债务人财产的,仍应取得法院许可。

法院适当予以协助。破产实践中的"过户难"问题将抑制潜在买受人的购买意愿,从而降低财产处置效能,最终影响债权人权利的受偿。故对于法院是否在过户时予以协助,不应囿于固有公、私法之争,而应从经济法的范畴出发予以考虑。经济法遵循平衡协调原则,统筹公与私,目的是为促使社会整体效益的提升。[16] 从公共利益的角度来看,企业破产关乎债权人利益、职工权益等各方利益之实现,而我国企业破产实践存在一定不足,故法院对破产网拍中财产过户等给予必要的协助符合平衡协调原则。在短期内,法院可在债务人财产过户等方面可给予必要的协助。从长远来看,解决破产程序中财产处置难题并非法院一家所能实现,还需各职能部门之间强化衔接。建议相关职能部门完善配套规则,为管理人实现财产过户扫清障碍,真正实现管理人的主导作用。

---

[16] 潘静成、刘文华主编:《经济法》,3版,65页,北京,中国人民大学出版社,2008。

其次，重塑"管理人—债权人会议"关系。

优化内部决议程序。针对债权人会议讨论、表决网拍方案的议事规则，笔者认为，债权人会议为非常设性机构，会议的召开费时费力，决议的事项多且集中。因此，网拍方案应由管理人详细拟定，并提交债权人会议进行决议。同时，债权人会议可以明确"债务人财产通过多次网络拍卖直至变现为止"等内容。

明确平台佣金负担规则。目前司法网拍平台不向法院或竞买人收取佣金，那么破产网拍平台可否收取佣金？起初，一些网拍平台之所以免费，系其可因占有客户备付金（如拍卖保证金）获益。但因2017年初中国人民银行政策调整[17]，网拍平台不再就占有客户备付金获取存款利息。因此在破产网拍中，作为以营利为主要目的的网拍平台，收费已是大势所趋。但是，应当考虑这一做法的经济后果。作为理性的竞买人在参与竞买时，势必将此项费用纳入总成本之内，因此，有可能降低购买意愿，最终将不利于实现债权人债权。故笔者认为，不应限制平台佣金列入破产费用。目前的收费标准与传统商事拍卖相比，并不算太高。[18]当然，破产网拍市场方兴未艾，该标准是否合理，还须等待市场检验。笔者认为，可建立全国统一性破产网拍平台名单库，并对其收费标准进行审查；而在具体破产网拍中，直接规定平台佣金列入破产费用，由债权人会议审查，而非许可。同时，设定收费标准上限，在尊重当事人意思自治的情况下兼顾市场秩序。

最后，重塑"管理人—债务人"关系。

具体而言，应制定更为灵活、便捷的具体竞拍规则。一方面，由于破产程序中债务人财产拍卖面临从线下至线上的转变，故设计相竞拍规则时应符合网络拍卖的特征，此时可借鉴司法网拍的具体竞拍规则；另一方面，破产网拍又区别于司法网拍，前者的规则设计应围绕债务人财产价值最大化目标，尽可能促成变现，因此，规则设置上应较司法网拍更为灵活。另外，还应充分尊重债权人会议的意思自治。

在设立法律规范方面，笔者建议以任意性规范为主，允许债权人会议对上

---

[17] 中国人民银行办公厅发布《关于实施支付机构客户备付金集中存管有关事项的通知》，要求人民银行或商业银行不向非银行支付机构备付金账户计付利息。

[18] 根据《拍卖法》第56条第2款之规定，委托人、买受人未与拍卖人约定佣金比例，拍卖成交的，拍卖人可以向委托人、买受人各收取不超过拍卖成交价5%的佣金。

述问题自行决议。同时，明确允许"意定"范围。破产网拍竞价规则应规定，破产网拍方案中需包含起拍价、出价递增幅度、拍卖次数、每次拍卖降价幅度、保证金比例或数额、拍卖款项支付方式及期限、公告期等基本要素，但这些要素的具体内容可由债权人会议讨论决议。另外，为提高债权人会议决议的效率，管理人应在网拍方案中对上述具体问题予以列明。

第十八章

执行程序转破产程序的衔接贯通

我国《民事诉讼法解释》第 511 条至第 514 条对执行转破产制度作出了原则性的规定，为执行程序中符合破产条件的被执行人企业法人导入破产程序提供了法律依据。但在实践中执行转破产制度还存在多种制约因素，导致执行程序与破产程序的衔接出现现实困境，并未实现双向的融会贯通和良性循环。

一、执行程序转破产程序的现实困境

（一）执行程序中参与分配制度对破产程序的影响

被执行人为公民或者其他组织的，其财产不能清偿所有债权的，债权人可以申请参与分配。执行程序中的参与分配制度在保障所有债权人公平受偿等方面有着积极的意义，但与此同时也对破产程序有着不利的影响。主要原因是相关法律规范对此规定不够明确，导致司法实践中操作起来随意性较大，尺度不易把握，更为重要的是这项制度被认为是先天与破产法相冲突的一项制度，特别是在当前破产案件逐年大幅下降，已几乎无法体现破产法实施价值的背景下，执行参与分配制度可能对破产法的影响也越来越引起关注。[1]

1. 参与分配制度法律适用扩大

首先是法律层面的扩大适用。《民事诉讼法解释》第 506 条将参与分配制度适用的主体限定为公民或其他组织，按照第 511 条的规定，对于被执行人为企业法人的，如果符合企业破产法第 2 条第 1 款规定情形的，执行法院经申请执行人之一或者被执行人同意，应当裁定中止对该被执行人的执行，将执行案件相关材料移送破产法院审理。但是最高人民法院编写的《人民法院办理执行案件规范》第 626 条特别说明，被执行人是企业法人的，执行法院需要对多个债权分配时，也需要制作分配方案，当事人可以提起分配方案异议、分配方案异议之诉。第 626 条规定导致实践中对企业法人作为被执行人的案件有例外适用的空间。因破产周期长、清偿比例低等原因，即使作为被执行人的企业法人已经符合《企业破产法》第 2 条第 1 款规定的情形，申请执行人或者被执行人都不愿申请执行转破产程序，导致此类案件仍然适用参与分配制度。两种制度的并行适用，必定会发生交叉重叠，而参与分配制度更具有利益吸引性，在无人申请执行转破产的情况下，最终此类案件都在参与分配制度中进行了消化，这

---

[1] 曹守晔、杨悦：《执行程序与破产程序的衔接与协调》，载《人民司法》，2015（21）。

在一定程度上影响和冲击了破产制度的功能。

2.执行程序中债权人的利益考量

从司法实践来看，启动破产程序对债权人来说也并非是债权实现的最佳选择，他们更愿通过申请强制执行来实现债权。因为破产清算时债权人的利益是被作为一个整体来看待的，破产法要力图反映这样一种设想：即单个债权人的利益，特别是他们通过一种或别的方法实施判决所确定债务的支付，收集归于他们的债务利益，应让位给全体债权人的共同利益。按照债权平等原则，破产财产应当按照比例分配给所有债权人，这必然降低了每个债权人的受偿份额。大量破产清算案件中，债权人所获得的清偿比例均不超过10%--20%。[2] 同时，债务人被宣告破产后剩余的那部分债务就获得了豁免，债权人不能得到完全清偿的风险会再次大大增加。

此外，即使在执行过程中债务人财产已经被某些债权人申请执行法院采取查封、扣押、冻结等控制性措施，但这些债权人也并不享有优先受偿权，其他取得金钱债权执行依据的债权人可以向采取控制性措施的执行法院申请参与分配。根据参与分配制度，除享有优先权、担保物权的债权人有优先受偿权外，债务人财产将在不享有优先权、担保物权的债权人之间按照债权比例进行清偿。对于这些不享有优先权、担保物权的债权人而言，申请破产反而会扩大债权人的范围，降低自身受偿的比例，所以他们基于自身利益考量是不会申请破产的。尽管没有取得金钱债权执行依据的债权人有申请破产的动力，但实践中法院受理破产案件的过程较长，当法院开始破产清算时，债务人财产可能在执行程序中已经分配完毕，所以这些债权人很难通过申请破产的方式来阻止执行程序中的财产分配。因此，依赖债权人启动破产程序的机制看似公平，但是在司法实践中却难以实施。

3.执行程序中债务人的利益考量

（二）依申请移转破产的弊端

《民事诉讼法解释》将启动执行转破产程序的主体限定为当事人，将决定权交给申请执行人或被执行人，这种依申请移转破产模式存在诸多弊端。无论是强调实现所有债权人的公平受偿，或者是偏重保障债务人利益，还是注重维护

---

[2] 朱春河：《破产程序的启动机制研究》，16页，河南大学2001年硕士学位论文。

社会公共利益的国外破产法，其对破产程序启动机制的规定都是以当事人申请主义为主，以职权主义为补充。与其他国家相比，我国破产程序启动机制的主体范围比较狭窄，导致大量具备破产条件的企业法人并未进入破产程序，本应由破产程序解决的问题滞留在执行程序，使得执行转破产制度的价值功能不能很好的实现，而执行工作中的难题也无法解决。

从宏观的社会层面来看，企业破产法的立法目的是规范企业破产程序，公平清理债权债务，维护社会主义市场经济秩序，破产机制能促使企业获得经济上的新生。企业破产的威胁对市场竞争机制具有强化作用，只有企业存在危机生存的竞争时，才是最激烈、最充分的竞争，没有这种强化作用就不可能有完善的市场机制。[3] 如果仅仅适用申请主义启动机制，经常会出现无人提出破产申请的局面，企业破产的危险带来的强化作用就无从体现。

（三）执行部门与破产审判部门资源不共享

近年来，最高人民法院的"总对总"网络查控系统逐渐成熟完善，与公安部、自然资源部、国家工商总局等16家单位和3900家银行业金融机构联网，覆盖了存款、车辆、证券、不动产、网络资金等16类25项信息，对被执行人主要财产形式"一网打尽"。网络查控系统极大提升了执行效率，执行人员在办公室即可实现对被执行人银行存款、车辆、不动产等信息的查询，甚至冻结、扣划被执行人银行存款。而该系统目前只能用于办理执行案件，执行部门才享有相应的权限，破产审判部门不能共用这种资源，造成了破产程序和执行程序的资源相互隔绝。在破产审查过程中，破产审判部门查询债务人的财产信息主要依靠传统的调查方式，由法院给破产管理人出具调查令，破产管理人持调查令分别前往银行、不动产登记部门、工商部门、国土部门、车管所等查询财产线索。这种查询方式，不但时间长效率低，且不能全面覆盖所有财产情况。

基于当前执行部门与破产审判部门资源不能共享的现状，执行转破产的财产调查工作需要由执行部门主要承担，要求移转前提交涉执行债务清单和财产情况，这势必加重执行人员的工作量。执行部门移转破产的主要动因是将无财产可供执行的多起企业法人作为同一被执行人的执行案件彻底终结执行，以减少执行工作中的重复劳动，避免执行过程中的重复查询、查封、扣押，节省人力物力。这种资源不共享造成的工作量不平衡，在一定程度上打击了执行部门

---

[3]　曹思源：《企业破产法指南》，55页，北京，经济管理出版社，1988。

移转破产的积极性，影响执行转破产的效率和效果。

（四）执行部门移转破产程序的动力不足

虽然法律赋予执行转破产是依申请才启动，但是根据《最高人民法院关于执行案件移送破产审查若干问题的指导意见》（以下简称《执转破指导意见》），执行部门在执行程序与破产程序的衔接中仍然需承担较多工作。

第一，执行部门在执行程序中应主动承担执行案件移送破产审查有关事宜告知和征询工作。执行部门采取财产调查措施后，发现作为被执行人的企业法人符合破产法第二条规定的，执行人员应当及时询问申请执行人、被执行人是否同意将案件移送破产审查。第二，执行部门应严格遵守执行案件移送破产审查的内部决定程序。执行人员认为执行案件符合移送破产审查条件的，应提出审查意见。然后组成合议庭进行评议，经合议庭成员评议同意后，由院长签署移送决定。执行部门作出移送决定后，应当于五日内送达申请执行人和被执行人，并且应当书面通知所有已知执行法院。第三，为保障破产审理部门能全面掌握案件情况，执行部门移送破产审查的案件，需要向破产审理部门提供详细的执行案件材料：同意移送破产审查的执行案件当事人信息、拟移送破产审查的被执行人的主体资格证明材料及联系方式；执行案件立案信息表、执行依据的生效法律文书、因移送破产审查而中止执行的执行裁定书；被执行人涉执行债务清单及债权人联系方式、债权已受偿或财产已分配清单、财产查封、扣押、冻结清单及相应查封、扣押、冻结手续；决定移送破产审查时已掌握的债务清册、债权清册、有关财务会计报表、报告和职工债权等相关材料等。以上移送前的事务性统计工作，往往涉及几十甚至几百个执行案件，十分牵扯执行人员的时间和精力，执行人员对于案件移转破产的动力并不足。

（五）提级集中管辖存在局限性

我国企业破产法规定破产案件由债务人住所地人民法院管辖，也即是说基层人民法院是有管辖权的。但是对于执行转破产案件，《执转破指导意见》确定为以中级人民法院管辖为原则、基层人民法院管辖为例外的管辖制度。如果中级人民法院要将案件交由具备审理条件的基层人民法院审理，需要高级人民法院批准。这在级别管辖上的特殊规定，虽然是为适应破产审判专业化建设的要求及合理分配审判任务，但同时也在一定程度上制约了执行案件移转破产程序。

第一，目前基层人民法院受理的执行案件数最多，相应的执行移转破产案件比例也更大。一旦启动执行转破产程序，基层人民法院执行部门需将案件移送中级人民法院破产审查，这必然涉及两个不同法院之间的沟通协调，增加了案件移送的司法成本。第二，如果是基层人民法院拟将执行案件移送异地中级人民法院进行破产审查的，在作出移送决定前，还应先报请其所在地中级人民法院执行部门审核同意。这将涉及三个不同法院之间的沟通协调，移送前往往需要汇报、请示、座谈等，严重影响移转效率。第三，执行法院移送破产审查的材料，由受移送法院立案部门负责接收。该立案部门经审核认为移送材料完备的，以"破申"作为案件类型代字编制案号登记立案后，再将案件移送该院破产审判部门进行破产审查。这又涉及不同层级法院的不同部门之间的沟通协调，不符合高效便捷的工作原则，甚至会出现推诿扯皮的现象。

（六）执行部门和破产审判部门把握破产原因标准不一

《企业破产法》第 2 条第 1 款明确了破产条件，第一是企业法人不能清偿到期债务，第二是资产不足以清偿全部债务或明显缺乏清偿能力。执行转破产除具备上述两个条件外，增加了一个主观要件，即申请执行人之一或者被执行人同意。执行部门和破产审判部门审查是否具备破产原因标准不尽相同，执行部门对于明显缺乏清偿能力的认定，主要适用"申请法院强制执行而仍未获清偿"的标准，一旦进入法院强制执行程序，经查询后被执行人无财产可供执行，即认定为具备破产原因。在传统破产案件中，破产审判部门对是否具备破产原因采取实质审查标准，对债权人的破产申请举行听证会，全面了解债务人的债权债务、资产、人员等后，结合整体情况作出是否资不抵债或明显缺乏清偿能力的判断，最后作出裁定是否受理。

执行部门和破产审判部门审查标准的不同，增加了执行移转破产的难度。执行部门根据其掌握的财产现状进行审查，认为被执行人已经具备破产条件，征询当事人意见后移转破产，而破产审判部门根据实质审查标准组织听证后，认为并未达到破产条件，最终裁定不予受理，被执行人的财产退回执行部门，执行部门应当恢复对被执行人的执行。实际上，执行部门依照其掌握的信息作出移转破产的判断，在实体上和程序上都符合相关法律规定。根据最高人民法院民二庭关于执行转破产意见的解读，执行程序中判断是否"执转破"的实质要件与受移送法院破产审查裁定是否受理的标准应当完全一致。[4] 否则，会造成执行程序中无财产可供执行案件没有出口，执行转破产制度也不能真正发挥作用。

二、执行程序与破产程序衔接的路径优化

从制度层面来看，虽然《民事诉讼法解释》确立了执行转破产的基本规则，《执转破指导意见》也细化了移送和交接的具体规则，但从实践来看，执行程序和破产程序的衔接仍然存在诸多上述问题。这需要对相关制度进行整合优化，为执行转破产的实践完善提供一种最佳路径，以实现执行程序和破产程序的融会贯通。

（一）修改参与分配制度的相关立法

从执行制度的发展来看，执行有较强的行政色彩，法院自身承担了大部分的协调和组织成本。通过参与分配制度，债权人可以获得执行程序中"先到先得"的财产。这种利益上的驱使，使得参与分配程序被扩大适用，对破产法功能的适用有着较大影响。

笔者建议在今后修改立法时，对适用参与分配制度予以重新设计。当被执行人的财产不足以清偿时，原则上适用执行转破产制度，例外情况适用参与分配制度。只要申请执行人之一申请参与分配时，就视为符合执行转破产的条件，启动执行转破产程序。采用倒逼的方式，赋予其他申请执行人或者债务人提出异议的权利，由执行裁判部门进行审查。经审查认为，有足够的证据证明被执行人不符合破产条件的，则适用参与分配制度，避免参与分配制度和执行转破产制度交叉重叠。

1. 当事人没有提出异议的衔接处理

如果当事人对于移转破产程序没有异议，且又没有提出和解、担保申请，那么案件就移送给破产审判部门进行审查。破产审判部门经审查符合破产条件，自收到执行材料之日起三十日内裁定受理破产。后续过程中审查认为符合破产条件的，破产审判部门裁定宣告破产，执行部门裁定终结对被执行人所有案件的执行。

---

[4] 王富博：《关于〈最高人民法院关于执行案件移送破产审查若干问题的指导意见〉的解读》，载《法律适用》，2017（11）。

2. 当事人提出异议的衔接处理

如果当事人对移转破产程序提出异议，执行裁判部门应根据异议的内容分别进行处理。如果被执行人提供可供执行的财产或者第三人愿意为被执行人清偿到期债权的，分以下两种情况进行处理。第一种情况是足额清偿，即被执行人有能力清偿全部债权，或者第三人为被执行人清偿全部到期债权。执行裁判部门对异议进行审查核实后，认为被执行人或者第三人提供的足额财产能实现所有申请执行人的债权时，应撤销执行转破产程序的决定，并对相应的财产进行处理，这时与被执行人相关的所有执行案件可以以"执行完毕"的方式结案。第二种情况是不足额清偿，即被执行人有能力清偿部分债权，或者第三人为被执行人清偿部分到期债权，还有一部分短期内无法清偿。在此种情形下，对于执行案件是否移转破产存在不同的观点，有人主张如果被执行人已经清偿了大部分债权，就不应再移转破产进行处理。笔者持不同观点，原因有以下两个方面：第一，被执行人已提供债权与未清偿债权的比例无法权衡，究竟何为"大部分"不能准确限定，毕竟每个案件的标的额不同，债权人的期望值也不同；第二，执行部门对部分债权执行后，执行案件还是只能裁定"终结本次执行程序"，对于剩余债权，债权人仍然会不断申请恢复执行，从而出现反复执行而又无法实现债权的困境。因此，从长远来看，笔者建议此种情况还是将案件移交给破产审判部门更合适。

（二）建立职权主义移转方式

其实，我国早就有学者指出，法院依职权介入破产的宗旨是以牺牲少数债权人的部分利益为代价，维护大多数债权人利益，保障社会整体利益。[5] 笔者也认为，如果已经出现破产原因而法院不能依职权进行适当干预，任由债务人企业状况继续恶化对债权人极其不利，对整个社会而言也是一种包袱和负担，因此在当事人不主动申请执行转破产的情况下，法院应及时依职权启动执行转破产程序，进而实施必要的保全措施以维护全体债权人利益和社会公共利益。

1. 破产职权主义是对申请主义启动机制的必要补充

实际上，建立破产程序职权主义启动机制并不是为了否定申请主义启动机制，相反是对申请主义启动机制的补充。不但有利于维护社会公共利益，强化

---

[5] 林祖彭、李浩：《建议在司法执行中建立强制破产制度》，载《政治与法律》，1998（5）。

市场竞争机制，也有利于解决大量具备破产条件的企业法人滞留在执行程序带来的难题，实现破产程序与执行程序的共利双赢。

很多国家立法例都将破产程序启动机制的职权主义作为当事人申请主义的补充，尤其以日本和我国台湾地区为代表的立法认可在公司有破产原因时，法院可以依据职权按照破产法的规定宣告其破产。[6]日本破产法规定，破产程序原则上根据利害关系人的申请而发动，例外的情况有《牵连和议法》第九条第一款、《公司更生法》第二十三条第一款和第二十六条第一款那样的破产时，也有法院依职权开始的时候。[7]我国台湾地区的"破产法"是在中华民国1935年《破产法》的基础上修改而成的，该法规定：破产程序的启动原则上依当事人的申请，但法律并不排除法院依职权主动宣告破产的例外。法院依职权启动破产程序是指在民事诉讼或者民事执行程序中，法院查实债务人不能清偿债务时，得依职权宣告债务人破产。[8]

2. 破产职权主义与民事经济立法精神相吻合

破产程序申请主义启动机制反映的是立法上的"个人本位"倾向，而破产程序职权主义启动机制体现的是"社会本位"的立法意图。个人作为整个社会的成员，其权利的取得和行使应不以损害社会公共利益为前提，一旦离开社会整体利益，个人的权利价值就无法体现和实现。纵观法律演进的历史，对于民事权利的保护逐步从"个人本位"向"社会本位"过渡，这体现了现代立法的发展趋向。我国的民事经济立法中已经充分肯定了"社会本位"原则，各种法律制度都是从社会公共利益出发保护个人民事权利的，诸如"公序良俗"原则、"诚实守信"原则等。因此，建立破产程序职权主义启动机制是与我国民事经济的立法精神相吻合的。

（三）赋予破产审判部门执行查询系统的权限

《全国法院破产审判工作会议纪要》第43条是关于破产审判部门和执行部门信息共享的规定，破产受理法院可以利用执行查控系统查控债务人财产，提高破产审判工作效率。该条仅为原则性的规定，实践中如何操作并未明确。目前"总对总"系统是最高人民法院建设的全国性网络，管理严格，仅对执行案

---

[6] 日本《公司更生法》第23条，我国台湾地区"公司法"第307条。
[7] ［日］伊藤真：《破产法》，刘荣军等译，44页，北京，中国社会科学出版社，2009。
[8] 我国台湾地区"破产法"第60条。

件开放,在破产程序中利用存在困难。[9] 正如前文所述,将执行转破产前的财产调查工作主要交由执行部门承担,势必加重执行人员的工作量,影响执行部门移转破产的积极性。破产程序属于概括性的执行程序,是执行程序的延伸,对破产案件开放执行查控系统并不存在法律上的障碍,只是技术上不成熟,可以对系统功能进行完善。

从技术层面来看,可以在现行的执行查控系统中增加一个版块或功能,开通破产审判部门专门的通道,赋予破产审判法官相应的执行查询权限。破产审判法官就可以自行查询被执行人的财产情况,自动提取相关的主体身份信息。减轻了执行部门的办案压力,也提高了破产案件审理的效果。

(四)调整执行转破产案件的管辖权

《执转破指导意见》确定的以中级人民法院管辖为原则、基层人民法院管辖为例外的管辖制度,这和企业破产法的管辖原则不一致。不管是执行移转破产,还是直接申请破产,最终都是按照企业破产法及司法解释规定的相同程序和流程进行审理,本质上没有差异。《执转破指导意见》的提级管辖,涉及不同法院不同部门之间中止执行、财产归集和解除保全措施、申报债权、确认债权、案卷材料移交等诸多需要沟通协调的问题。[10] 应当调整执行移转破产案件的管辖权,实行执行法院专属管辖,由执行法院内部进行移转,沟通协调的成本更低、移转的时间更快,有效节约司法资源。对于疑难复杂、标的较大的案件,由高级人民法院指定中级人民法院进行审理。

(五)成立"立执破"小组

由于执行部门与破产审判部门对破产原因审查认定标准不一,在程序衔接中容易出现争议。为了统一标准,且更加及时地补正移送材料,在实行执行法院专属管辖后,建议成立由立案部门、执行部门、破产审判部门人员组成的"立执破"小组,共同对移送的案件进行审核和筛选。执行部门对符合执行转破产的案件进行预评估,提出移送破产的审查意见,然后协同破产审判部门的人员组成合议庭,经合议庭评议同意后,由执行部门出具移送决定书。执行部门

---

[9] 葛洪涛:《执行程序与破产程序衔接的困难与应对》,载《人民法院报》,2018-04-18。
[10] 白田甜、景晓晶:《"执转破"衔接机制的优化原则与实践完善》,载《法律适用》,2019(3)。

将梳理和收集的案卷材料,移送给小组的立案部门人员进行登记立案。立案部门经审核认为移送材料不完备的,由小组成员与执行部门沟通对接,协助执行部门十日内补齐、补正后,并及时将案件移送破产审判部门进行破产审查。成立"立执破"小组,可以避免各部门对破产原因审查标准不一致的情况,实现执行部门、立案部门、破产审判部门的无缝对接,简化移送程序,提高移送效率。

三、小结

对于债权人的而言,执行程序属于个别清偿,破产程序更能公平保护全体债权人的合法权益;对于市场而言,执行程序不具有消灭企业主体资格的功能,破产制度能够完善和规范企业法人的市场退出机制。大力推动执行案件转破产审查,对于处理执行积案、化解执行实务难题,重新配置市场资源都具有重要的意义。但目前执行程序与破产程序的衔接运行并不顺畅,期望能尽快修改相关立法,完善和优化"执转破"制度,建立长效机制,使执行程序与破产程序成为完整的债权实现体系,以实现执行程序与破产程序的衔接贯通。

十九章

拒不执行判决、裁定罪的实务精解

生效法律文书是司法审判权的体现，是对当事人权利义务的固定，依法具有约束力和强制性。拒不执行生效法律文书的行为，侵犯的不只是胜诉当事人的合法权益，更是对司法权威的藐视和侵犯，必须通过刑罚手段予以严惩。

一、犯罪四要件

我国《刑法》中构成犯罪的四要件为犯罪主体、主观方面、犯罪客体、客观方面。拒不执行判决、裁定罪是因执行程序而产生的罪名，在犯罪四要件方面有其独特的体现。

（一）犯罪主体不限于被执行人

虽然被执行人是生效法律文书确定的义务人，但拒不执行判决、裁定罪的犯罪主体并不仅限于被执行人，而是所有负有执行义务的人。根据2002年《全国人民代表大会常务委员会关于〈中华人民共和国《刑法》〉第三百一十三条的解释》（以下简称《刑法第三百一十三条解释》）的规定，负有执行义务的人具体包括被执行人、协助执行义务人、担保人、国家机关工作人员。

1. 被执行人

被执行人既可以是自然人，也可以是单位。1997年《刑法》第三百一十三条规定的只有自然人，但2015年《刑法修正案（九）》修订，增设了"情节特别严重"的处罚以及单位犯罪的处罚，扩大了适用范围。对于单位犯罪，属于双罚制，对单位判处罚金，并对其直接负责的主管人员和其他直接责任人员，依照拒不执行判决、裁定罪的规定处罚。

2. 协助执行义务人

协助执行义务人主要指接到人民法院协助执行通知书的相关单位和个人，单位主要包括银行、国土部门、不动产登记部门、车辆管理部门、拆迁公司、居委会、村委会等，个人为负有到期债权的次债务人、共同共有人等。

3. 担保人

担保人隐藏、转移、故意毁损或者转让已向人民法院提供担保的财产，致使判决、裁定无法执行的，也可以按拒不执行判决、裁定罪追究其责任。

4. 国家机关工作人员

被执行人、担保人、协助执行义务人与国家机关工作人员通谋，利用国家机关工作人员的职权妨害执行，致使判决、裁定无法执行的，以拒不执行判决、裁定罪的共犯追究刑事责任。国家机关工作人员收受贿赂或者滥用职权，同时又构成《刑法》第385条、第397条规定之罪的，依照处罚较重的规定定罪处罚。

5. 案外人

按照2024年最高人民法院、最高人民检察院联合发布的《关于办理拒不执行判决、裁定刑事案件适用法律若干问题的解释》（以下简称《拒执刑事案件解释》）规定，案外人明知负有执行义务的人有能力执行而拒不执行人民法院的判决、裁定，与其通谋，协助实施隐藏、转移财产等拒不执行行为，致使判决、裁定无法执行的，以拒不执行判决、裁定罪的共犯论处。

（二）主观方面故意性

《刑法》犯罪主观方面包括两种形式，故意和过失。拒不执行判决、裁定罪主观方面表现为直接故意，即行为人明知自己的行为会造成法院裁判不能执行或者导致发生法院裁判不能执行的后果，并且希望这种结果的发生。行为人的主观动机和目的并不单纯是破坏法院的正常执行活动，而是占有、使用权利人的款物，拒不归还；或者是对损害不予赔偿，而侵犯了权利人的财产权利。

（三）犯罪客体双重性

人民法院是国家的审判机关，而判决书、裁定书是人民法院行使国家审判权的具体表现形式。判决书、裁定书一经作出，就具有法律强制力，有关单位和个人必须执行。维护人民法院裁判的权威，就是维护法律的权威。拒不执行生效法律文书的行为，侵犯的不只是债权人的人身、财产权益，更是对法律权威的蔑视。也即是说，拒不执行判决、裁定罪侵犯的是双重客体，债权人合法权益和法律权威。

（四）客观方面严重性

本罪的客观方面表现为对人民法院已经发生法律效力的判决、裁定，有能力执行而拒不执行，情节严重的行为。被执行人构成犯罪是由于有能力执行而不执行，采取了隐匿财产等不正当手段，致使判决、裁定无法执行，是逃避、抗拒执行的行为。

对于客观行为，也是需要执行部门甄别收集的犯罪线索，尤其重要，涉及到下一步能否作为认定拒不执行判决、裁定罪的关键证据。在《刑法第三百一十三条解释》的基础上，《拒执刑事案件解释》进一步列举了十项"有能力执行而拒不执行，情节严重"的情形，分别为：

1. 以放弃债权、放弃债权担保等方式恶意无偿处分财产权益，或者恶意延长到期债权的履行期限，或者以虚假和解、虚假转让等方式处分财产权益，致使判决、裁定无法执行的；

2. 实施以明显不合理的高价受让他人财产、为他人的债务提供担保等恶意减损责任财产的行为，致使判决、裁定无法执行的；

3. 伪造、毁灭、隐匿有关履行能力的重要证据，以暴力、威胁、贿买方法阻止他人作证或者指使、贿买、胁迫他人作伪证，妨碍人民法院查明负有执行义务的人财产情况，致使判决、裁定无法执行的；

4. 具有拒绝报告或者虚假报告财产情况、违反人民法院限制消费令等拒不执行行为，经采取罚款、拘留等强制措施后仍拒不执行的；

5. 经采取罚款、拘留等强制措施后仍拒不交付法律文书指定交付的财物、票证或者拒不迁出房屋、退出土地，致使判决、裁定无法执行的；

6. 经采取罚款、拘留等强制措施后仍拒不履行协助行使人身权益等作为义务，致使判决、裁定无法执行，情节恶劣的；

7. 经采取罚款、拘留等强制措施后仍违反人身安全保护令、禁止从事相关职业决定等不作为义务，造成被害人轻微伤以上伤害或者严重影响被害人正常的工作生活的；

8. 以恐吓、辱骂、聚众哄闹、威胁等方法或者以拉拽、推搡等消极抗拒行为，阻碍执行人员进入执行现场，致使执行工作无法进行，情节恶劣的；

9. 毁损、抢夺执行案件材料、执行公务车辆和其他执行器械、执行人员服装以及执行公务证件，致使执行工作无法进行的；

10. 其他有能力执行而拒不执行，情节严重的情形。

《拒执刑事案件解释》第4条专门规定了负有执行义务的人有能力执行而拒

不执行,且具有下列情形之一,应当认定属于"情节特别严重"的情形:

1. 通过虚假诉讼、虚假仲裁、虚假公证等方式妨害执行,致使判决、裁定无法执行的;

2. 聚众冲击执行现场,致使执行工作无法进行的;

3. 以围攻、扣押、殴打等暴力方法对执行人员进行人身攻击,致使执行工作无法进行的;

4. 因拒不执行,致使申请执行人自杀、自残或者造成其他严重后果的;

5. 其他情节特别严重的情形。

二、适用范围

《刑法第三百一十三条解释》将《刑法》第 313 条规定的"人民法院的判决、裁定",限定为人民法院依法作出的具有执行内容并已发生法律效力的判决、裁定,即拒不执行判决、裁定罪直接适用范围为生效判决书、裁定书。对于支付令、调解书、仲裁裁决、公证债权文书等不能直接适用拒不执行判决、裁定罪。《最高人民法院研究室关于拒不执行人民法院调解书的行为是否构成拒不执行判决、裁定罪的答复》(法研〔2000〕117 号)也明确说明,《刑法》第 313 条规定的"判决、裁定",不包括人民法院的调解书。那是否意味着拒不执行人民法院调解书的行为,就不能按照拒执行为定罪处罚呢?并不是,《刑法第三百一十三条解释》规定人民法院为依法执行生效的调解书所作的裁定属于《刑法》第 313 条规定的裁定。即是说,调解书不能直接适用,但是可以转化为裁定后适用。

笔者对调解书不能直接适用拒不执行判决、裁定罪并不认可。我国《民事诉讼法》规定,调解书与判决书具有同等法律效力,对于不履行调解书确定义务的可以申请强制执行。既然立法赋予调解书与判决书具有同等效力,但在追究拒不执行判决、裁定罪时适用条件并不相同,从逻辑上讲很难自圆其说。对于财产给付类案件,执行部门在执行过程中通常会出具查询、扣划、冻结、扣押、查封等裁定,但是被执行人在执行前采取的恶意转移财产等规避执行的行为,很难适用拒不执行判决、裁定罪追究责任。对于行为类案件,如房屋腾退、排除妨碍、探视权等,执行过程中只需要院长签发公告,往往不需要出具裁定即可直接强制执行,也很难适用拒不执行判决、裁定罪追究责任。如果立法不能将非判决、裁定类执行依据，尤其是调解书纳入拒不执行判决、裁定罪范围，一旦出现情节严重的拒执行为，无疑是对该类案件的被执行人极大地放纵。

三、定罪量刑

《刑法》第313条规定的刑期为三年以下有期徒刑、拘役或者罚金。随着市场经济的发展，执行案件的执行标的数额也逐渐增高，三年以下有期徒刑已经无法与拒执行为的社会危害性的量刑匹配。2015年《刑法修正案（九）》修订，将刑期提高为七年，加大了拒执行为的惩治力度。此外，负有执行义务的人有能力执行而拒不执行人民法院的判决、裁定，同时构成拒不执行判决、裁定罪，妨害公务罪，袭警罪，非法处置查封、扣押、冻结的财产罪等犯罪的，依照处罚较重的规定定罪处罚。

对于从重从轻情节，《拒执刑事案件解释》予以专门规定。关于从重情节，拒不执行支付赡养费、扶养费、抚养费、抚恤金、医疗费用、劳动报酬等判决、裁定，构成犯罪的，应当依法从重处罚。关于从轻情节，在提起公诉前，履行全部或者部分执行义务，犯罪情节轻微的，可以依法不起诉；在一审宣告判决前，履行全部或者部分执行义务，犯罪情节轻微的，可以依法从轻或者免除处罚。

四、管辖法院

根据《拒执刑事案件解释》第15条规定，拒不执行判决、裁定刑事案件，一般由执行法院所在地人民法院管辖。本罪最高刑为七年有期徒刑，故根据级别管辖原则，具体又包括两种情形：一是执行法院为基层法院的，由执行法院管辖；二是执行法院为中、高级法院的，由该院所在地的基层法院管辖。由此可见，除非特别重大复杂的，由中院、高院管辖，原则上都由基层法院管辖。

五、拒执行为起算点

《刑法第三百一十三条解释》中只对协助执行义务人的时间节点有所规定，限定在接到人民法院的执行通知书后，对于其他主体包括被执行人、担保人等则没有规定。这导致实践中人民法院、公安机关、检察机关各持三种不同观点。

（一）诉讼开始说

根据《拒执刑事案件解释》第 6 条规定，行为人为逃避执行义务，在诉讼开始后、裁判生效前实施隐藏、转移财产等行为，在判决、裁定生效后经查证属实，要求其执行而拒不执行的，可以认定其有能力执行而拒不执行，情节严重，以拒不执行判决、裁定罪追究刑事责任。诉讼开始后，一般是指被告接到人民法院应诉通知后。由此可见，法院在认定拒执行为时，改为采取了更为严格的标准，由此前对法律文书生效以后发生的转移财产行为追究责任，调整为对接到人民法院应诉通知后实施隐藏、转移财产行为追究责任。

（二）执行通知书说

第二种观点是执行通知书说，该观点认为只有进入执行程序后，并且被执行人收到法院送达的执行通知书和报告财产令之后的拒执行为才能追究刑事责任。因为拒不执行判决、裁定罪的两个必要条件是"有能力履行"和"拒不履行"。只有在进入执行程序以后法院才能查询被执行人名下财产状况，确定其是否有履行能力；只有在收到法院执行通知书后被执行人才有履行的义务，才会有"主动履行"和"拒不履行"的表现。实践中，公安机关通常持该观点。

（三）执行立案说

该观点认为只有发生在执行立案以后的拒执行为才能构成犯罪。依据在于《刑法第三百一十三条解释》第 3 条第 3 款规定的犯罪主体为被执行人、协助执行义务人、担保人等，这些都是进入执行程序以后才存在的主体。目前检察机关主要持该观点。

由此可见，虽然司法解释明确了追究拒执行为的起算点，但实践中公检法掌握标准并不统一，这也是造成实践中拒不执行判决、裁定罪移送衔接存在障碍的原因之一。

六、公诉案件移送审查实务要点

人民法院在执行案件中掌握的情况，都可能成为后期公安机关侦查起诉的证据。为增加移送的高效和衔接的顺畅，人民法院向公安机关移送案件时，应将执行案件基本情况进行说明，并将执行卷宗材料、涉嫌犯罪的证据材料，整理目录清单，编页成册后移送。具体包括：

（一）《案件移送函》（移送的理由及涉嫌的罪名）；

（二）案件情况说明（被执行人或涉嫌犯罪的相关人员的姓名、性别、年龄、民族、住址、工作单位及职务、身份证号等详细身份信息，执行情况，案件现状等）；

（三）生效法律文书；

（四）执行立案信息表，强制执行申请书；

（五）执行过程中的相关工作记录、谈话笔录、调查笔录、勘验笔录、视频资料等；

（六）被执行人财产的查询情况；

（七）采取查封、扣押、冻结等执行措施的强制执行裁定书、协助执行通知书、腾退房屋或土地的公告；

（八）被执行人涉嫌隐匿、转移财产的，法院查明的相关交易记录、转账凭证，当事人及其他相关人员的供述，查找相关线索的过程等证据；

（九）被执行人拒不按照生效法律文书要求交付财物、票证，拒不按照公告内容腾退房屋、迁出土地、及其他妨碍执行的证据；

（十）被执行人曾被司法拘留的，司法拘留决定书的复印件，以及在拘留期间，被执行人的供述情况；

（十一）其他证明行为人涉嫌拒不执行、拒不协助执行或者非法干预执行的犯罪证据。

七、自诉案件实务要点

为解决实践中公诉案件移送不顺畅问题，以及公诉转自诉程序不畅问题，2018年6月5日，最高人民法院印发《关于拒不执行判决、裁定罪自诉案件受理工作有关问题的通知》（以下简称《自诉通知》），进一步加大了对拒不执行判决、裁定罪准确、高效的打击。

（一）前置程序

申请执行人须先行向公安机关控告，此为必经的前置程序。只有在申请执行人曾经提出控告，而公安机关或者人民检察院对负有执行义务的人不予追究刑事责任的情况下，才允许自诉。故立案时需持有公安机关出具的《不予立案通知书》《撤销案件决定书》，检察机关出具的《不起诉决定书》。但实践中，公安机关不予受理，或受理之后迟迟不予答复的情况较多，使得申请执行人谋求公诉不畅，自诉又无法提供公安、检察机关不予追究的证据，制约了申请执行人自诉权的行使。因此《自诉通知》特别规定，申请执行人提出控告，公安机关不予接受控告材料或者在接受控告材料后60日内不予书面答复的，即可以提出自诉。应该说，《自诉通知》将公安机关不接受当事人控告材料或者接受后较长时间不予答复的情形，以及对人民法院移送的线索较长时间不予答复的情形，作为公安机关不予追究刑事责任的表现形式，是结合实践作出的正确决定。

1. 举证

但是申请执行人如何证明曾经提出控告或者公安机关不予受理。2018年最高人民法院发布了拒不执行判决、裁定罪十大典型案例，其中第8个案件中，申请执行人就是通过律师见证的方式取得了有关公安机关不予受理的证据，该项证据最终也得到了人民法院的认可，顺利启动了自诉程序。当然，律师见证需要一定的成本，并非所有申请执行人都能邀请律师见证，故人民法院对于申请执行人的举证方式不应过于严苛。

2. 期限

公安机关接受当事人的控告材料或受理人民法院移送的线索后，60日不予书面答复可以转自诉程序。期限设定为60日，有以下方面的考量：一方面，期限过长，将影响打击拒不执行判决、裁定罪的效率和力度；另一方面，公安机关对相关材料和线索也需要审查确定是否符合立案侦查的条件，而且案件的难易程度有别，期限应当足以涵盖相对复杂案件的审查期限。

目前，对于一般刑事案件，受理控告、报案后，公安机关应该在多长时间作出决定和答复控告人、报案人，没有明确的规范要求。《最高人民检察院、公安部关于公安机关办理经济犯罪案件的若干规定》第15条规定，公安机关接受涉嫌经济犯罪线索的报案、控告、举报、自动投案后，应当立即进行审查，并在7日以内决定是否立案；重大、疑难、复杂线索，经县级以上公安机关负责人批准，立案审查期限可以延长至30日；特别重大、疑难、复杂或者跨区域性的线索，经上一级公安机关负责人批准，立案审查期限可以再延长30日。参照上述规定，《自诉通知》最终将申请执行人控告和法院移送线索两种情形的期限统一确定为 60 日，属于比较合理的规定。

（二）公诉与自诉的关系

1. 公诉转自诉

人民法院向公安机关移送拒不执行判决、裁定罪线索，公安机关决定不予立案或者在接受案件线索后 60 日内不予书面答复，或者人民检察院决定不起诉的，人民法院可以向申请执行人释明，并告知其可以在其他条件具备的情况下提起自诉，以便实现公诉与自诉的衔接。

《拒执刑事案件解释》第 14 条规定，自诉立案的条件之一是"申请执行人曾经提出控告"，那么在人民法院移送拒执线索受阻的情况下，是否还需要申请执行人再向公安机关提出控告？实际上，人民法院移送拒执线索后，公安机关已经作出不予追究的决定，或者检察机关决定不起诉，已经符合了《刑事诉讼法》公诉转自诉的相关要件。如果坚持增加"被害人（申请执行人）曾经提出控告"这个条件，意味着法院向申请执行人释明后，在已经明确公安不予追究的情况下，还要申请执行人向公安机关再控告一次，增加了申请执行人的负担。而且这种方式也实质上否定了法院移送线索启动公诉案件转自诉的可能，将使实践中亟待解决的问题无法得到妥当处理。因此，《自诉通知》里并没有设定"申请执行人曾经提出控告"这个要件。

2. 公诉与自诉的优先性

《自诉通知》规定，公安机关在接受申请执行人的控告材料或者人民法院移送的犯罪线索，经过 60 日之后又决定立案的，对于自诉案件，人民法院可以说服自诉人撤回起诉，裁定不予受理或者裁定终止审理。

一般而言，刑事案件不会发生公诉与自诉程序并行的情形。但由于公安机关对于拒不执行判决、裁定罪的控告材料或案件线索的审查有时过程较长，在认识上也可能有转变。在人民法院根据公安机关一定期限不予答复受理自诉案件后，公安机关又立案追究的，就会出现两者并行的情形。实际上，公诉转自诉案件在本质上是适宜以公诉程序处理的案件，公安机关的调查取证能力也是当事人不具备的，因此原则上应当公诉优先于自诉。因此一旦出现公诉和自诉并行时，对于自诉案件，可以根据其不同的阶段分别处理：接受了自诉材料，尚未立案的,可以裁定不予受理;已经立案的,可以裁定终止审理。当然,在裁定不予受理和终止审理之前,自诉人均可以撤回起诉。

当然,也可能出现法院说服自诉人撤诉、裁定不予受理或终止审理后,公安机关又撤销案件,或者检察机关不予起诉等情形,此时自诉人仍可以再次提起自诉,并不构成重复自诉。

(三)立案受理条件

1. 被执行人下落不明

对于被执行人下落不明的,原则上不予立案。因立案侦查后,需要对被执行人采取人身限制措施,且刑事案件无法缺席审理,立案的前提必须是被执行人能查找控制。各地法院也出台了类似规定,例如2019年7月25日,北京高院下发《关于刑事自诉立案审查规范的通知》,其中第19条规定,执行法院立案庭对申请执行人提交的材料进行审查后,对于符合立案条件的拒不执行判决、裁定罪自诉案件,应当及时予以立案。对于申请执行人提起刑事自诉时被告人下落不明的,立案庭应当说服自诉人撤回起诉,自诉人拒不撤回的,裁定不予受理。裁定不予受理后,申请执行人又提出新的足以明确被告人下落的证据,再次提起自诉的,人民法院应当受理。

2. 自诉案件应提交的材料

申请执行人向人民法院提起自诉的,除应符合最高人民法院《刑事诉讼法解释》的相关规定外,还应提供下列证据:

(1)负有执行义务的人有能力执行而拒不执行,情节严重或特别严重的相关证据;

(2)申请执行人遭受人身、财产损害的相关证据;

(3)公安机关不予立案或检察机关不予起诉的相关材料。

3. 和解或撤诉

自诉人在宣告判决前,可以同被告人自行和解或者撤回自诉。刑罚不是最终目的,而是通过惩戒起到教育和矫正的作用。如果被告因提起自诉受到威慑,自动履行义务或者和解的,自诉人自愿撤诉的,人民法院应当准许。

八、比较法考察

（一）域外法律规定

对于拒执行为，世界各国普遍通过刑罚措施予以惩戒。在普通法系国家，例如英国、美国，与拒不执行判决、裁定罪相对应的是藐视法庭罪，是指一切容易阻碍、干扰或妨害对某一特定案件或一般案件的审判管理的行为。具体又分为民事藐视法庭罪和刑事藐视法庭罪，民事藐视法庭罪相当于我国的拒不执行判决、裁定罪。

而大陆法系国家主要有两种模式，一种是综合罪名模式，用"妨碍公务罪"或"对抗国家权力罪"来惩治这种行为，例如《德国刑法典》在"对抗国家权力罪"一章的第113条、《日本刑法典》在"妨害执行公务罪"一章的第96条。另一种是单独设罪模式，在妨害司法罪等类罪名之下，对抗拒裁判执行的犯罪作出单独规定。例如《俄罗斯刑法典》在"妨害司法罪"一章的第315条、《意大利刑法典》在"侵犯司法管理罪"一章的第388条。

上述两种法系虽然形式不同，但是他们的外延都很广，罪名适用范围比较宽泛，几乎囊括了有关对抗国家审判权力或妨害司法秩序的行为。虽然我国有特殊的司法实践情况，但域外立法至少为拒不执行判决、裁定罪犯罪对象的调整提供了有益借鉴，进而为修改拒不执行判决、裁定罪的罪名提供了实践支撑。

（二）域外追诉程序

在大多数国家，拒不执行判决、裁定罪都由法院甚至据以执行的原案件裁判法官直接处理。以美国为例，拒不执行判决、裁定罪的追诉启动不在警察局和检察机关，而是由法院直接审理和决定。执行程序中，宣布藐视法庭罪的人是法官，而且是作出本案判决和裁定的法官。案件无须移送其他庭室立案，也无须交刑事审判庭的法官审理，更无须交侦查机关立案侦查。美国的藐视法庭罪对该证据证明力的要求不同于一般刑事案件高达90%以上的排除合理怀疑标准，而只要求有超过50%的可能性即可。法官命令被执行人偿还，被执行人仍不按规定偿还时，法官即可宣布被执行人藐视法庭罪。

在英美法中，藐视法庭罪被认为是一种适用特殊程序的犯罪，在追究这一犯罪程序中，不需要起诉，不需要更换法官，也不需要自行回避，直接、快捷地作出判决是必要的。因为其特殊性，不需要顾及与刑事诉讼一般原则相比较时造成的悖论，比如控诉权与审判权分开，自己不能审理涉及自身的案件，一般证据规则等。

九、立法建议

（一）将调解书直接纳入适用范围

根据民事诉讼法规定，调解书与判决书有同等法律效力，在拒不执行判决、裁定罪追究上却没有同等贯彻适用。非判决类法律文书在司法实践中所占比重越来越大，如因为失去刑罚这一有力保障导致权利人的权益无法兑现，势必极大影响仲裁和公证机构的权威。从立法沿革来看，拒不执行判决、裁定罪最初出现在1997年的《刑法》中，当时的社会实践和立法技术有限，在罪名确定和罪状描述上难免有缺漏。但是从当前司法实践而言，将非判决类法律文书纳入拒不执行判决、裁定罪调整对象确有必要，因此应及时修改罪名。笔者建议将拒不执行判决、裁定罪修改为拒不执行生效法律文书罪，加大拒执行为适用的范围。

（二）简化公诉程序

前述所言，在英美法系国家，藐视法庭罪是按照特殊程序进行处理的。在我国，理论界对于拒不执行判决、裁定罪公诉机制也有很多设想：有人认为"发生在法官眼前的犯罪是不需要证明的"，建议参照域外的藐视法庭罪，由法官现场直接定罪量刑，尤其针对被执行人执行现场暴力抗拒执行的情况，由法官收集证据后直接将案件移交审委会作出逮捕决定、定罪量刑；有人提议由检察机关直接向法院提起诉讼，省略由公安机关立案侦查的环节。对于公诉程序目前的研究分散零散，大多片面不成体系。可汇总后取其精华去其糟粕，可以尝试建立一套相对可行的追诉流程。

笔者对拒不执行判决、裁定罪公诉机制追诉流程的构想：由法院执行部门收集证据、移送检察机关起诉，检察机关审查证据、向法院提起公诉，最后由法院刑事审判部门进行定罪量刑。拒不执行判决、裁定罪中执行法官是除当事人外离犯罪最近的人，在案件执行过程中法官通过执行查控系统查询、询问当事人、现场核实等方式，已将被执行人拒执行为查证，掌握了足以立案追诉的证据。如果再由公安机关重复侦查，是对司法资源的极大浪费，此时可由法院直接向检察机关移送案卷材料，由检察机关审查判断是否提起公诉。能够压缩办案周期，提高公诉效率和执行办案效率，以实现刑事程序和执行程序的双赢。

第二十章

网络司法拍卖异议的审查规则

传统司法拍卖更注重拍卖效果，对当事人、竞买人、案外人以及其他司法拍卖参与主体的程序利益关注较少。究其原因主要是法院在传统法拍卖运行过程中起主导作用，这些程序参与人对拍卖进程的影响有限。但网络司法拍卖经过不断发展，对实体正义和程序正义都追求平衡，人民法院在处理当事人及其他司法拍卖参与主体的权利保障和救济时越来越完善。

当事人、利害关系人对网络司法拍卖有异议时，是按照《民事诉讼法》第236条的规定执行行为异议进行救济，还是另行提起诉讼进行解决，取决于对网络司法拍卖的定性。网络司法拍卖属于司法拍卖的一种，厘清了司法拍卖的性质，也就明晰了网络司法拍卖异议的救济途径。

一、司法拍卖的性质

关于司法拍卖的性质，起初存在公法说、私法说和折中说三种观点。私法说认为强制拍卖乃私法上买卖契约之一种。拍卖之公告，为要约之引诱，应买之表示为要约，拍定之表示为承诺。两者合致而成立买卖契约。公法说认为，强制拍卖乃依公法所实施，为公法上行为。折中说则认为，强制拍卖，就程序法言，为公法上之强制处分，同时具有司法上买卖之性质及效果。[1]最终，因公法说最有说服力，对于强制拍卖的特征揭示得亦最为清晰和深刻，亦符合当今理论发展的潮流，故成为我国强制执行法理论和实务界的主流观点。[2]

在这场关于司法拍卖性质的讨论中，公法说和私法说在以下问题上产生了分歧。

（一）拍卖效果

私法说认为拍定人系继受取得债务人对拍卖物的所有权；而公法说则认为系原始取得。这就决定了两种学说对拍定人是否享有瑕疵担保请求权的理解有所不同。瑕疵担保分为物的瑕疵担保和权利瑕疵担保。在物的瑕疵担保方面，由于公法说已成为主流且为《网络司法拍卖规定》所确定，故而就物的瑕疵担保责任而言，普遍认为司法拍卖并不承担物的瑕疵担保责任。主要是基于三方

---

[1] 江必新、刘贵祥主编：《最高人民法院关于人民法院网络司法拍卖若干问题的规定理解与适用》，208～209页，北京，中国法制出版社，2017。
[2] 陈桂明、侍东波：《民事执行法中拍卖制度之理论基石——强制拍卖性质之法律分析》，载《政法论坛》，2002（5）。

面的原因：首先，由于司法拍卖系违背被执行人意志进行的拍卖，而申请人并非拍卖标的所有人，对拍卖标的的性质、状况也知之甚少，故由买受人自负风险，有利于确保司法拍卖结果的安定性和实效性；其次，拍卖前的公告、拍品的展示等程序，使竞买人已经获得发现、了解拍卖标的瑕疵的条件；最后，作此安排有利于确保司法拍卖的程序确定性和终结性，避免因买受人就物的瑕疵担保责任行使请求权。权利瑕疵担保方面，根据权利负担的不同类型设定不同处理方式，对于担保物及其他优先受偿权等以就拍卖财产的交换价值优先受偿为目的而设立的权利，我国强制执行程序采取"涂销主义"，即原有的权利负担因拍卖而消灭；对于租赁权和用益物权等以支配标的物的使用价值为目的而设立的权利，则采取"承受主义"，即该项权利不因拍卖而消灭，而由买受人继续承受。[3]总而言之，一般情况下，认为强制拍卖是公法上的处分行为，拍定人与法院执行机关发生公法（诉讼法）上的关系，执行机构违背债务人的意思而强制处分债务人之财产，拍定人非由前手而是原始取得拍定物所有权，则拍定人无瑕疵担保请求权可言。[4]

（二）权利来源

两者在人民法院独立为拍卖的权源的解释力上有所区别，私法说无法自圆其说，买卖契约强调双方当事人意思自治，但司法拍卖显然有悖于作为拍卖标的权利人的债务人的自由意志。公法说解释了执行机构独立为拍卖之权源，司法拍卖的主体为人民法院。也正是基于此，在公法说的语境下，网络司法拍卖被人民法院撤销，当事人、利害关系人、案外人认为人民法院的拍卖行为违法致使其合法权益遭受损害的，可以依法申请国家赔偿。关于此点下文会进行详述。

因我国目前的司法解释对司法拍卖采纳的是公法说，认为人民法院依法进行的网络司法拍卖系公法行为，不适用合同法关于无效、可撤销的规定，除非司法拍卖程序具有严重的瑕疵，受让人通过司法拍卖取得的执行财产权益应当得到保护。因此，当事人、利害关系人认为网络司法拍卖行为违法侵害其合法

---

[3] 江必新、刘贵祥主编：《最高人民法院关于人民法院网络司法拍卖若干问题的规定理解与适用》，210～217页，北京，中国法制出版社，2017。
[4] 肖建国：《论民事诉讼中强制执行拍卖的性质和效力》，载《北京科技大学学报（社会科学版）》，2004（4）。

权益的，可以据此提出执行行为异议。

二、执行行为异议

针对网络司法拍卖行为提出异议的主体，分为当事人和利害关系人两种类型。当事人是指申请执行人和被执行人，网络司法拍卖过程中的利害关系人，主要包括竞买人、优先购买权人、买受人。

（一）异议主体

1. 申请执行人

申请执行人是执行案件的权利人，网络司法拍卖能否顺利实施、拍卖后财产的数额多少，直接关系到申请执行人的权利实现。根据执行力主观范围的扩张原则，申请执行人并不局限为执行依据确定的权利人，依照《变更、追加规定》的规定，被变更、追加为申请执行人的，也可以作为提起执行行为异议的主体。此类变更追加后的当事人包括：（1）债权人死亡或被宣告死亡，其遗嘱执行人、受遗赠人、继承人或其他依法承受生效法律文书确定权利的主体；债权人被宣告失踪，其财产代管人。（2）债权人离婚时，生效法律文书确定的权利全部或部分分割给配偶的，其配偶。（3）法人或其他组织终止，因该法人或其他组织终止依法承受生效法律文书确定权利的主体。（4）法人或其他组织因合并而终止，合并后存续或新设的法人、其他组织。（5）法人或其他组织分立，依分立协议约定承受生效法律文书确定权利的新设法人或其他组织。（6）法人或其他组织清算或破产时，生效法律文书确定的权利依法分配给第三人的。（7）机关法人被撤销，继续履行其职能的主体。（8）没有继续履行其职能的主体，且生效法律文书确定权利的承受主体不明确，作出撤销决定的主体。（9）债权人将生效法律文书确定的债权依法转让给第三人，且书面认可第三人取得该债权，该第三人。

2. 被执行人

虽然被执行人系执行案件中的债务人，但对于法院实施的网络司法拍卖行为，被执行人认为侵害其合法权益也可以提出异议。例如，法院未依法对拍卖标的物进行公告、未依法送达评估拍卖公告、违法进行以物抵债等，被执行人可以提出执行行为异议进行救济。根据执行力主观范围的扩张原则，被执行人也不局限为执行依据确定的义务人,依照《变更、追加规定》的规定,被变更、追加为被执行人的,也可以作为提起执行行为异议的主体。此类变更追加后的当事人包括:(1)权利人死亡或被宣告死亡,其遗嘱执行人、继承人、受遗赠人或其他取得遗产的主体;被宣告失踪的,其财产代管人。(2)法人或其他组织因合并而终止,合并后存续或新设的法人、其他组织。(3)法人或其他组织分立,新设的法人或其他组织。(4)人独资企业不能清偿生效法律文书确定的债务,其投资人。(5)合伙企业,不能清偿生效法律文书确定的债务,其普通合伙人。(6)有限合伙企业财产不足以清偿生效法律文书确定的债务,未按期足额缴纳出资的有限合伙人。(7)法人分支机构不能清偿生效法律文书确定的债务,该法人。(8)个人独资企业、合伙企业、法人分支机构以外的其他组织不能清偿生效法律文书确定的债务,依法对该其他组织的债务承担责任的主体。(9)企业法人财产不足以清偿生效法律文书确定的债务,未缴纳或未足额缴纳出资的股东、出资人或依公司法规定对该出资承担连带责任的发起人。(10)企业法人财产不足以清偿生效法律文书确定的债务,抽逃出资的股东、出资人。(11)公司财产不足以清偿生效法律文书确定的债务,其股东未依法履行出资义务即转让股权,该原股东或依公司法规定对该出资承担连带责任的发起人。(12)一人有限责任公司财产不足以清偿生效法律文书确定的债务,股东不能证明公司财产独立于自己的财产,该股东。(13)公司未经清算即办理注销登记,导致公司无法进行清算,有限责任公司的股东、股份有限公司的董事和控股股东。(14)法人或其他组织被注销或出现被吊销营业执照、被撤销、被责令关闭、歇业等解散事由后,其股东、出资人或主管部门无偿接受其财产,致使该被执行人无遗留财产或遗留财产不足以清偿债务,该股东、出资人或主管部门。(15)法人或其他组织,未经依法清算即办理注销登记,在登记机关办理注销登记时,第三人书面承诺对被执行人的债务承担清偿责任,该第三人。(16)第三人在执行过程中向执行法院书面承诺自愿代被执行人履行生效法律文书确定的债务,该第三人。(17)法人或其他组织,财产依行政命令被无偿调拨、划转给第三人,致使该被执行人财产不足以清偿生效法律文书确定的债务,该第三人。

3. 竞买人

根据《拍卖法》第32条的规定,竞买人是指参加竞购拍卖标的物的公民、法人或其他组织。第67条规定,外国人、外国企业和组织在中华人民共和国境内委托拍卖或者参加竞买的，适用本法。由此可见，竞买人的范围非常广泛，可以是公民、法人、其他组织，可以是中国国籍，也可以是外国国籍。网络司法拍卖中的竞买人范围和拍卖法大体一致，同时也作出了资格限定和排除规定。竞买人应当具备完全民事行为能力，法律、行政法规和司法解释对买受人资格或者条件有特殊规定的，竞买人应当具备规定的资格或者条件。为了防止暗箱操作，损害当事人的合法权益，负责执行的人民法院、网络服务提供者、承担拍卖辅助工作的社会机构或者组织，以及上述主体的工作人员、近亲属，不得作为竞买人并不得委托他人代为竞买。

4. 优先购买权人

优先购买权是法律赋予特定主体依照法律规定或者合同约定，在标的物出售给第三人时，在相同的条件下，享有优先于第三人购买的权利。实务中，优先购买权人主要包括共有人、承租人、合伙人、公司股东等。虽然优先购买权人有优先的权利，但仍然需要按照人民法院拍卖、变卖公告的要求，提前到人民法院申报权利，经人民法院确认后取得优先竞买资格和顺序。和其他竞买人一样，优先购买权人需要报名和交纳保证金。在竞买过程中，优先购买权人和其他竞买人或者低于其顺位的优先购买权人以相同价格出价的，如果没有更高出价者，则拍卖财产由最后出价的优先购买权人竞得。顺位相同的优先购买权人之间竞价，拍卖财产由实际最高出价者竞得。顺位不同的优先购买权人之间竞价，如果顺位在先的优先购买权人先出价，顺位在后的优先购买权人不得以相同价格出价，只能以更高价格出价；如果顺位在后的优先购买权人先出价，顺位在先的优先购买权人可以相同价格出价。

5. 买受人

买受人是竞买人根据拍卖规则逐级竞价，最后以最高价竞得拍卖标的的竞买人，即买受人是竞买人之一。网络司法拍卖对买受人的资格也进行了限定，当买受人不具备法律、行政法规、司法解释规定的竞买资格的，网络司法拍卖应当予以撤销。例如，《商业银行法》第28条规定，任何单位和个人购买商业银行股份总额的5%以上的，应当事先经国务院银行业监督管理机构的批准。在人民法院拍卖商业银行的股权时，如果买受人竞买5%以上股份时，却无法取得相关批准，即使已经拍卖完毕，也应该予以撤销。买受人对此不服的，可以针对撤销拍卖行为提出执行异议。

（二）异议审查程序

1. 提出异议的期限

当事人、利害关系人对网络司法拍卖提出的异议，属于执行行为异议的情形之一。根据《异议和复议规定》第 6 条的规定，执行行为异议应当在执行程序终结之前提出。此处的执行程序终结，是指整个案件的执行程序结束，并非指某一具体执行行为的结束。例如，法院的网络司法拍卖已经结束，但执行案件没有实结，执行程序没有终结，当事人、利害关系人仍然可以针对拍卖行为提出异议，要求法院撤销拍卖。

特别说明的是，如果评估拍卖已经结束，执行程序也已经全部终结，并不意味着当事人、利害关系人已经失去对违法的网络拍卖行为进行纠正的救济权利。虽然不能提起执行行为异议了，但是可以向执行法院的上一级法院进行申诉，由上一级人民法院通过执行监督程序进行处理。

2. 审查方式

与审判程序的价值取向相比，执行程序是效率优先的。为了避免拖延审查，防止影响执行实施案件的进展，执行异议复议案件原则上实行书面审查，对于案情复杂、争议较大的才举行听证。执行异议主要是针对程序性问题的裁判，当事人、利害关系人对网络司法拍卖有异议，属于程序性问题而非实体性问题，主要是对网络司法拍卖行为的合法性进行审查。书面审查是指法院在送达申请书副本、证据副本后，其他当事人不答辩或不出庭的话，可以根据书面材料，结合原执行案件卷宗材料情况径行裁判。而执行听证是和书面审查相对应的一种程序。目前学界没有通说的执行听证制度概念及含义，各地方高级法院制定了相应的程序规则，主要都是持程序说的观点。例如，《北京市法院执行听证程序规则（试行）》第 1 条规定，执行听证是指在执行程序中，人民法院根据执行案件当事人、第三人提出的申请或者案外人提出的异议，依法组成合议庭，召开听证会，组织听证参加人进行陈述、举证、质证和辩论，以查明事实，分清是非，正确适用法律，并依法作出裁定或决定的司法活动。对于听证的范围，由执行部门根据案情进行灵活把握，主要针对的是法律关系复杂，或者涉及人数众多类案件。

(三)异议审查期间是否中止网络司法拍卖行为

根据《执行程序解释》第9条的规定,执行行为异议审查期间,不停止执行。除非被执行人、利害关系人提供充分、有效的担保请求停止执行,人民法院可以准许停止,但申请执行人提供充分、有效的担保要求继续执行的,人民法院应当继续执行。因此,执行行为异议审查期间原则上不停止执行,例外情形下才可以停止执行。

网络司法拍卖作为执行行为的一种,是否适用上述规定。《网络司法拍卖规定》第36条采取重新设置了规则,并未继续采纳异议、复议审查期间不停止执行的观点。该条规定,当事人、利害关系人认为网络司法拍卖行为违法侵害其合法权益的,可以提出执行异议。异议、复议期间,人民法院可以决定暂缓或者裁定中止拍卖。实践中,为了防止错误或违法的网络司法拍卖行为给当事人造成无法弥补的损失,很多执行法院在当事人、利害关系人提出异议时,即立即停止对执行标的的处分。故本条充分考虑了执行实际情况,将能否暂缓或中止拍卖的决定权交给执行法院,由执行法院根据具体的案情进行灵活把握。

当然,也并非只要启动异议审查程序,网络司法拍卖一律停止执行。《网络司法拍卖规定》第36条使用的是"可以"决定暂缓或中止拍卖,并不是"应当"。即是说,执行法院可以决定停止网络司法拍卖,也可以继续推进执行,执行法院对此有一定的自由裁量权。

(四)可撤销网络司法拍卖的情形

针对当事人、利害关系人提出的异议,符合法定可撤销情形的,人民法院可以支持其异议。虽然司法拍卖是公法性质,为了最大限度提高拍卖实效,在维护公法秩序的前提下,也要尊重合同法的精神,遵守诚实守信、公平原则,保障当事人、利害关系人的合法权益。《网络司法拍卖规定》第31条基于拍卖公法说的理论,吸收了《异议和复议规定》第21条的拍卖撤销的内容,对以下六种情形进行了规定:

1.由于拍卖财产的文字说明、视频或者照片展示以及瑕疵说明严重失实,致使买受人产生重大误解,购买目的无法实现的,但拍卖时的技术水平不能发现或者已经就相关瑕疵以及责任承担予以公示说明的除外。

为使更多的竞买人参加竞买,人民法院应当将拍卖财产客观、全面、真实的进行披露。本条的规定,就是为了打消竞买人的顾虑,充分保障竞买人的知情权。如果竞买人出于对人民法院的信任,在未看到实物的情况下,买到了网络平台上披露严重失实的财产,容易引发拍卖纠纷,进一步引发网络司法拍卖的信任危机。因此,人民法院应当对拍卖财产进行充分调查和信息公示,网络服务提供者应当全面展示拍卖信息,否则可能导致拍卖被撤销。特别注意的是,此处需要达到三个要件,严重失实、重大误解和购买目的无法实现。

2. 由于系统故障、病毒入侵、黑客攻击、数据错误等原因致使拍卖结果错误,严重损害当事人或者其他竞买人利益的。

网络平台给司法拍卖带来公开、快捷、广泛、透明、公平等诸多优势,但同时也会受到网络服务的影响。当系统出现故障、病毒入侵、黑客攻击、数据错误等客观原因,可能会引起公告披露的信息出现错误,竞价的数据存在问题,致使网络司法拍卖不客观不真实。在此种情况下,当事人、竞买人可以依法提起执行异议,请求撤销网络司法拍卖,人民法院经查证核实后予以支持。例如,竞价的过程中,网络系统突然异常,导致竞买人无法出价,无法竞买拍卖标的,竞买人可以提出执行异议撤销司法拍卖。

3. 竞买人之间,竞买人与网络司法拍卖服务提供者之间恶意串通,损害当事人或者其他竞买人利益的。

网络司法拍卖的目的是通过竞价实现标的物价值最大化,恶意串通显然违反了竞价充分的要求,应当予以撤销。在此点上,无论是传统司法拍卖,还是商业拍卖,都有相同的规则。例如,《拍卖法》第37条规定,竞买人之间、竞买人与拍卖人之间不得恶意串通,损害他人利益。第65条进一步规定,违反本法第37条的规定,竞买人之间、竞买人与拍卖人恶意串通,给他人造成损害的,拍卖无效,应当依法承担赔偿责任。在该条的适用上,需要注意两点:一是因网络司法拍卖必然要经过网络交易平台进行,由网络交易平台提供技术支持、网络服务、程序设定等,由社会辅助机构制作视频、照片、引领查看样品等,故这些网络司法拍卖服务提供者有机会接触和掌握核心信息,存在恶意串通的优势条件。二是并非恶意串通就一定引起拍卖无效,需引起损害当事人或者其他竞买人利益的严重后果。如果报名的竞买人很多,竞价很充分合理,部分竞买人的恶意串通并不会对拍卖造成影响,也没有达到损害他人严重后果的程度,此时就可以不撤销拍卖。

4.买受人不具备法律、行政法规和司法解释规定的竞买资格的。

为了维护国家安全和经济安全,对于特定财产权属的变动需要具备一定的资格条件。此前《异议和复议规定》也对买受人资格进行了限定,但规定表述为"买受人不具备法律规定的竞买资格",适用过程中出现分歧,有人进行限缩解释,主张此处的法律仅为全国人大或人大常委通过的法律。网络司法拍卖规定进行了宽泛解释,适用的范围不仅仅为法律,还包括行政法规和司法解释,这与维护国家公共秩序的目的相吻合。

5.违法限制竞买人参加竞买或者对享有同等权利的竞买人规定不同竞买条件的。

对竞买人进行违法限制会使潜在的买受人无法参加竞价,导致竞价不充分,标的物成交价格过低,影响网络司法拍卖的效果。例如,违法设定竞买人资格,要求符合某地注册的企业,经营范围为特定范围,注册资本需达到一定数额,经查询符合该条件的竞买人仅有一家,相当于为此次拍卖量身定做了竞买人,拍卖无法实现利益最大化,损害了当事人、利害关系人的合法权益,应当予以撤销。此外,除法律规定享有优先受偿权的外,法院对同一顺位的竞买人应设置相同的竞买条件。在保证金的交纳比例数额、交纳期限上,应一视同仁,否则竞买人可以提出异议。

6.其他严重违反网络司法拍卖程序且损害当事人或者竞买人利益的情形。

因拍卖情况复杂,除以上五种列举的情形之外,可能还存在其他许多情形,故本条进行兜底规定。需要注意两点:一是严重违反网络司法拍卖程序,如果只是程序瑕疵,并未达到严重的程度,就不能撤销司法拍卖。例如送达评估公告超过法定期限,就属于拍卖程序有瑕疵,当事人不能据此提出异议要求撤销拍卖。二是要有损害当事人或者竞买人利益的后果。例如,只有一人参加报名竞价,最终该人以最低保留价竞买成功,虽然最终成交价不尽人意,但此种情形符合法律和司法解释的规定,当事人不得以损害其利益要求撤销拍卖。

(五)权利遭受损害的救济

如果当事人、利害关系人异议成立,则网络司法拍卖应当依法被撤销,当事人、利害关系人针对网络司法拍卖违法产生的赔偿,有两种救济途径:一种是国家赔偿；另一种是民事赔偿。《网络司法拍卖规定》第32条对此也作出了明确的规定。

1. 国家赔偿的条件

正如前文所述，网络司法拍卖属于执行行为中的一种，因法院的执行错误造成当事人、利害关系人损失的，可以依法提起国家赔偿。但是申请国家赔偿应当具备几个要件：一是网络司法拍卖行为违法是前提。如果这种行为并非是法院依职权引起的错误，而是申请执行人提供执行标的存在错误，或者执行工作人员行使的与职权无关的个人行为，国家就不用承担赔偿责任。二是人民法院及其工作人员是违法的主体。此处的主体应做广义理解，既包括人民法院及其工作人员，还包括接受人民法院委托的评估拍卖公司、网络司法拍卖辅助机构、网络技术提供方等，因其是接受人民法院的指令而实施的行为，故在行为委托范围内由人民法院承担不利后果。三是存在合法权益受到损害的不利后果。只有在违法拍卖对当事人、利害关系人的权益造成损害的情况下，国家才会据此承担赔偿责任。如果执行法院将拍卖款项返还给买受人，相应的损失已经获得补救，而买受人又没有提供证据证明存在其他损失，则申请国家赔偿的诉求就不会得到支持。四是违法拍卖行为和损害后果之间有因果关系。和实体法上的侵权行为一致，行为和结果之间需要有直接的因果关系，如果违法拍卖行为和买受人的损失之间没有因果关系，则国家不用承担赔偿责任。

2. 国家赔偿的范围

根据《国家赔偿法》第36条规定，财产已经拍卖或变卖的，给付拍卖或变卖所得的价款；变卖的价款明显低于财产价值的，应当支付相应的赔偿金。因撤销拍卖后，国家赔偿的直接后果是返还拍卖取得的财产，法院将拍卖款返还给买受人，买受人将此前竞买的财产交给法院。当然，法院仅仅返还拍卖款也未必能弥补损失，例如违法拍卖导致没有充分竞价，拍卖价格并不能反映财产真实的市场价格。此时就应当根据《最高人民法院关于审理民事、行政诉讼中司法赔偿案件适用法律若干问题的解释》第12条规定的精神进行处理，按照违法拍卖行为发生时的市场价格确定损失，市场价格无法确定或者该价格不足以弥补受害人所受的损失的，可以采用其他合理方式确定损失。

三、案外人异议

根据《网络司法拍卖规定》第 36 条第 2 款的规定，案外人对网络司法拍卖的标的提出异议的，人民法院应当依据民事诉讼法第 234 条（现第 238 条）及相关司法解释的规定处理，并决定暂缓或者裁定中止拍卖。民事诉讼法第 238 条规定的案外人异议，是指执行案件以外的第三人，对执行标的主张排除强制执行的实体权利，请求执行法院停止执行而提出的实体异议。网络司法拍卖标的属于执行标的中的一种，故对网络司法拍卖标的实体异议属于案外人异议范畴。

（一）案外人异议和利害关系人异议的区别

执行过程中，利害关系人基本都是执行案件当事人以外的案外人，在处理案外人异议和利害关系人异议时，经常容易混淆。区分在网络司法拍卖过程中提出的异议，属于案外人异议还是利害关系人异议，主要从以下几个方面进行区分：

1. 依据的基础权利性质不同

案外人提出异议所依据的基础权利是实体权利，一般表现为所有权、地役权，或者阻止执行标的转让、交付的实体权利，并且该权利能够产生排除执行的效力，则为案外人异议。如果利害关系人主张的执行程序违法、执行行为错误等违反程序性规定，导致其权利受损失，则为利害关系人异议。例如，上文所述的《网络司法拍卖规定》第 31 条可以撤销网络司法拍卖的六种情形，就是典型的程序异议。

2. 异议指向的对象不同

案外人异议指向的是网络司法拍卖中的标的物，其目的是要达到排除标的物继续执行的效果，以保护其个人的实体权利不受到侵犯。而利害关系人异议指向的是网络司法拍卖的程序和行为，其目的是要撤销或者纠正执行行为，以达到其程序权利和利益不受到侵犯。

3. 程序的价值取向不同

案外人异议以审理是否享有相应的实体权利，实体权利是否真实合法以及能否排除执行，并不对法院的执行行为作出判断和评价，最终的落脚点为是否继续执行或停止执行。但是利害关系人异议的功能为纠正错误的程序，纠正违法的执行行为,最终要对执行行为的合法性作出裁判,审查的结果是撤销、变更执行行为或驳回异议。

(二) 案外人异议和利害关系人异议的竞合

虽然案外人异议和利害关系人的异议有上述三个方面的区别,但实践中,案外人并不具备专业的法律知识,其主张执行行为违法的理由为其享有实体权利,出现两种异议程序难以区分的问题。案外人提出异议时并未明确异议的类型,而是将执行行为异议和实体权利异议都一并提出主张,但所依据的基础权利都是实体权利,这就出现了案外人异议和利害关系人异议竞合的情形。例如,案外人认为法院的网络司法拍卖行为违法,将案外人的房屋当做被执行人的财产予以拍卖,要求法院立即停止对其房屋的评估拍卖,并撤销已经进行的网络司法拍卖行为。此时,案外人可以作为利害关系人提出执行行为异议,也可以作为权利人提出阻却执行的案外人异议。正常来讲,法院应当对两种不同的异议分别审查处理。但我国目前对此采取竞合的方式,根据《异议和复议规定》第8条规定,案外人基于实体权利既对执行标的提出排除执行异议又作为利害关系人提出执行行为异议的,人民法院应当依照《民事诉讼法》第238条规定进行审查。因此,将实体异议吸收程序异议,最终只对实体异议审查。

但是,也并非所有的实体异议都能吸收程序异议,如果案外人既基于实体权利对执行标的提出排除执行异议,又作为利害关系人提出与实体权利无关的执行行为异议,人民法院应当分别审查,分别作出不同的裁定。例如,案外人主张法院网络司法拍卖的车辆系其所有,只是因为没有小客车指标借名登记在被执行人名下,要求停止对车辆的拍卖,同时又主张执行人员没有依法向其送达执行通知书、查封裁定等文书。这就不属于竞合的情形,法院应当按照不同性质的异议分别受理。

(三) 提出异议的期限

《民事诉讼法》第238条将案外人提出异议的时间规定为"执行过程中",实践中对执行过程中很难把握,对此也出现了不少困惑。此后,《民事诉讼法解释》第462条及《异议和复议规定》第6条进行限缩,将案外人提出异议的期限限定为"执行标的执行终结前"。但是案外人在网络司法拍卖过程中的异议,目前对"执行标的执行终结前"存在两种不同观点。

1. 执行标的权属转移说

基层法院主要持该种观点，理由为：第一，案外人异议的目的是阻止执行标的物评估、拍卖、交付、转让等，如果网络司法拍卖的标的物已经发生权属转移，案外人提出异议无法实现阻止执行的目的；第二，执行标的已经处分完毕，买受人已经取得所有权，如果支持案外人异议，会导致撤销拍卖、执行回转等后果，不利于司法拍卖的公信力；第三，执行标的权属转移后，案外人不能再根据异议程序来主张权利，而是通过另行起诉不当得利或侵权纠纷等来进行救济。

2. 案款发还说

持该种观点的理由为：第一，网络司法拍卖权属转移的时间点为拍卖裁定书或以物抵债裁定书送达时，但买受人或债权人收到裁定书并不一定完成过户登记，还需要法院向有关单位发裁定书和协助执行通知书，以最终完成变更登记，故执行标的的执行程序还没有真正结束；第二，网络司法拍卖结束后，对应执行标的的拍卖款还没发还，执行标的的执行程序没有终结。此时案外人提出异议，可以针对拍卖款进行受偿；第三，拍卖成交后权属变更前，如果案外人的证据确实真实充分，法院如果不予受理，继续发出协助通知书要求过户，必定会侵犯真正权利人的合法权益，不符合公平正义的法律精神。

笔者赞同案款发还说的观点，网络司法拍卖结束后，即使买受人已经收到送达的拍卖成交裁定书，在案款发还给申请执行人之前，案外人提出异议的，人民法院应当进行审查。经审查案外人是真实的权利人的，应当在衡量各方利益上，就拍卖款对案外人进行补救，或者撤销网络司法拍卖，依法保护案外人的合法权益。

（四）异议审查期间是否中止网络司法拍卖行为

目前法律规定案外人异议审查期间不得对执行标的进行处分，最高人民法院关于适用《执行程序解释》第16条及《民事诉讼法解释》第463条都作出相同立场的规定。为防止出现撤销网络司法拍卖，导致执行回转或国家赔偿等不利后果，《网络司法拍卖规定》第36条作出了一致的规定，案外人对网络司法拍卖的标的提出异议的，人民法院应当依据《民事诉讼法》第238条及相关司法解释的规定处理，并决定暂缓或者裁定中止拍卖。

笔者认为，案外人异议审查期间暂缓或中止拍卖存在诸多不合理之处，相关规定应当进行修改。其实案外人异议和诉前保全制度的立法本意接近，都是为了保护案外人或利害关系人的财产权益，但两者在制度设计上却完全不同。《民事诉讼法》第104条的规定，诉前保全需要申请人提供相应的担保，若不提供担保，人民法院裁定驳回申请。而案外人提起异议后，无需提供相应的担保，法律硬性规定均中止对执行标的的执行。实践中，被执行人和案外人恶意串通的情形数不胜数，案外人一经提起异议启动审查程序，相应的网络司法拍卖程序就得暂缓或者中止，被执行人就达到了达到中止执行、拖延执行的目的。当一个异议程序审查完毕，被执行人又和另一个案外人串通，继续提起异议启动新的审查程序，某些案件的执行标的时隔几年还无法进入处分环节，严重影响执行效率，案件久拖难执。

（五）财产刑执行审查程序的例外

财产刑执行案件以被执行人合法的财产为执行对象，在对被执行人财产权属进行判断时，应当和普通的民事执行相同。例如，权利外观原则、物权公示原则、占有使用原则等，都是共通的判断财产权属的标准。但是财产性执行的程序构造与民事执行程序有差异，纯粹的形式审查会影响被执行人合法财产的认定，上述财产权属判断标准并不完全适用财产刑执行。

在财产刑执行案件中，是由审判庭移送执行部门，法院依职权启动执行。由于没有普通民事执行程序中的申请执行人，很难形成申请执行人、被执行人、法院三方的程序构造。根据《民事诉讼法解释》第306条规定，在申请执行人执行异议之诉中，申请执行人是原告。如果被执行人隐匿、转移其名下的财产，法院通过形式审查认定的权属人和真正的权利人并不一致时，申请执行人这一诉讼角色的缺位，会导致后续的执行异议之诉无法启动。因此，《最高人民法院关于刑事裁判涉财产部分执行的若干规定》第14条规定，案外人对执行标的主张足以阻止执行的实体权利，向执行法院提出书面异议的，执行法院应当依照《民事诉讼法》第225条（现第236条）的规定处理。人民法院审查案外人异议、复议，应当进行公开听证。该条排除了第238条案外人异议审查的适用，进行了特殊规定，要求法院通过公开听证进行实质审查，使得财产刑执行案件对案外人异议的审查具有终局性。

（六）两种不同救济途径的区别

根据《民事诉讼法》第238条的规定，案外人、当事人对裁定不服，认为原判决、裁定错误的，依照审判监督程序办理；与原判决、裁定无关的，可以自裁定送达之日起十五日内向人民法院提起诉讼。由此可见，案外人、当事人针对人民法院的异议裁定不服，有两种不同的救济途径：

1. 申请再审

如果原判决、裁定是针对执行标的作出的非金钱债权执行案件，案外人对异议裁定不服，则属于其认为原判决、裁定有错误，应当依法申请再审，人民法院通过审判监督程序办理。例如，原判决内容为被执行人将涉案房屋腾退并返还给申请执行人，法院将涉案房屋予以查封，案外人提出异议，主张对涉案房屋享有所有权。此时案外人的主张与原判决内容相冲突，只能通过审判监督程序解决，即使案外人提出了执行异议之诉，法院也应当裁定驳回起诉。

值得注意的是，启动审判监督程序是有期限限制的，案外人认为原判决、裁定或调解书内容错误损害其民事权益的，应当自执行异议裁定送达之日起六个月内申请再审，逾期将承担不予受理的后果。且管辖法院为作出原判决、裁定、调解书的人民法院，与执行异议之诉的执行法院专属管辖相区别。

2. 执行异议之诉

案外人、当事人对人民法院的执行异议裁定不服，与原判决、裁定无关的，可以自裁定送达之日起十五日内向人民法院提起诉讼。所谓与原判决、裁定无关，是指执行异议的标的物不是原判决、裁定诉争的对象。例如，原判决确认被执行人偿还申请执行人借款200万元。判决生效后，被执行人未履行义务，申请执行人申请法院强制执行，法院将被执行人名下的房屋进行查封，并对该房屋进行网络司法拍卖。案外人对此提出异议，主张被执行人已将涉案房屋出售给案外人，案外人已经交付全部房款并实际入住，要求停止对涉案房屋的执行。此时案外人的异议内容就与原判决的借款无关，对异议裁定不服的，只能提起执行异议之诉。

执行异议之诉又分为案外人执行异议之诉和申请执行人许可执行之诉。在网络司法拍卖过程中，案外人执行异议之诉由案外人作为原告，请求停止对拍卖标的物的执行。申请执行人许可执行之诉由原执行案件的申请执行人作为原告，请求继续对拍卖标的物进行执行。二者的相同之处在于，应符合《民事诉讼法》第 122 条规定的起诉条件，诉讼请求均与原判决、裁定无关，均应在异议裁定送达之日起十五日提出。不同之处在于，根据《民事诉讼法解释》第 310 条的规定，案外人执行异议之诉可以针对其同时提出确认其权利的诉讼请求，法院可以在判决中一并作出裁判。申请执行人不能代被执行人提起确权的诉讼请求，只能请求继续执行。

　　特别强调一下管辖问题。执行异议之诉虽然是审判程序，有完整的一审、二审，当事人也可以申请再审，但因为该程序和执行程序密切相关，直接关系到执行程序能否继续进行，为了方便沟通协调，防止案外人和被执行人恶意串通等，我国规定执行异议之诉由执行法院专属管辖，这和其他大陆法系国家和地区的规定也一致。

第二十一章

唯一住房执行异议的审查规则

当被执行人以执行标的系本人及所扶养家属维持生活必需的居住房屋为由提出异议的，人民法院应对异议进行审查，以保障被执行人及其家属的基本生存权。很多国家有健全的住房社会保障制度，当被执行人及其所扶养家属因强制执行而无房可住时，政府将承担相应的保障责任，为被执行人及其所扶养家属提供住所。在此情况下，当法院执行被执行人名下的房屋时，无须过多考虑被执行人及其所扶养家属的居住问题。而目前我国还没有此种健全的住房社会保障机制，当被执行人提出基本生存权异议时，法院如何在实现生效法律文书内容和保障基本生存权之间实现平衡是一个难点。

对于被执行人以维持生活必需居住房屋为由提出的异议，目前主要法律依据是《异议和复议规定》第20条，该条规定，金钱债权执行中，符合下列情形之一，被执行人以执行标的系本人及所扶养家属维持生活必需的居住房屋为由提出异议的，人民法院不予支持：（1）对被执行人有扶养义务的人名下有其他能够维持生活必需的居住房屋的；（2）执行依据生效后，被执行人为逃避债务转让其名下其他房屋的；（3）申请执行人按照当地廉租住房保障面积标准为被执行人及所扶养家属提供居住房屋，或者同意参照当地房屋租赁市场平均租金标准从该房屋的变价款中扣除五至八年租金的。执行依据确定被执行人交付居住的房屋，自执行通知送达之日起，已经给予三个月的宽限期，被执行人以该房屋系本人及所扶养家属维持生活的必需品为由提出异议的，人民法院不予支持。虽然《异议和复议规定》第20条对审查此类案件指明了总体原则，但适用不同情形时还需进一步细化标准。

一、异议审查程序

（一）提出异议的主体

被执行人作为执行案件的当事人，可以以执行标的系本人及所扶养家属维持生活必需的居住房屋为由提出异议。从《异议和复议规定》第20条来看，法律要保护的不只是被执行人的基本生存权，还包括被执行人所扶养家属的基本生存权。此处被执行人所扶养的家属是指与被执行人共同居住在被执行的房屋内并由其赡养的父母或岳父母、扶养的配偶及抚养的子女。[1]那是否意味着被

---

[1]《北京市高、中级法院执行局（庭）长座谈会（第六次会议）纪要——关于强制执行腾房类案件若干问题的意见》第七条。

执行人所扶养家属也可以以此为由提出异议呢？并不能。虽然被执行人所扶养家属是居住在房屋内的成员，人民法院处置房屋必然会对其产生影响，但能提起异议的主体只能是法律上的利害关系人，不包括事实上的利害关系人。此处被执行人所抚养家属受到影响的权益并不是法律上的权益，不构成法律上的利害关系人。

（二）适用的异议类型

被执行人提出的异议的目的是保障基本生存权，但指向的是人民法院的执行行为，认为执行行为违反法律规定，侵犯了被执行人及其家属的基本生存权，要求停止执行房屋。因此，对此类异议应划归为《民事诉讼法》第236条的执行行为异议。根据《异议和复议规定》第6条的规定，执行行为异议应当在执行程序终结之前提出申请，超过期限的，视为放弃提出异议的权利，法院依法予以强制执行。

被执行人向人民法院提出异议时，应当同时提交执行行为违法的法律依据、确属维持生活必需居住房屋的证明材料以及与扶养家属的关系证明材料等。

二、异议审查原则

虽然依照执行适度原则，对被执行人的执行必须控制在合理的限度内，但过度地强调利益平衡，实际上让申请执行人分担了国家应承担的社会救济和维持救济交易秩序的责任。因此，准确认定被执行人生活所必需的居住房屋，既是保障被执行人及其所抚养家属的基本居住权，又是最大限度地维护申请执行人的权益。具体而言，应从以下几个方面来进行把握认定：第一，法院保障的是被执行人及其扶养家属的居住权，而非房屋所有权；第二，这种居住权应当是被执行人及扶养家属生活所必需；第三，保障是有期限的，债权人对债务人生存权的保障应当是急性的，所谓"救急不救穷"，债务人最终还是应当向当地政府申请住房保障，不能让本应由政府承担的社会保障义务全部转嫁给债权人承担；第四，被执行人不能利用法律对其生存权的保障来逃避执行。[2]

---

[2] 江必新、刘贵祥主编：《〈最高人民法院关于人民法院办理执行异议和复议案件若干问题规定〉理解与适用》，250页，北京，人民法院出版社，2015。

三、金钱债权执行的异议审查规则

申请执行人申请执行金钱债权，是指通过人民法院强制执行，实现以给付一定数额金钱为目的的债权。[3]如果被执行人的可供执行的财产为非金钱性质的，则需要法院通过评估、拍卖、变卖等变价方式，先将财产转化为金钱形态。实践中，被执行人的非金钱财产，主要表现为房屋、车辆等。而在执行被执行人的房屋时，被执行人及所扶养家属往往以生活所必需房屋为由提出异议。对此，根据《异议和复议规定》第20条第1款的规定，具备以下情形之一的，人民法院不予支持其异议请求：

（一）对被执行人有扶养义务的人名下有其他能够维持生活必需的居住房屋

此处对被执行人有扶养义务的人，与上文所述有权提出异议的被执行人扶养家属，范围并不完全一致，准确地说，前者的范围大于后者。被执行人扶养家属应当是共同居住在被执行人的房屋内，对被执行人有扶养义务的人并不一定和被执行人共同居住。但两者的共同之处都是和被执行人有扶养关系。我国刑法、民事诉讼法、继承法对扶养关系适用广义上的概念，即对亲属间经济供养义务的都统称为扶养。而我国婚姻法则根据扶养权利人和义务人的辈分不同，将扶养分为扶养、赡养、扶养，同辈之间（如夫妻、兄弟姐妹）的扶养成为扶养，上辈对下辈（如父母对子女，祖父母对孙子女，外祖父母对外孙子女）的扶养统称为抚养，下辈对上辈（如子女对父母，孙子女对祖父母，外孙子女对外祖父母）的扶养统称为赡养。婚姻法的这种区分主要是基于身份关系的差异，并不代表三者之间内容的不同。因此，在理解扶养的概念时，应使用广义上的扶养概念，它包含了婚姻法中的扶养、抚养和赡养。[4]

虽然被执行人名下只有唯一的住房，但对被执行人有扶养义务的人名下有其他房屋，在义务人能够提供生活必需住房的情况下，被执行人的基本生存权是可以保障的，据此被执行人不能主张执行豁免。对于被执行人及其所扶养家属提出的异议，人民法院不予支持，仍可对被执行人名下的房屋予以强制执行。

---

[3] 江必新、刘贵祥主编：《最高人民法院执行最新司法解释统一理解与适用》，158页，北京，中国法制出版社，2016。

[4] 江必新主编：《民事强制执行操作规程》，66～67页，北京，人民法院出版社，2010。

值得说明的是，申请执行人应当积极向人民法院提供关于扶养义务人名下有其他房屋的线索，人民法院掌握这些线索后及时进行核实。当多个扶养义务人有条件提供居住房屋的，人民法院可以根据扶养义务人的意愿，由被执行人主动选择其中一个扶养义务人提供居住房屋。如果扶养义务人相互推诿，都拒绝提供居住房屋的，人民法院可以根据扶养义务人的经济条件、收入状况等综合考察，可以指定其中一个扶养义务人协助执行。

（二）被执行人在执行依据生效后为逃避债务转让其名下其他房屋

实务中，人民法院向被执行人发出申报财产令后，被执行人不但不积极主动申报财产，还通过转移隐匿财产来规避执行的情况非常多。最常见的手段之一，就是将其名下的房屋无偿转让给近亲属，或者低价出售房屋给第三人。

这里有三个条件，其一是时间节点为执行依据生效后，即被执行人明知有生效法律文书确定的义务未履行，仍然转让名下的其他房屋；其二是被执行人主观存在恶意转移财产，以逃避债务的目的，但是如果被执行人主观上并非逃避债务，只是生活所需置换房屋，不属于此条款情形；其三是被执行人名下不只一套房屋，为规避执行拒绝履行义务，将其名下其他房屋进行转移，造成名下只有唯一住房的情形。

值得注意的是，执行依据生效前债务发生后，被执行人转让其名下其他房屋，虽然也存在逃避债务的嫌疑，但是不属于此情形。申请执行人认为被执行人的转让行为妨害其实现债权的，可以通过撤销权诉讼进行救济。

（三）申请执行人按照当地廉租住房保障面积标准为被执行人及所扶养家属提供居住房屋

目前我国还没有健全的住房社会保障机制，为保障申请执行人的权益得以实现，所以在某种程度上还需要申请执行人承担一定的救助责任和义务。申请执行人提供的居住房屋并非无条件的，只要按照当地廉租住房保障面积标准予以保障即可。根据《城镇最低收入家庭廉租住房管理办法》第 3 条第 2 款的规定，"城镇最低收入家庭人均廉租住房保障面积标准原则上不超过当地人均住房面积的 60%"。该条款提供了可参考的标准，即当地人均住房面积的 60%。各法院也根据当地的收入经济情况，出台了自己的细则，例如北京规定执行过程中对房屋进行变价后交付引发的腾退事项中，对被执行人及其所扶养家属生活所必需的人均住房面积原则上界定为上一年度（上一年度没有发布的，以最近年度发布的为准）房屋所在地城镇或农村人均住房建筑面积的60%。[5]

由于被执行人所抚养家属的范围对面积的确定有很大影响，所以准确把握被执行人所抚养家属的范围十分重要。根据上文所述，其范围应限定为被执行人履行抚养、赡养或抚育义务的共同居住生活的亲属，主要为三代以内的近亲属。在北京、上海等大城市，由于户籍制度管理较严，存在亲朋好友挂靠户口的现象，对于这些挂靠的亲朋好友不能认定在所抚养家属的范围内。

（四）申请执行人同意从房屋变价款中扣除适量租金

如果申请执行人没有能力或者不愿意为被执行人及其所扶养家属提供居住房屋，则法院对房屋进行变价处分后，由申请执行人认可并同意从房屋变价款中扣除租金，以供被执行人及其所扶养家属租赁房屋使用。

这里有两个问题需要注意。其一是租金标准的确定，原则上参照当地房屋租赁市场平均租金水平进行核定。当地是指被执行房屋所在地，但此项标准不能限制得太严苛，否则很难操作。只要是被执行人房屋所在地的同等区域就可以，并不一定是同一区域。其二是租金时间的确定，这也是实践中长期以来争论的问题。之前最高人民法院倾向于从房产变价款中按照同等区域房产租赁市场价格足额扣除20年租金，将剩下的房款用于执行。[6]但商品房的房租是根据市场的变化而变化的，每年的租金都不一样，这要求法院必须估算和预测20年的房租涨幅，且20年的期限过长，过分保护了被执行人的权益，此种模式在实践操作中存在诸多障碍。后来将期限限定为5至8年，由执行人员根据案件具体情况进行调整。如果房屋变价款清偿完债务后，还有部分剩余款项，此时是否还需要扣除和保留租金呢？笔者认为不需要，预留租金的目的是保障被执行人及其抚养家属的基本生存权，剩余款项和预留租金能发挥相同作用，就不需要双重保障，否则对申请执行人有失公平。

---

[5]《北京市高、中级法院执行局（庭）长座谈会（第六次会议）纪要——关于强制执行腾房类案件若干问题的意见》第7条第（2）项。

[6]《最高人民法院关于人民法院办理执行异议、执行复议案件的规定（征求意见稿）》第16条规定的条件为"债权人同意从房产变价款中按照同等区域房产租赁市场价格足额扣除二十年租金"。

四、物之交付执行的异议审查规则

《异议和复议规定》第 20 条第 2 款规定的是关于物之交付强制执行的情形，即执行依据确定由被执行人交付居住的房屋，这属于申请执行人享有的一种物之交付请求权。

物之交付请求权的强制执行，是指申请执行人请求被执行人交付一定动产或不动产，转移动产或不动产的占有，由执行部门实施的强制执行。

物之交付请求权分为两种：一种是物权请求权；另外一种是债权请求权。物权请求权主要是要求对原物的返还，即申请执行人本来就享有物的所有权，被执行人侵占了申请执行人享有的物，根据生效法律文书的确定，应当返还申请执行人。债权请求权主要是基于租赁、买卖等债权债务关系而存在，申请执行人请求被执行人交付标的物的一种权利。《异议和复议规定》第 20 条第 2 款规定的执行依据确定被执行人交付居住房屋的执行，既可能是物权请求权的执行，也可能是债权请求权的执行。

对于要求被执行人交付居住的房屋类案件，涉及被执行人及其所扶养家属的生存居住权，法院强制执行时难度较大，很容易将当事人双方的矛盾转化为被执行人与法院间的矛盾。所以执行此类案件，需要注意以下两个方面：其一是执行案件受理后，执行人员应在法定时间内送达执行通知书，要求被执行人主动履行义务；其二是执行通知书中应指定交付房屋的期限，给予被执行人定的宽限期，让被执行人及所扶养的家属有周转的时间和空间。当执行人员已经完善上述两个程序，被执行人以该房屋系本人及所扶养家属维持生活的必需品为由提出异议的，法院不予支持。

参考文献

一、中文著作

1. 曹思源：《企业破产法指南》，北京，经济管理出版社，1988。
2. 陈计男：《强制执行法释论》，台湾，元照出版有限公司，2002。
3. 陈杭平：《中国民事强制执行法重点讲义》，北京，法律出版社，2023。
4. 韩世远：《合同法总论》，北京，法律出版社，2011。
5. 黄立：《民法债编总论》，北京，中国政法大学出版社，2002。
6. 黄立：《民法债编各论》，北京，中国政法大学出版社，2003。
7. 江必新、刘贵祥主编：《〈最高人民法院关于人民法院办理执行异议和复议案件若干问题规定〉理解与适用》，北京，人民法院出版社，2015。
8. 江必新、刘贵祥主编：《最高人民法院执行最新司法解释统一理解与适用》，北京，中国法制出版社，2016。
9. 江必新、刘贵祥主编：《最高人民法院关于人民法院网络司法拍卖若干问题的规定理解与适用》，北京，中国法制出版社，2017。
10. 江伟、肖建国主编：《民事诉讼法》，8版，北京，中国人民大学出版社，2018。
11. 李延荣：《土地租赁法律制度研究》，北京，中国人民大学出版社，2004。
12. 林诚二：《民法债权总论——体系化解说》，北京，中国人民大学出版社，2003。
13. 史尚宽：《债法各论》，北京，中国政法大学出版社，2000。
14. 孙森焱：《民法债编总论》（下册），北京，法律出版社，2006。
15. 王利明：《法律解释学》，北京，中国人民大学出版社，2016。
16. 王泽鉴：《用益物权·占有》，北京，中国政法大学出版社，2010。
17. 许士宦：《诉讼理论与审判实务（民事诉讼法之理论与实务第六卷）》，台湾，元照出版有限公司，2011。
18. 杨与龄：《强制执行法论》，北京，中国政法大学出版社，2002。
19. 张卫平：《民事诉讼法》，北京，4版，法律出版社，2016。
20. 郑云瑞：《公司法学》，北京，北京大学出版社，2019。
21. 最高人民法院执行局编：《人民法院办理执行案件规范》，北京，《人民法院出版社》，2017（4）。
22. 最高人民法院民事审判庭第二庭编著：《〈全国法院民商事审判工作会议纪要〉理解与适用》，北京，人民法院出版社，2019。

二、中文译著

1. [德] 鲍尔/施蒂尔纳：《德国物权法》（上册），张双根译，391～393页，北京，法律出版社，2004。

2.［日］高桥宏志：《民事诉讼法制度与理论的深层分析》，林剑锋译，北京，法制出版社，2003。

3.［德］汉斯—约阿希姆·穆泽拉克：《德国民事诉讼法基础教程》，周翠译，北京，中国政法大学出版社，2005。

4.［日］我妻荣：《新订债权总论》，王燚译，北京，中国法制出版社，2008。

5.［日］新堂幸司：《新民事诉讼法》，林剑锋译，北京，法制出版社，2008。

6.［日］伊藤真：《破产法》，刘荣军等译，北京，中国社会科学出版社，2009。

三、中文论文

1. 白田甜、景晓晶：《"执转破"衔接机制的优化原则与实践完善》，载《法律适用》，2019（3）。
2. 百晓锋：《论案外人异议之诉的程序构造》，载《清华法学》2010（3）。
3. 曹守晔、杨悦：《执行程序与破产程序的衔接与协调》，载《人民司法》，2015（21）。
4. 陈杭平：《论"外延型"执行救济制度体系》，载《社会科学辑刊》，2023（1）。
5. 陈杭平：《再论执行力主观范围的扩张》，载《现代法学》，2022（4）
6. 陈桂明、侍东波：《民事执行法中拍卖制度之理论基石—强制拍卖性质之法律分析》，载《政法论坛》，2002（5）。
7. 陈群峰、雷运龙：《论民事执行和解司法审查的本质、功能与效力》，载《法学家》，2013（6）。
8. 崔建远：《论中国〈民法典〉上的债权人代位权》，载《社会科学》，2020（11）。
9. 戴孟勇：《不动产链条式交易中的中间省略登记—嘉德利公司诉秦龙公司、空后广州办等国有土地使用权转让合同纠纷案评述》，载《交大法学》，2018（1）。
10. 葛洪涛：《执行程序与破产程序衔接的困难与应对》，载《人民法院报》，2018-04-18。
11. 韩世远：《债权人代位权的解释论问题》，载《法律适用》，2021（1）。
12. 韩松：《案外人针对轮候查封的执行异议法院应予受理》，载《人民法院报》，2017-01-04。
13. 姜世明：《第三人异议之诉》，载我国台湾地区《月旦法学教室》，2016（166）。
14. 雷运龙：《民事执行和解制度的理论基础》，载《政法论坛》，2010（11）。
15. 廖浩：《第三人撤销之诉实益研究——以判决效力主观范围为视角》，载《华东政法大学学报》，2017（1）。
16. 刘贵祥：《执行程序中租赁权的认定与处理》，载《人民法院报》，2014-05-28.
17. 刘贵祥：《案外人异议之诉的功能定位与裁判范围》，载《人民法院报》，2014-06-04。
18. 刘颖：《分配方案异议之诉研究》，载《当代法学》，2019（1）。
19. 刘学在、王炳乾：《执行当事人之变更、追加的类型化分析》，载《政法学刊》，2018（4）。
20. 乔宇：《论变更追加执行当事人中的异议之诉》，载《山东法官培训学院学报》，2018（1）。
21. 申卫星：《合同保全制度三论》，载《中国法学》，2000（2）。
22. 施建辉：《以物抵债契约研究》，载《南京大学学报（哲学·人文科学·社会科学）》，2014（6）。

23. 司伟：《债务清偿期届满后以物抵债协议的性质与履行》，载《人民司法》，2018（2）。

24. 司伟：《有限责任公司实际出资人执行异议之诉的裁判理念》，载《人民法院报》，2018-08-22。

25. 司伟：《债务清偿期届满后以物抵债协议的性质与履行》，载《人民司法》，2018（2）。

26. 司伟：《房屋次买受人权益排除出卖人的债权人强制执行的审查规则》，载《人民法院报》，2021-02-04。

27. 汤维建、许尚豪：《论民事执行程序的契约化——以执行和解为分析中心》，载《政治与法律》2006（1）。

28. 王富博：《关于〈最高人民法院关于执行案件移送破产审查若干问题的指导意见〉的解读》，载《法律适用》，2017（11）。

29. 王娣：《我国民事诉讼法应确立"债务人异议之诉"》，载《政法论坛》，2012（1）。

30. 肖建国：《论民事诉讼中强制执行拍卖的性质和效力》，载《北京科技大学学报（社会科学版）》，2004（4）。

31. 肖建国：《执行标的实体权属的判断标准——以案外人异议的审查为中心的研究》，载《政法论坛》，2010（3）。

32. 肖建国：《执行当事人变更与追加的救济制度研究——基于德、日、韩执行文制度的比较研究》，载《法律适用》，2013（7）。

33. 肖建国、庄诗岳：《论案外人执行异议之诉中足以排除强制执行的民事权益—以虚假登记财产的执行为中心》，载《法律适用》，2018（15）。

34. 张卫平：《既判力相对性原则：根据、例外与制度化》，载《法学研究》，2015（1）。

35. 张卫平：《案外人异议之诉》，载《法学研究》2009（1）。

36. 赵钢、刘学在：《论代位权诉讼》，载《法学研究》，2000（6）。

37. 朱晓喆：《存款货币的权利归属与返还请求权——反思民法上货币"占有即所有"法则的司法运用》，载《法学研究》，2018（2）。

38. 庄加园：《不动产买受人的实体法地位辨析——兼谈〈异议复议规定〉第28条》，《法治研究》，2018（5）。

后记

自我入职法院以来,调研写作已经成为我生活中甚是"磨人"却也举足轻重的一部分,而本书的出版,正是我平日里调研写作成果的转化。

以写作打磨心性

十余年来,我所从事的执行裁判工作需接触大量执行方面的法律规范,长此以往便给执行的同事造成了一种我是"大明白"的错觉,所以他们遇到执行方面的疑难杂症总来问我。其实并不是每个问题都能找到现成的答案,甚至大部分都没有,但为了不辜负大伙儿对我的期望,我只好硬着头皮去翻阅资料、检索类案、求教师长……辛苦耕耘数日却颗粒无收的场景也时常上演。但是渐渐地,我发现,知识与知识会不断发生碰撞,擦出新的灵感火花;学习能力的提升也并不是一个匀速的过程,而是会做加速度。对 A 问题的研究未必能得到确切结论,但由此收获的思维方法,却可用于解决看似毫无关联的 B 问题,古人说的"触类旁通"也是这个道理。那些坐冷板凳时看似虚掷的光阴,却为未来某个难题的解开悄悄埋下伏笔,草蛇灰线,伏行千里。

那些碰撞后擦出的灵感火花,收获的思维方法,给了我写作的启发,后来都成了我调研写作的选题。为避免丧失求知欲和洞察力,我要求自己尽量保持写作的习惯。十余年来,从明确选题到收集资料,从理顺思路到落笔成文,调研写作几乎贯穿每个四季。为此,我需要平衡时间、克服拖延、提升效率、稳定情绪。于我而言,打磨论文,实则打磨心性。论文写作,也让我在面对工作中的难题时,少了份畏惧,多了份从容。

以写作形塑认知

基层法院案件较多,因疲于处理个案,我难免陷入"就案论案"的思维桎梏,往往止步于案结事了。而调研写作,则是运用逻辑思维对问题进行抽丝剥茧的过程。这需要我不断克服思维惰性,对问题进行刨根问底。一方面,写作是一项系统性思考的训练。调研写作，也促成了我结构化思维习惯的养成。办案过程中遇到疑难问题时，我不再是眉毛胡子一把抓，而是学着透过问题的表象去探寻其背后的症结所在。另一方面，写作也是一项关于提高表达效率的训练。叙述视角、呈现方式的不同所带来的表达效果上的差异，不单单作用于我的调研写作，也延伸至我日常的工作和生活，它时刻提醒着我，如何才能更快、更容易地让他人理解我的观点。

以写作抵挡焦虑

白天办案，夜间写作，还有无尽的日常琐事疲于应付……我想，对大多数人来说，调研写作的确是个"苦差事"。与我同时期入院的小伙伴们，也渐渐不再动笔了。我也时常陷入焦虑。2020年，我幸运地产下我们家二宝。喜悦之余，又添忧愁。产假期间累积的案件、落下的课题，复工时又新增的京法精品课程等任务，让我在复工的第一周每夜辗转难眠。后来，这些年的写作经验给了我启发——唯有制订周密的工作计划，并严格按照计划执行，才能有条不紊、循序渐进。与其焦虑，不如行动。毛姆说："阅读是一座随身携带的避难所。"对我而言，写作就是这样一座小小的避难所，它让我置身于繁杂的生活琐事之中，仍能偶尔一瞥学术的理性之美，并成功抵挡焦虑的侵袭。

最后，我想说作为一名法官，应当将法治信仰融入每一件案件中。我们参与案件办理，也参与当事人的人生。因此，我总告诫自己，手头的这起案件，只是我们办理的诸多案件中的一个，但却是当事人的唯一。所以，路过他人的世界时，不要只顾着埋头赶路，也要适时地停下脚步，体谅他人世界的悲欢。但是，案件的办理，仅凭一腔热血是远远不够的，我们还须在每一起案件的办理中精准地理解法律、审慎地适用法律。唯有不断地加强学习，吐故纳新，才能理解冰冷法条背后的逻辑理性和司法温度。

程 立

2025年4月20日于北京